球类运动理论与教学研究

钱　坤　焦广识　何　欣◎著

吉林出版集团股份有限公司
全国百佳图书出版单位

图书在版编目（CIP）数据

球类运动理论与教学研究 / 钱坤，焦广识，何欣著 . --
长春：吉林出版集团股份有限公司，2023.5
ISBN 978-7-5731-3588-9

Ⅰ . ①球… Ⅱ . ①钱… ②焦… ③何… Ⅲ . ①球类运动－体育教学－教学研究 Ⅳ . ① G840.2

中国国家版本馆 CIP 数据核字 (2023) 第 104726 号

球类运动理论与教学研究
QIULEI YUNDONG LILUN YU JIAOXUE YANJIU

著　　者　钱　坤　焦广识　何　欣
责任编辑　蔡大东
封面设计　李　伟
开　　本　710mm × 1000mm　　1/16
字　　数　350 千
印　　张　18
版　　次　2024 年 1 月第 1 版
印　　次　2024 年 1 月第 1 次印刷
印　　刷　天津和萱印刷有限公司

出　　版　吉林出版集团股份有限公司
发　　行　吉林出版集团股份有限公司
地　　址　吉林省长春市福祉大路 5788 号
邮　　编　130000
电　　话　0431-81629968
邮　　箱　11915286@qq.com
书　　号　ISBN 978-7-5731-3588-9
定　　价　108.00 元

作者简介

钱坤 男，1980 年出生，硕士研究生，沈阳师范大学体育科学学院讲师，研究方向：学校体育学、运动训练学。

主持参与过多项省级课题，发表过多篇学术论文，担任沈阳师范大学足球教练员，带队获得过多次省级比赛前八名的好成绩。

焦广识 男，1980 年出生，硕士研究生，沈阳师范大学体育科学学院讲师，研究方向：体育教育与人文社会学。

主持省教育规划课题一项；校级课题 1 项；发表省级论文近 20 篇，担任沈阳师范大学排球教练员，带队获得过多次省级比赛的好成绩。

何欣 女，1984 年出生，硕士研究生，沈阳师范大学体育科学学院讲师，研究方向：体育教育、运动训练。

发表过多篇学术论文，担任沈阳师范大学网球队教练，带队获得过多次省级比赛前三名的好成绩。

前　言

球类运动是现代体育运动的重要组成部分，不仅能较好地传达体育精神、揭示体育内涵，更重要的是具有较强的健身价值。球类运动项目众多，适用于不同的人群有选择性地开展健身活动；同时，球类运动趣味性强，运动负荷可调控，是现代人进行健身活动的良好选择。因此，越来越多的人渴望通过系统、科学地参与球类运动训练来达到增进身体健康、改善心理素质、培养优秀品质的目的。目前，参与球类运动健身的群体以球类爱好者为主，他们自发组织、参与球类健身活动，但缺乏系统的科学理论作指导。而任何球类运动技能的提高、任何球类运动健身效果的体现都离不开科学理论的指导。

在球类运动项目不断发展的背景下，大学校园内的球类运动项目日益丰富，越来越多的大学生被球类运动项目的独特魅力和价值所吸引，成为各项球类运动项目的参与者。球类运动项目不仅在竞技体育方面取得了很大发展，在大学校园中同样拥有深厚的基础，参与球类运动项目和欣赏球类运动比赛已经成为大学生日常生活的重要组成部分。由于大学生球类运动项目较多，每个球类运动项目都蕴含丰富的理论知识和实践内容，所以要想深入探究大学生球类运动文化、培养大学生的运动技能，必须深入剖析各项球类运动的文化内涵，进一步完善球类运动的文化体系，促使球类运动在大学校园中获得更好的发展，推动其更好地服务于大学生。

在内容上，本书共分为十个章节：第一章为球类运动与体育健康，主要就体育与健康、球类运动与体育锻炼、球类运动与科学健身这三个方面进行详细阐述；

第二章主要从球类运动教学的理论基础、球类运动教学的价值研究、球类运动教学的发展理论研究这三个方面对球类运动教学基本理论研究进行详细的阐述；第三章主要从球类运动与大学生审美能力培养、大学生球类运动与校园文化的建设、球类运动开展与大学生全面成长这三个方面来对球类运动对大学生的价值进行详细阐述；第四章为足球运动的起源和发展，主要就足球运动的起源、现代足球运动的发展、现代足球运动的发展趋势这三个方面进行详细阐述；第五章为足球基本技术与训练，主要就足球技术训练的原则与要求、基本足球技术、足球无球技术训练、足球有球技术训练这几个方面进行论述；第六章为网球运动概述，主要就网球运动的起源、现代网球运动的发展概况及趋势、网球运动装备概述、网球运动基本知识教学这四个方面进行研究；第七章为网球运动基本技术与训练，主要从网球运动基本技术教学、网球运动基本战术教学、网球运动基本规则教学，这几个方面进行研究；第八章为排球运动的起源与发展，主要从排球运动的发展史、排球运动的特征及主要赛事、排球运动的发展趋势，这三个方面进行详细阐述；第九章为排球运动技术与校园排球发展，主要从排球运动基本技术、排球技术训练与意识培养、排球运动技术的发展、以学校运动队建设带动校园排球发展这几个方面进行详细阐述；第十章为高校其他球类运动教学理论与实践，主要从棒球运动教学理论与实践、台球运动教学理论与实践、橄榄球运动教学理论与实践、高尔夫运动教学理论与实践这四个方面进行详细论述。

在撰写本书的过程中，作者得到了许多专家学者的帮助与指导，参考了大量的学术文献，在此表示真诚的感谢。本书共35万字，钱坤负责撰写12万字，焦广识负责撰写11.5万字，何欣负责撰写11.5万字。本书内容系统全面，论述条理清晰、深入浅出，但由于作者水平有限，书中难免会有疏漏之处，希望广大同行及时指正。

目　录

第一章 球类运动与体育健康

在人类社会发展进程中，体育成为增强体魄、丰富社会文化生活的社会活动。体育产生于人类生产生活实践，体育身体练习符合人体身心发展规律，有助于提高身体运动技术水平。随着人类社会对体育社会活动认知水平的提高，体育逐渐成为专门用于研究人体运动机能的学科。本章将从体育与健康，球类运动与体育锻炼，球类运动与科学健身这三个方面进行详细阐述。

第一节 体育与健康

一、体育的概念、功能和分类

（一）体育的概念

体育概念分为两类，即广义的体育和狭义的体育。其中，广义的体育是指依托身体机能开展的体育运动，是一种增强体魄、丰富社会文化生活的社会活动，有助于促进精神文明建设，具有明显的意识性和组织特征，成为社会总文化的有机构成部分。体育运动属于社会活动，会受特定政治和经济的制约。狭义的体育，即专业化的体育教育，以传授体育运动知识、技能为主，通过发展身体和增强体质，实现意志品质及道德培养的教育过程。专业化的体育教育强调人体运动机能的培育和塑造，成为现代教育不可分割的主体，为全面发展身体素养奠定良好基础。

（二）体育的功能

1. 教育功能

首先，体育教育是对身体机能的教育，即以多种锻炼和训练方式完善身体机能，又被称为“育体”。人类身体机能是在后天训练中获得的，适应环境能力的强弱与身体机能素养有关。此外，人类基本的生活技能也是需要通过教育才能掌握。因此，无论是身体机能训练还是生活技能学习，本质上是人类接受体育教育的过程，即实现增强体质的目标。

其次，体育教育是对人类思想品德的教育。作为一种符合发展规律的社会活动，它必须要受到一定制度或规则的约束，而教师、教练或裁判员就是以组织形式对其进行直接监督。体育教育以引导人类社会遵守行为准则或规范为目标，要求人类树立良好的体育道德观念，构建一种基于体育道德准绳的空间标尺，不断强化体育参与者的团队责任意识。在团队性体育比赛过程中，体育参与者遭遇对方侵犯时，是选择回击对方，还是选择不被对方侵犯所激怒，取决于体育参与者的体育思想道德素养。另外就是在团队体育比赛过后，团队内部成员会因一次失利而相互抱怨还是相互鼓励，这依然取决于团队成员的思想道德素养。

体育教育还包括对心理素质的教育，体育竞技活动最大的特点就是充满未知性，随时考验着体育参与双方的心理综合承受能力。如果体育参与者不能形成坚韧不拔的意志品质，那么就会影响身体机能的施展。强化体育心理素质，除了要不断接受体育活动训练外，还要掌握一定的体育知识、技能或战术，从中感悟体育文化的魅力。体育文化素养是维系体育心理发展的关键，在接受体育技能知识熏陶的过程中，体育参与者可以获得良好的思维认知能力、观察想象与记忆能力，使自身智力得到发展，为参加体育活动奠定信心基础。

2. 娱乐功能

体育的娱乐功能是指陶冶人的情操，丰富人的心灵世界。竞技体育源自人类社会的劳动实践，而人类参与体育活动的目的，主要是为了从中获取愉悦身心的快感。从社会化角度来说，娱乐是满足人类生理、心理欲望的基本需求，体育尤其是竞技体育，集动作技巧、造型艺术和形式类别于一体，竞赛过程往往充满着激烈性和悬念性，给现场观众带来生理上和心理上的最大化满足。体育成员参与体育活动过程时，凭借身体机能和体育技能优势，经过一番激烈的竞赛比拼，最终成功战胜体育竞争者，就会获得短暂的且难以言喻的心理快感，这也正是体育所具有的娱乐功能。体育娱乐功能是以最大化满足生理和心理需求为基础的，充分发挥自我价值，往往能够增强自尊心、自信心和自豪感，这是体育娱乐功能的一大特征。无论是作为体育旁观者，还是作为体育参与者，人们都能感受体育散发的娱乐魅力。可以说，体育发挥着消除疲劳、净化和调解烦恼情绪的娱乐功能。随着体育娱乐功能的放大，让体育回归自然、追求精神世界的享受，成为人们参与体育活动的现实需求。

3. 经济功能

体育经济功能是指体育活动带来的经济效益。人类通过劳动实践创造体育，依托组织形式开展体育活动，从而间接生产社会物质财富。人类参与体育活动的过程，旨在强化身体运动机能、磨炼心理品质，调节人类身体内部组织器官的运转，进而改善人类身体健康状况，以充沛的精力和体力参加各项工作，最终达到推动社会行业发展、创造社会物质财富的本质目的。另外，通过组织各类体育活动（如世界田径赛事等），同样可以为人类社会创造、积累物质财富，最常见的就是体育赛事实况转播权收益。

4. 政治功能

体育政治功能是指体育运动成绩与国家声誉产生直接联系。竞技体育本质上是身体机能、体育技能战术和心理素质的比拼，这也被称为“金牌争夺战争”。能否在竞技体育中赢得冠军金牌荣誉，不仅对个人职业生涯产生影响，而且还会相应改写一个民族或国家的国际影响力。1949 年后，中国逐渐在国际性体育竞赛活动中取得名次。2006 年，在卡塔尔多哈举办的第 15 届亚运会上，中国体育代表团斩获 165 枚金牌、88 枚银牌和 63 枚铜牌，连续 7 次金牌第一，成为亚洲范围内的体育强国。在 2008 年的北京奥运会上，中国体育代表团成功夺得 28 枚金牌，以奖牌总数第三名的成绩跻身世界体育强国行列。随着中国体育事业的快速发展，中国在国际体育组织中的威望和地位也在不断提高，这也极大地激发了国人的民族自豪感和自信心，成为增强民族凝聚力、发扬爱国主义精神的强力支撑。当前，大型国际体育赛事备受世界各国瞩目，新的国际体育赛事纪录的诞生往往会引发新的讨论热潮，成为世界范围内人群目光关注的焦点，这会极大地点燃人们为国争光的民族热情，推动国家体育赛事持续向前发展。1984 年洛杉矶奥运会，中国体育代表团实现金牌“零”的突破，再次激起国人民族体育自信心和自豪感，而在随后举办的世界女排联赛中，中国女排一举创下“五连冠”的骄人成绩，成为彼时最受国人关注的赛事盛况，成功奠定了中国在国际体育赛事间的影响力。

体育同样是维系国与国之间友好合作关系的纽带，在促进世界各国人民相互沟通、增进友谊的基础上，最终为国家之间开展合作奠定基础。现代体育趋向国际化发展，体育越来越成为一种带有政治属性的交往工具，通过举办各类规模的体育赛事，世界各国人民相互交流心得，汲取赛事经验，这有助于缓和、协调部分国家的利益冲突，实现世界和平发展。因此，体育运动员又被称为“穿着运动衣的外交家”“和平的使者”。

5. 健身功能

体育具有强身健体、提高身体免疫力的功能。强调体育锻炼，其实就是以促进身体健康发育为目的，保持身体内血液循环流动，稳定心脏脉搏跳动频率，为大脑输送充足的氧气，减损用脑过度的情况，使头脑呈清醒、放松的状态。长期坚持体育锻炼，有助于增强呼吸肌，改善肺部呼吸系统，调解心肺功能。此外，选择恰当的体育锻炼方式是强健骨骼、器官的基础，对于丰富体内肌红蛋白、增加骨骼密度质量有重要帮助。由此可见，体育锻炼成为人类提高身体适应力的有效手段，在保持相对健康的活动能力基础上，增加抵抗身体疾病的能力。在体育锻炼过程中，身体各项机能得到有效调节，心理素质得到明显改善。参加体育活动锻炼，不仅是为了增强个人体质，提高身体机能，更重要的是可以培育积极健康的心理，丰富心灵、陶冶情操。体育运动带给人的内在变化，需要经历长期锻炼的过程，各种形式的体育运动，总会在无形中磨炼人的意志，培养人的团队集体观念，进而改善人际关系。在参加体育锻炼时，大脑内的中枢神经系统会发挥调节功能，促进个体与周围环境的和谐统一。

（三）体育的分类

1. 学校体育

全面发展学生身心素养是学校体育教学的根本要求，也是为社会输送优秀人才的必然所在。体育与教育存在相互依存、相互影响的关系，体育是以培养人和教育人为目标，这符合教育的特征。作为实施国民教育计划的重要组成部分，学校体育在增强学生体质、拓展学生竞技体育能力方面发挥着基础性的导向作用。综合而言，国民身心素质主要由身体素质、文化素质、心理素质和品德素质组成。其中，身体素质会在一定程度上决定国家和民族的发展进程。学校体育教育承担着培养学生身心素质的职责，而学生群体又处在身体生长发育的关键阶段，针对学生群体展开国民体育教育，有助于进一步改善学生身体发育水平或质量。在多种因素的影响之下，人的生长发育水平会存在相应的差异，但如果能够从强化体育锻炼方面入手，那么就能积极推动人体生长发育水平的发展。另外，从竞技体育运动要求方面分析，要想成为职业竞技体育运动员，就必须从中、小学阶段进行系统训练和竞赛，这样才能保持一个较高的竞技体育运动水准。实践证明，学校体育已成为培养职业竞技体育运动员的关键，实施学校体育教育，可以培养学生良好的个性心理品质。

强化学生身体素质，只是学校体育教育目标之一，引导学生形成正确的道德行为及观念，同样是学校实施体育教育的重要目标。体育运动不仅是对个人身体素质的考验，还是对个人道德行为及观念的考核。在针对学生群体实施体育教育时，必须努力控制和约束学生的不良道德观念及行为，以良好的道德风貌促进学生养成良好的道德品质和习惯。实施学校体育教育，必须从儿童、青少年阶段抓起，同时还要注重挖掘青少年学生体育运动潜力，以系统化的体育技能训练方式，培养青少年学生体育观念、能力和习惯，发展成为大众体育生力军。这样，学校体育发展水平才会得到有效提升，并促进大众体育普及水平的良好发展。

2. 竞技体育

竞技体育是指以竞技形式为特征组织的体育运动赛事，成为现代体育最重要的内容。竞技体育尤其注重运动成绩，运动员需要保持良好的运动训练方式和运动竞赛水准。随着竞技体育的组织化发展，它逐渐成为一种社会体育活动。根据竞技体育的概念分析竞技体育的特点，即竞技体育强调运动员综合素质能力，包括体力、智力、心理等方面的潜力水准，在统一的竞技体育赛事规则要求下，呈现激烈的赛事竞技对抗性，具有国际化和组织化的特点。此外，运动员参加竞技体育赛事后，竞技体育赛事管理组织会根据运动员成绩进行排名，体现出经由官方认证的特点。在竞技体育运动发展演进的背景下，竞技体育运动组织逐渐成熟，已形成较为完备的竞技体育运动理论原则和实践方法，并成为影响较为广泛的社会体育活动。来自世界各国、各阶层的群体或个人，都可以按照相应要求参与竞技体育。在同种规则条件约束下，参赛运动员不再受语言或其他社会因素存在的限制，只需要根据竞技体育赛事规则参与活动。因此，竞技体育可以不借助任何其他形式的附加条件，仅仅通过群体化的组织传播就能获得人们的广泛关注和接受。从审美艺术视角分析，竞技体育集中表现为身体各项机能充分施展后形成的视觉美感，可以促使运动员与现场观众产生心理共鸣情感。人们通过设定规则来约束竞技体育种存在的不公平行为，赋予竞技体育各种规则权限，这本身就是一种创造性艺术，由此使竞技体育的竞技对抗程度得到强化。从社会历史发展进程角度进行分析，竞技运动项目是伴随社会历史发展而形成的。早在公元前700多年的古希腊时代，就已经存在包括赛跑、投掷、角力等在内的竞技运动项目，现存的竞技运动项目已达数百种，呈现百花齐放、蓬勃发展的局面。

3. 社会体育

社会体育，即通常意义上的群众性体育，也被称为“群众体育”“大众体育”。从体育社会学范畴而言，虽然社会体育与学校体育、竞技体育所属概念有所区别，但是社会体育同样具有竞技性和教育性特点，是现代体育的重要组成部分。目前，我国社会体育是相对于竞技体育来说的，即除去竞技体育运动之外的学校体育运动和群众体育运动。由此可知，社会体育覆盖的群体包括全体社会成员，它是以增强全体社会成员身心素质为目标，旨在丰富全体社会成员的闲暇生活、调节社会情感。

社会体育划分类型多样。按照区域特征划分，包括城市体育、乡镇体育、农村体育；按照年龄特征划分，包括婴幼儿体育、儿童少年体育、青年体育、中年体育和老年体育；按照性别特征划分，包括女子体育、男子体育；按照职业特征划分，包括职工体育、农民体育、军人体育；按照组织特征划分，包括家庭体育、社区体育、企业体育、俱乐部体育等；按照场所特征划分，包括室内体育、室外体育、野外体育等。随着群众性体育活动的发展，我国体育事业逐渐将社会体育纳入管理范围，并针对全体社会成员身体素质和心理道德素质进行指导，以此促进社会群众健康水平的提高，改善社会群众生活质量。在科学技术和经济发展水平逐渐得到提高的背景下，社会体育性质、内容、范围、结构、对象及时空关系会相应发生变化。

二、健康的概念、标准和影响因素

（一）健康的概念和标准

1. 健康的概念

20 世纪 50 年代，人们对于健康的认知还很宽泛，即身体不存在疾病症状就是健康的表现。至 20 世纪 70 年代，世界卫生组织对健康的概念做出明确的界定，即“不仅仅是没有疾病和身体虚弱，而是身体、心理和社会适应的完满状态”。随着教育水平的发展，20 世纪 90 年代，人们从环境因素方面指出健康的含义，认为健康是“生理、心理、社会、环境”这四种因素的和谐统一。进入 21 世纪，“大健康”概念逐渐宣传普及，“健、康、智、乐、美、德”成为评价幸福人生的重要尺度。

身体健康，其实就是达到一种和谐的状态，集中表现为人与自然、人与人以及人与自身的和谐。在东方文化语境里，人们将“和谐”视为一种最终追求的理想。因此，东方世界中的哲学体系，其中就包含对“和谐”概念的思考。在东方世界的哲学家看来，宇宙之所以能够保持相对稳定的运转状态，是因为它处在至大无涯的和谐之中。而要想实现这种和谐，就必须做到相互理解、相互宽容和相互谦让，保持心平气和的态度。

伴随人类生活观念的改变，保持合理的作息时间逐渐引起更多人的重视。工作节奏、运动消耗、生活方式、饮食结构等，都会对作息时间产生影响。此外，如果个人不能保持良好的心态，那么同样会影响作息规律。可以说，现代社会尤其强调对心理健康的调节与改善。

现代社会普遍存在“亚健康状态”，即明明感觉身体有所不适，却检查不出任何器质性病变，无法通过药物等医学方式治疗。医学界将亚健康患者界于健康群体和疾病患者之间，而出现亚健康状态的原因，很大程度上与工作环境有关。具体来说，当一个人所处的工作环境经常性处于紧张或压力过大的状态下，那么这个人身体上就会不自觉地出现不适反应（如疲劳感等），也就是通常所说的亚健康状态。对亚健康患者而言，只有学会正确调节个人心理，才能使身体保持健康的状态。调节个人心理的方式方法有很多，如外出旅游、适当运动或参与娱乐活动等。当然，这只适用于一般性亚健康患者。如果亚健康患者出现明显或严重的身心不适反应，那么就是该亚健康患者处于中度或重度亚健康状态，这会对个人生活和工作产生较大程度的影响。综合来看，调节或改善亚健康状态的根本方法，就是从保持良好的心理或精神状态入手，积极维持个人生理健康及心理健康水平，以健康的身心状态投入正常的生活和工作中。

2. 健康的标准

评价个人身心是否健康，其主要标准包括以下几方面：

第一，是否对个人身心优劣状况有明确的认识。例如，当个人过于担心弱点暴露在他人视野中，或者时常出现紧张、脸红、口吃等反应，长期感到压抑氛围时，这就是心理健康出现危机的表现。简单来说，即个人不能正确区别理想的“我”与真实的“我”之间存在的差异。

第二，是否能够客观地评价自己，也就是从他人或社会视角分析个人的优劣之处。例如，当个人过分孤僻、感到自卑时，那么就会形成带有主观特征的评价，以此突出优越感。这种方式其实不利于表现真实的自己，是缺乏精神支撑、虚荣心过重的体现。不健康的心理行为，往往会表现的过于偏执，过于看重别人的言谈以及举止，对别人的动作表情产生误解。

第三，是否具有真实的情感，是否可以正确看待自己的弱点和缺陷。理想化的追求总会与现实生活存在差距，过于追求理想形象反而会影响正常的工作与生活，不利于形成健康的心理。因此，如果个人并不能对客观世界有着正确的认识，那么就会产生一种较为消极的心理表现。

第四，是否能够恰如其分地把握个人身份。通常来说，人与人之间展开交往时，往往会扮演不同的身份角色。在人的潜意识里，交往环境的变化会带来身份角色的改变，如果不能根据场所环境调节身份角色意识，那么就会造成交往行为上的认知偏差，对交往过程及结果产生影响。对个体来说，身份角色认知应该是客观真实的，应该根据所处的场所环境等因素调整身份角色意识行为。心理冲突往往会造成身份角色认知偏差，由此造成思想观念与行为导向产生矛盾，这其实就是心理健康危机的表现。在现实生活中，某些精神疾病（如精神分裂症、抑郁症等）常会破坏个人的身份意识，从而引起价值取向、交友方式、职业环境等方面的变化。在不能正确看待个人身份角色的情况下，个体的思想行为会形成较为极端化的表现，不利于正常生活和工作的开展。

世界卫生组织（WHO）给健康所下的正式定义（衡量是否健康的十项标准）:

①精力充沛，能从容不迫地应付日常生活和工作。

②处事乐观，态度积极，乐于承担任务，不挑剔。

③善于休息，睡眠良好。

④应变能力强，能适应各种环境变化。

⑤对一般感冒和传染病有一定的抵抗力。

⑥体重适当，体态均匀，身体各部位比例协调。

⑦眼睛明亮，反应敏锐，眼睑不发炎。

⑧牙齿洁白，无缺损，无疼痛感，牙龈正常，无蛀牙。

⑨头发光洁，无头屑；肌肤有光泽，有弹性。

⑩走路轻松，有活力。

（二）影响健康的主要因素

1. 人体生物因素

人体是一个极为复杂的有机体。在影响和制约人体健康的多种生物因素中，主要是遗传和心理两种因素。

（1）遗传因素

后代形成和亲代相似的多种特征称为遗传特征。遗传不仅使后代在形态、体质以及性格、智力、功能等方面和亲代相似，而且还把亲代的许多隐性的或显性的疾病传给了后代。现代医学研究发现，遗传病有 2000 种之多，遗传病不仅种类多，而且发病率高。某些遗传病不仅影响个体终身，而且是重大的社会问题。世界上许多国家大力发展康复医学，遗传残疾是重要的研究对象。对于遗传病，最重要的不是预防，而是提倡科学婚姻，用法律禁止近亲结婚。

（2）心理因素

消极的心理因素能引起许多疾病。我们祖先 2000 多年前就发现了情绪对身心健康的影响，如《黄帝内经》中多次提到了“怒伤肝”“喜伤心”“悲伤脾”“恐伤肾”。现代医学、心理学的研究也证明了许多疾病的发生、发展和心理因素有关，如心血管病、高血压、肿瘤等。大量的临床实践也证明，消极的情绪（如悲伤、恐惧、紧张、愤怒、焦虑等）能引起各器官系统的功能失调，导致失眠、心率过快、血压升高、尿急、月经失调等症状。在我国癌症普查中还发现，心理因素与食管癌、宫颈癌的发病有密切关系。积极的心理状态是保持和增进健康的必要条件。心理是对客观的反映，积极、乐观、向上的情绪状态是人适应环境的良好表现。

心理因素在治疗中的作用。心理因素在治疗中的作用主要表现在两个方面：一方面是在疾病治疗中要打消顾虑，树立与疾病做斗争的坚强信念，积极与医护人员配合，保证治疗效果；另一方面是耐受心理因素、情绪因素引发的疾病要坚持“心理治疗”，即消除致病的消极心理因素。

2. 环境因素

自然环境与人的生存密切相关，如空气、阳光、水等都是人类维持生产、生活的自然条件。另外，像粮油蔬菜、瓜果肉类等，同样是维持人类生存的物质基础。自然界不但为人类提供生存与生活条件，还为人类提供了审美的对象。在优美的自然环境中，人们精神振奋、呼吸通畅、内分泌协调，这些对人的身心健康无疑是十分有利的。然而，自然界既存在着维持人类生产生活的物质条件，又存在着危害人类生命健康安全的成分，如各种有害微生物、空气污染物、溶于水源的有害物质等。当然，如果在气候发生极端变化时，人类的生产生活同样会面临着较大程度的威胁。人们都希望有一个优美、舒适的生活、学习和工作环境，自然环境的改善需要人们用文明行为来支持和保证，这是全社会的共同责任，也是全人类的建设事业。环境因素归纳起来主要有以下几个方面：

（1）社会环境因素

首先，社会生存就业竞争压力的增大。改革开放后，我国社会经济发展环境发生较为深刻的变化，各行各业改革进程实现深化发展。但必须承认的一点是，我国社会就业竞争机制面临着较为严峻的考验，行业用人需求与求职就业意愿存在矛盾失衡问题。尤其是伴随高校毕业生数量逐年增多的情况，高校毕业生面临的就业竞争压力也在逐年增大，部分高校毕业生甚至出现长期无法就业的困境，进而对个人身心健康产生不利影响。综合当前我国社会就业竞争环境分析，高校毕业生之所以会存在较大的就业竞争压力，主要是深受社会因素和个体因素的影响，尤其是个人极易存在的优越感，会在一定程度上引发一系列心理问题。

其次，各种扑面而来的信息会加剧认知鸿沟问题。随着网络信息技术的快速发展，信息传播方式和速度正在发生巨大的变革，信息传播的真实性无法得到保障，进一步造成信息传播混乱，引起群众性恐慌。对高校学生群体来说，他们选择收发信息的方式更加便捷，但由于缺乏对信息真实程度的判断力，因此很容易产生不正确的思想价值观念，最终可能会对个体身心健康产生不利影响。

（2）学校环境因素

①生活环境的压力。周围生活环境状况，会对个体心理认知行为产生较大影响。大学校园环境与中学校园环境差别较大，当学生身处不同的校园生活环境中时，他们往往需要一个适应的过程。如果他们自身能够积极调节心理适应环境，那么就会缩短融入大学校园生活的时间。反之，如果他们不能很好地调节心理去适应大学校园生活环境，那么就很难进行正常的学习与生活。

②学习环境的压力。步入大学校园后，学生会面临较为宽松的学习环境，但部分学生在面对这种学习环境时，会在心理上感觉有所不适，变得失去自信，甚至会形成自卑心理。由于高校生源范围广泛，因此学生面临的环境竞争压力就会加剧，除学习成绩外，像眼界学识、文体特长、社交能力及组织才干等，都会产生一定的竞争压力。当高校学生不能很好地调控心理状态时，就会产生较大的心理落差，从而会对自身心理行为产生整体否定趋向，即常见的自卑心理。另外，大学校园要求学生具备自主学习方式以及方法，在不能积极主动参与教师布置的课题任务的情况下，部分高校学生会产生较为消极的学习心理，他们不从自身方面主动发现问题或寻找原因，反而对学科教师的教学态度进行挑剔。殊不知，这种学习心理会进一步影响个人学习成绩，不能从本质上去发现问题和更好地解决问题，从而缺乏灵活运用知识的能力，对待问题只能消极接受。

③个人情感的压力。高校学生拥有较为个性化的学习心理和个人情感特征，尤其是在个人情感方面，更加注重能从异性那里获得好感，渴望获得异性朋友的青睐。但由于缺乏处理异性问题的经验，他们身上存在生理上的早熟和心理上的滞后，在对待个人情感问题时往往会产生一系列矛盾现象，心理需求得不到满足。另外，高校学生正处于人生观、价值观培育和养成的时期，如果不能以正确的方式方法处理个人情感问题，那么就很容易形成不良思想观念，这会对个人的学习及日后的生活产生不利影响。综合来看，个人情感压力是最容易引发高校学生心理健康问题的因素，对高校学生而言，必须学会缓解和调适情感压力。

④人际关系压力。大学校园属于人员流动性较强的场所，学生与学生之间、学生与教师之间乃至学生与校外人员之间的交往，会形成各种复杂的人际关系。另外，来自不同地域的学生拥有不同的习俗观念差异，这些习俗观念方面的差异，会很容易引起人际关系方面的摩擦与冲突，如果学生不能采取正确的方式方法去处理，那么同样会对学生心理产生消极的影响，造成人际关系焦虑等问题。

（3）家庭环境因素

①父母期望值的压力。在中国家庭式教育观念中，父母尤其重视儿女的学习成绩，他们普遍认为如果儿女拥有好的学习成绩，就能够获得一份相对良好、稳定的生活和工作。于是，多数家庭父母都会对孩子的学习及成长做出较为严苛的规划，但这很容易使孩子形成逆反心理，加剧心理负担。

②外在形象的压力。在大学阶段，个人外貌形象成为学生尤为关注的一点。但由于遗传等因素的影响，学生与学生之间会在长相、身材等方面存在差异，如果过于注重外在审美特征，那么就会加剧心理负担，造成心理焦虑或自卑等问题。此外，部分学生还会过于关注别人对自己外貌形象的看法，这同样会造成诸如容貌焦虑、性格孤僻多疑等心理疾病问题，形成一种不利于身心健康发展的恶性循环。

三、体育与健康的关系

（一）体育与身体健康的关系

1. 体育锻炼使心肺更健康

经常参加体育锻炼的人，心肌细胞能获得充足的氧气及营养供应，因而心肌细胞容易营养性肥大，使心脏重量增加，体积增大，搏动有力。由于心肌收缩强而有力，每搏供血量多，故安静时心跳次数比一般人慢，从而出现心脏工作“节省化”现象。体育锻炼还能大大增强肺功能。进行体育锻炼时，由于肌肉活动需要更多氧气，因而呼吸次数增加，深度加深，肺通气量大大增加。经常进行体育锻炼还有助于呼吸内肌力量增大，胸廓活动性增强，肺泡具有更好的弹性。

2. 体育锻炼使体格更强壮

人体的运动是由运动系统实现的。运动系统由 206 块骨骼、400 多块肌肉以及关节等组成。骨骼构成人体的支架，关节使各部位骨骼连接起来，而最终要由肌肉的收缩拉伸来实现人体的各种运动。可见肌肉的主要功能是收缩和拉伸，它是人体实现各种运动和身体活动的动力。

人体全身肌肉的重量约占体重的40%（女性约为35%），人们的坐立行走、谈话、写字、喜怒哀乐的表情，乃至进行各种各样的动作等，无一不是肌肉活动的结果。

锻炼肌肉，增强肌肉力量，促进体格的健壮，对人体健康有良好作用。两个体重相等的人不一定同等健壮，体内脂肪的增加也可以使体重增加。强壮体格需要的是体内适中的脂肪和较发达的肌肉，锻炼后体重的增加主要是肌肉的肌纤维组织增粗的结果。

进行各种肌肉力量的练习时，由于肌纤维的主动收缩与拉伸，大大促进肌肉中的血液供应和新陈代谢过程。肌肉中有着丰富的毛细血管，当肌肉处于安静状态时，肌肉中的毛细血管仅开放很少一部分，只有在进行体育锻炼或体力活动时，肌肉内毛细血管才大量开放，这就使肌肉获得更多血液供应，带来更多氧气和养料，使肌肉内代谢过程大大加强，其结果使肌纤维内的蛋白质增加，肌纤维就逐渐粗壮，肌肉内供能物质含量也会增加，贮氧的肌糖原、蛋白、毛细血管网等均有增加，肌肉的结缔组织弹性改善，也使肌腱弹性、韧性加强了。这不仅使人体体格健壮，还大大有益于健康。

（二）体育与心理健康的关系

大学生正处于身体素质和心理品格迅速养成和发展的时期，他们看待及处理问题的方式常会表现较为明显的个性特征，但同样还会存在一些自我矛盾。例如，多数大学生群体渴望能够获得良好的人际关系，碍于面子选择被动接受与他人交往。由此可知，矛盾心理在大学生群体中表现尤为明显，这种内部心理矛盾如果不能及时得到解决，会引发一系列心理方面的困扰甚至形成疾病。

实践研究表明，加强体育锻炼正在成为人们改善心理行为、强化身体素质的一种选择。从体育锻炼与心理健康之间的关系来分析，其主要包括以下几点：

1. 改善情绪状态

情绪状态会对人体生理及心理健康程度产生影响。保持良好的情绪状态，可选择开展多种形式的体育锻炼。体育锻炼是促进身体各项机能放松、舒展的有效方式，这有利于缓解紧张或不安心理，通过调控个人心理情绪状态，全面提高个人身体和心理素养水平。体育锻炼带给人的情绪变化可分为短期效应和长期效应两种，根据温伯格等学者的研究报道，当个人在选择进行30分钟跑步锻炼后，他的心理情绪状态会得到较为明显的改善，如紧张、困惑、愤怒和抑郁等不良情绪状态会在短时间内消除，并使个人心理承受能力得到增强。

2. 强化自我概念和自尊

个体针对特长、能力、身体和社会适应性等方面做出的客观认知与判断，即为通常意义上的自我概念。例如，“我的体育运动成绩非常优秀”“我拥有良好的身体素质”等，这些都是自我基于事实判断而形成的看法或感觉。自尊是建立在自我概念基础之上的，是针对自我评价而产生的一种情感反应。例如，“我对自己优异的体育运动成绩感到自豪”“我对自己拥有良好的身体锻炼素质感到非常满意”等。自我概念和自尊本质上都是一种自我评价和认知，是推动人格形成和提升社会适应力的基础。

大量的学术研究表明，青年群体尤其注重自我身体方面的特征。相较于男性青年群体而言，女性青年群体更加看重自己的身高与体重，并且一些女性青年群体会在身体肥胖方面产生自尊障碍。综合来看，身体自尊表现为对身体运动能力、身体形象特征、身体健康状况及身体抵抗力等方面的自我评价。身体自尊属于自我概念和自尊的重要内容，并存在相互联系、相互影响的关系。例如，当个人对身体形象特征做出较为消极的自我评价时，个体拥有的自尊感就会相应降低，进而引起心理情绪上的变化。实践证明，体育锻炼是调节和改善个体心理自尊的有效方式，长期坚持体育锻炼，身体各项机能会得到较为明显的改变，个人的心理情绪状态也会得到有效的调和。以最常见的体重训练为例，多数青年群体会通过加强体育锻炼使体重维持在合理区间，进而获得一种良好的身体知觉和身体想象状态，提高个体自尊感。

3. 协调人际关系

人际关系是影响个体心理情绪状态的主要因素，协调人际关系有助于提高个体心理适应能力，保持相对健康的心理。其实在日常的生活中，我们经常会发现人际关系与心理情绪状态之间的关系，即拥有良好的人际关系，总能形成愉悦、健康的情绪心理，保持参与人际交往的热情。如果未能建立良好的人际关系，则会影响个体参与人际交往的积极意愿，产生相对消极、抑郁的情绪心理。经常性地参加体育锻炼，其实就是改善、协调人际关系的过程，体育锻炼开展的形式由个体和群体两方面组成，但多数情况下，以群体组织形式为特征的体育锻炼，常能与其他人保持相对良好的交往和联系。因此，内向型性格人群更适合参加群体性体育锻炼活动。

4. 提高智能

长期进行脑力劳动会加速大脑疲劳程度，而进行体育锻炼是缓解脑疲劳度的有效方式。体育锻炼过程中，人体内的血液循环和呼吸系统都会得到改善，这可以促进学生注意力、记忆力、想象力及思维分析等心智能力的健康发展，为学生提供相对健康的心理情绪。

5. 培养坚强的意志品质

个体在面对问题、困境时，是否具备坚韧果敢、独立自主的能力，取决于意志品质的高低。综合而言，意志品质集中体现在对问题困境的处理态度上，是需要经过不断培育和磨炼的。体育锻炼是强化人的身体素质和心理品质的过程，加强体育锻炼能够促使人形成良好的意志品质，学会主动面对并尝试解决问题困境。越是积极主动参与体育锻炼过程，越能够提高个人面对主观困难和客观困难的能力，培养不断超越自我、敢于前行的意志品质。

（三）体育与社会适应的关系

1. 体育锻炼的社会价值取向

（1）实现和平相处的愿望

现代社会由高科技开创出文明与繁荣，为人类享受生活奠定了丰富的物质基础。但近十年间，人们在经历经济高度繁荣之后，为了进一步提高生活质量，世界各国都希望本着和平相处的愿望，以营造良好的人文社会环境，大力提倡用健康、和谐与极富人文精神的观念从事体育锻炼，把“人人享有体育与健康”作为新生活方式的奋斗目标，在全球范围内掀起了大众体育锻炼的热潮。实践证明，正是强调了体育与文化的结合，才使人们得以通过体育锻炼，寻求友谊、合作、公平与和谐；从表现身体与健康观念相融合的生活方式中，体会心态平衡与乐观欢愉的人生价值，并由此为营造和谐稳定的社会环境，发挥体育锻炼特有的作用。

（2）建立和谐的人际关系

在现实生活中，人们需要通过各种交往方式相互表达情感和传递信息。社会学的研究表明，影响人际关系的主要因素有沟通能力、对身体语言的理解和使用能力、自我抑制水平和迁移能力等。体育锻炼活动常表现出较为明显的动态性特征，并且拥有较为一致的目标追寻，是在群体组织下参与进行的。因此，体育锻炼是改善、调节人际关系的良好渠道，具有重要的社会价值。

群体性的体育锻炼方式有助于强化个体的人际交往能力，即在群体共同目标的监督和制约下，个体往往能够发挥最佳的体育锻炼状态，这有利于实现彼此之间的语言激励互动，进一步提升群体交往水平。非语言形式的体育锻炼，本质上是个体寻求人际交往合作的选择，在共同参与体育锻炼过程中，实现经验交流或感情沟通，强化目标合作体验。可以说，不同形式或类别的体育锻炼活动，为建立和谐的人际关系奠定良好的群众性基础，成为个体融入群体的表现。

（3）寻求社会支持的能力

在社会中，任何人都会遇到困难，是否具有为解决困难而寻求社会支持的能力，同样是社会适应性强弱的表现。体育锻炼作为一种个体行为，要想使它达到规范化要求，在寻求社会支持的努力中，除了需要加强与同伴之间的合作，还必须主动获取体育与健康知识，以及提高自我评价体育锻炼效果的能力。比如，在体育锻炼的实施过程中，我们无法事事依赖于课堂体育教育，需要设法求助于报刊、书籍、电视或互联网等大众传媒，通过查阅与检索资料，或从多媒体虚拟技术中直接获取信息从中受益，并学会用科学的方法指导自己的体育实践，从而加强体育锻炼与社会生活之间的联系。这种社会求助能力一旦在体育锻炼中得到提高，还可以通过迁移作用，间接影响人们的其他日常生活与工作中的个体行为，如不能打破自我封闭的生存、生活与教育环境，设法提高寻求社会支持的能力，那就无法改变孤立无援的处境，难以使个体从汲取社会的知识与经验中，获得解决问题与适应社会的能力。相反，如果重视体育锻炼且主动获取知识方面的价值取向，就可以设法在指导自我体育锻炼的行为中，更广泛地了解社会传媒为之提供的信息资源，学会制订和改进体育锻炼计划等。总之，当你有了这种求助社会支持的能力之后，就可以突破传统教育模式的限制，很自然地把传播体育知识与体育健身、娱乐结合起来，不仅可以加强体育锻炼的社会适应性，还会加速个体的社会化进程。

（4）陶冶良好的道德情操

21 世纪已进入人类精神发展的新纪元，为了适应更富人文精神的科学时代对人格教育的要求，体育锻炼尽管以强身健体为目标，但仍必须重视它在陶冶道德情操方面所起的重要作用，按现代生活所追求的“走向繁荣和文化”的总目标，使之直接为完善“人的发展”服务。为此，不仅要重视知识获取与促进健康的实效，还应关注人的个性发展与健康人格的培养等非智力因素，并按照陶冶道德情操的要求，体验集体活动与个人活动的区别，强调合作精神、友谊关爱、尊重同伴及表现意志等方面的价值，这样才能更有效地促进健康与品德修养之间的关系，使体育锻炼既影响人的生长和发育，又影响个性发展、行为规范和道德修养。正是由于上述价值的充分肯定，故而要求每个体育锻炼者要把自己的视野扩大到社会领域，通过积极参与社区体育，了解国家的体育与健康政策。提高为公众服务的意识与信念，还应提高社会责任感把自己的体育锻炼行为作为置身社会环境的一种集体活动，通过主动接受社会行为规范的约束，不断提高思想道德水平，不因运动场上发生的小摩擦，如对方抢占场地、相约时间延误、无意识的冲撞、同伴的偶尔失误等而斤斤计较，而应懂得自己在群体中扮演什么角色，以何种态度处理活动中的纠纷，学会如何尊重对手，关爱自己的队友。

2. 体育锻炼的社会适应性培养

（1）培养适应社会的参与意识

实践证明，经常积极地参与社区体育活动，会使自己逐渐成为社会体育组织的一员，唯有培养这样的参与意识，才能使体育锻炼产生积极的社会效益，使参与者利用各种社会交往方式，扩大自己的生活领域，并达到促进个体社会化的目的。

（2）培养适应社会的个性特征

实践中，若将个体锻炼与集体从事体育锻炼相比，通常个体行为易表现控制性、冒险性、感受性、内向性、急进性和自我满足性等性格特征；而集体锻炼则更具有社会的外向性，参与者大都能表现比较开朗的性格，但想要取得主导地位的人也相对较多，致使他们经常会处于矛盾与冲突中。因此，培养适应社会需要的个性特征，在参加集体运动项目的锻炼中，强调相互协调与配合，增强个性的自我约束机制，不断提高公众意识、集体荣誉感、道德责任感等，如此才能在复杂情感的体验中，按照集体利益的行为准则，使自己的个性获得理性上的转移，最终在行动上达到与同伴合作的目的。

（3）培养适应社会的生活方式

面对现代生活节奏加快，为了解决身体对社会的适应性，人们通过体育锻炼掌握运动技能，并以这种快速、敏捷的活动方式，提高人体对快节奏生产、生活的适应与耐受能力。为了消除精神对社会的不适应性，人们通过户外运动拓宽生活领域，并以这种回归自然本原的活动方式，克服对快节奏生活的抵触，恐惧、烦躁和焦虑等心理障碍。正是由于体育锻炼的这种特性，才使它在现代化生产劳动中，能够预防和消除许多精神的、肉体的不适应症。实践证明，体育锻炼所具有的自我肯定和激情感，以及对抑制焦虑，缓解消极情绪所起的积极作用。体育锻炼在培养团结协作、改善人际关系方面所具有的功能：体育锻炼在转移受压抑、挫折心境时所起的良好作用，体育锻炼在改善血液循环和中枢神经系统功能等方面，都为建立“体育生活方式”增进身心健康、适应生存竞争和享受生活乐趣提供了科学依据。

第二节　球类运动与体育锻炼

一、体育锻炼的原则与内容

（一）体育锻炼的原则

体育锻炼的原则是身体锻炼基本规律的反映，是身体锻炼必须遵循的准则，是锻炼身体经验的总结和科学研究的成果，是客观规律的反映，也是参加锻炼者安排锻炼计划、选择锻炼内容、运用锻炼方法所要遵循的原则。内容包括：自觉积极性原则、全面锻炼原则、持之以恒原则、循序渐进原则、适宜运动负荷原则。

1. 自觉积极性原则

自觉积极性原则，又称意识性原则，指锻炼行为是出自锻炼者主观的实际需要，是积极自觉的行动。锻炼者必须有明确的锻炼目的，确信“生命在于运动”的科学道理，要有“善其身者无过于体育”的心理准备，自觉积极地进行体育锻炼。毛泽东在《体育之研究》中指出：“欲图体育之有效，非动其主观，促其对体育之自觉不可。”[①] 体育锻炼是一个自我锻炼、自我完善的过程，如果不是自愿，别人是无能为力的。体育锻炼总是伴随着克服自身的惰性的，战胜各种困难才能达到预期效果。大学生应把体育锻炼与现在的学习和今后的工作乃至生活联系起来，把体育锻炼当作生活中不可缺少的一部分，确信体育锻炼有益于身心健康，有益于学习、工作和生活，积极投身于体育锻炼之中。为了提高锻炼的效果，应有固定的作息制度作保证，大学生应抓好早操和课外活动时间进行身体锻炼，并积极参加学校和班级组织的各项体育活动，在锻炼和体育活动中，培养兴趣和能力，形成自觉积极锻炼身体的习惯。

2. 全面锻炼原则

全面锻炼原则是指为了促进身体的全面协调发展而选择多样的锻炼内容和手段。人体是大脑皮质统一调节下的有机整体。人体的各部位、各器官系统的功能，各种身体素质和基本活动能力之间，既相互联系又相互制约。任何局部功能的提高，必然促进其他部位功能的改善；当某一项素质得到提高时，其他素质也会有不同程度的提高。但是，每一项体育活动都有一定的局限性，如果体育锻炼内容和方法单一化，机体就不能获得良好的整体效应。不同的运动项目对身体的锻炼效果是不一样的。如力量练习和健美运动能增强力量、提高爆发力、塑造形体，但对心肺系统的功能和耐力素质的提高作用不大；中长跑对心肺功能和耐力素质有良好作用，但对力量素质和上肢的发展影响不大；长期只从事身体一侧肢体的活动，整个机体就不能得到匀称发展。因而，每个人在选择体育锻炼项目时，应根据自身的需要，以 1～2 项适合自己的体育项目为主，辅以其他项目进行全面的锻炼，这样身心才会得到全面协调的发展。

3. 循序渐进原则

循序渐进原则是指锻炼内容、方法和负荷的安排要系统，并逐步提高要求。

① 马鹏．如何使学生对体育课感兴趣 [J]. 武汉体育学院学报，1984（2）：89-91.

在体育锻炼过程中，必须遵循人体功能活动的规律，循序渐进地锻炼身体。因为人体各器官系统的功能不是一下子可以提高的，是一个逐步发展、逐步提高的过程。如果违反这一规律，不仅不能很好地增强体质，而且还会损害健康。例如，没有经过锻炼的人，如果一开始就参加剧烈的体育运动，不但不能提高身体素质，反而会造成伤害，损害健康。在体育锻炼过程中，身体功能的提高、各项身体素质的发展是个渐进的过程，必须遵循人体功能活动的规律，循序渐进地锻炼身体，才能收到良好的锻炼效果。

4. 持之以恒原则

持之以恒原则是指身体锻炼要持之以恒、坚持不懈，把体育锻炼作为日常生活不可缺少的组成部分。

人体处于不断发展变化之中，弱可以变强，强可以变弱。体质的增强是一个不断改变、逐步提高的过程，既不可能在短时间内取得成效，也不可能一劳永逸。人是有机体，只有在经常的体育锻炼中，才能得到增强。进行体育锻炼时，身体的各器官系统都是在神经系统的支配下工作的。骨的坚实，韧带的牢固，肌肉的粗壮，肺活量的增大，心脏功能的加强，这些都是长期坚持体育锻炼的结果。

体育锻炼是对机体给予刺激的过程，每次刺激都产生一定的作用痕迹。连续不断地刺激作用，则产生痕迹积累，这种积累使机体的结构和功能产生新的适应，体质就会不断增强，动作技能的条件反射就会不断得到强化。如果“三天打鱼，两天晒网”地进行，各器官系统的功能和动作技能形成的条件反射就会慢慢减退，这正是“用进废退”的道理。

5. 适宜运动负荷原则

适宜运动负荷指体育锻炼要有恰当的生理和心理负荷量。确定运动负荷，一般以参加者身体既有一定程度的疲劳，又能承受，不影响正常工作、学习和生活为准。锻炼者的性别、年龄、体质、健康状况以及锻炼基础不同，运动负荷也不相同。运动负荷过小，不能引起机体功能的变化；负荷过大，不仅不能增强体质，而且还会损害健康。只有适宜的运动负荷，才能有效地增进健康、增强体质。测量脉搏是掌握运动负荷比较实用的方法之一。目前，国内外一般采用以下三种方法：

一个人接近极限运动量的脉搏次数（假如是 200 次 / 分钟）减去安静时脉搏

次数（假如是 60 次 / 分钟）乘以 70%，再加上安静时脉搏的基数 60 次，是对身体影响最好的运动量。以每分钟脉搏次数 150 次以下（平均是 130 次 / 分钟）的超常态运动量为指标，谋求提高有氧代谢能力。以 180 减去锻炼者的年龄数，作为锻炼者锻炼时的每分钟平均脉搏次数。

（二）体育锻炼内容

锻炼内容是指锻炼身体所采用的各种具体动作的总称。体育锻炼的内容多种多样，极其丰富。根据不同的锻炼目的和要求，可分为以下几类：

1. 健身运动

健身运动是指一般健康人为增进健康、增强体质而从事的体育锻炼。健身运动主要是增强人体内脏器官的功能，特别是心血管系统和呼吸系统的功能，以有氧代谢锻炼为主。如行走、慢跑、武术、太极拳、广播操、游泳、滑雪、划船、自行车、健身操、舞蹈及各项球类运动等。

2. 健美运动

健美运动是为了塑造体形和形成正确姿势而进行的体育锻炼。健美运动不仅可以增进健康、增强体质、发达肌肉、改善体形、陶冶情操，还可以培养审美和创造美的能力。如为了使肌肉发达，可采用杠铃、哑铃、综合练习器等练习；为了形成良好的体形与姿态，可采用成套的徒手操、持轻器械的健美操、韵律操练习。

3. 娱乐体育

娱乐体育是为了丰富文化生活、调节精神而采用的体育活动。如游戏、踢毽子、放风筝、渔猎、游园、郊游等。这类活动能使人身心愉快，既锻炼了身体，又陶冶了情操。

4. 格斗性体育

格斗性体育是指掌握和运用格斗的攻防技术（包括军事技术）的体育锻炼。达到既强身健体，又掌握一定的技击动作，还能自卫的目的。如擒拿、散打、拳击、短兵等。

5. 矫正体育

矫正体育是指对某些身体有缺陷或功能有障碍的人进行的专门性体育活动。如近视眼患者可做眼保健操，脊柱弯曲者可做矫正体操。

6. 医疗体育

医疗体育是指对治疗某些疾病而进行的体育锻炼。医疗体育是根据疾病的性质有针对性地采取相应的体育手段和方法。如慢跑、太极拳、气功、按摩、保健操等。

二、球类运动体育锻炼

（一）球类运动锻炼法

篮球、排球、足球、乒乓球、羽毛球等都是群众喜爱的运动项目。球类运动对身体全面锻炼会产生积极的影响。打球时，全身各部分功能、各器官系统都要同时积极活动，使人体力量、速度、耐力、灵巧等各素质都得到增强。据测定，足球运动员穿足球鞋踢出去的球，球速可达100公里/时以上，一个排球运动员在一场比赛中要跳跃数百次，乒乓球运动员打一场比赛要挥拍击球上千次。经常打球能提高神经系统的均衡性，各器官系统的功能也可得到加强。锻炼者在选择球类项目作为健身练习时，应考虑自身身体情况及场地器材，并结合自身实际进行循序渐进的练习。

（二）球类运动体育锻炼的意义

球类运动在运动过程中可以促进人体各个方面的锻炼与发展，例如，篮球的投篮动作、持球姿势、用力顺序和出球手法等正确动作，侧重于手部与腕部的锻炼，此外，游戏中的跑、跳、掷、踢等动作是要在合作或与另一些人对抗的情况下进行的，这就要充分发挥人们的积极性、主动性和协作性，去追逐、躲闪、改变方向、超越障碍、身体接触和对抗等才能完成。而这些活动往往是综合完成的。球类运动有一定的情节和规则，特别是那些个人的、分组的比赛，这就有利于发展思维，促进智力的开发。研究表明，不同性别大学生在体育锻炼、自我效能感上的得分存在显著性差异。①

球类运动比赛已经进入到技术与智慧的渗透结合和较量阶段，在组合多变的竞赛过程中，竞赛方式不断创新，因此进行球类运动有助于发展人们的智力。而

① 吴静涛，赵新娟，赵文楠等．体育锻炼对大学生负性情绪的影响：自我效能感的中介作用[J].中国健康心理学杂志，2022，30（6）：930-934.

且许多的实践显示，参加球类运动在一定程度上还能消除疲劳，提高人们学习与工作的效率。疲劳是一种综合性症状，与人的生理和心理因素有密切的联系。人的随意活动主要是通过大脑皮层来调节的，人在学习过程中，大脑皮层的相关区域处于高度兴奋的状态，但随着学习时间的延长而产生疲劳，导致学习效率下降，而参与一定的球类运动，如篮球、羽毛球等运动会使与文化学习有关的神经中枢得到休息，这就有利于消除脑力劳动所产生的疲劳，从而提高效率。

第三节　球类运动与科学健身

一、球类运动科学健身的环境选择

人的生活和发展与周围环境有着十分密切的关系。自然环境中的阳光、空气、水等都是人类赖以生存的必要条件。只有在良好的自然环境中，人们才能健康地生活、更好地发展。相反，不良的环境条件，会影响人们的正常生活，甚至给人们的健康造成危害。球类健身运动本身也是一种应激反应，如果机体在不良环境中进行球类运动健身，则需承受双重应激，从而改变运动时机体的反应，甚至更易引发机体紊乱。因此，在进行球类运动科学健身时，选择一个良好的环境是必要的。

（一）选择适宜的气候环境

1. 气候对人体的影响

气候的组成因素包括温度、湿度、气压、气流等。适宜的气候，通常使人感觉舒适、精神爽快；不良的气候则给机体带来伤害。如高温高湿环境使人头晕、闷热难受、烦躁不安、疲乏无力等；潮湿阴雨天气使人情绪低落；而寒潮大风天气则使心脑血管疾病发作机会增加。

机体在高温尤其是伴有高湿还有阳光照射环境中进行球类健身锻炼时，机体实际感受的温度会比气温高得多；加上健身锻炼时产生的热量会增加。散热障碍，则极易引起高热、脱水甚至抽筋等中暑现象。在大雾天气中进行球类健身运动，由于气压低，供氧减少，则会使机体耐力下降，加上能见度低，在路上运动也极易引发撞伤等。在过冷尤其是伴有大风的环境中进行球类健身锻炼，由于身体热量过度散发会使体温下降，从而使机体受伤机会增加，甚至晕倒。

通常，安静状态下人的适宜温度为21℃—23℃左右，湿度为40%—60%；进行球类健身锻炼时由于代谢增强，此时适宜温度约15℃—20℃左右，湿度则为20%—30%。考虑到一年四季中每天气温都有波动，人们每天进行球类健身锻炼时，最好选择较凉爽或温暖的（7℃—27℃）时段进行锻炼。如夏天一般可在早晨6点至7点或下午5点至6点进行：而冬天则可选择上午10点至下午3点之间进行。总之进行球类健身锻炼应该尽可能避免过热（高于32℃）尤其又伴有高湿时，或过冷（低于5℃）尤其又伴有大风时，特别是体质较虚弱或健康状况不佳的人更要注意。另外，太瘦的人也不宜在过冷的环境中球类健身锻炼，以防冻伤。

在高温或伴有高湿环境中锻炼，会出现运动中中暑现象，其症状包括头晕、大汗、胸闷、乏力、口渴；头痛、耳鸣、眼花、恶心、呕吐；脸色发白、皮肤湿冷、脉搏增快；高热、抽筋等。一旦有上述症状，应立即停止运动到阴凉通风处休息，并服用含盐（0.3%左右）的清凉饮料，必要时要及时送到医院。

2. 不同气候环境下的球类运动健身

进行球类运动健身的气候环境不同，锻炼时应注意的问题也不相同。以下是在热环境和冷环境两种不同环境下进行球类运动健身锻炼应注意的问题：

（1）热环境中进行球类运动科学健身注意事项

第一，在进行球类健身锻炼之前单纯暴露于该热环境一段时间，身体应无任何不适。

第二，注意运动健身的负荷，锻炼强度不宜过大，一般自己感觉稍费力即可。

第三，每次锻炼时间不宜过长，以免产生过度疲劳。一般一次15—20分钟。

（2）冷环境中进行球类科学运动健身注意事项

第一，在进行球类健身锻炼之前，单纯暴露于该冷环境一段时间，身体无不适。

第二，锻炼前一定要充分做好热身运动。

第三，锻炼时尽量用鼻呼吸，减少冷空气对咽喉的刺激。

第四，选择的运动服装应适宜，锻炼结束后应及时抹干汗水并换上干衣服。

3. 不同季节环境下的球类运动健身

（1）春季进行球类运动科学健身的注意事项

在春季进行运动健身时，主要以加强人体内的新陈代谢为主，逐渐提高各器官的机能水平。选择球类运动时要以有氧代谢形式供能为主，运动强度应该逐渐增加。在春季进行运动健身时，做好充分的准备活动，充分伸展僵硬的韧带，以减少运动损伤，同时还要注意增减衣服，预防感冒。

此外，春季较容易犯困。人之所以犯春困，主要是因为冬天天气比较寒冷，人的新陈代谢比较慢，需要的氧气也很少。春天天气突然转暖之后，人的新陈代谢随即变快，需氧量大增，供氧量就显得相对不足，因而导致人的身体感到困乏和不适。要想摆脱春困的烦扰，从而提高球类运动科学健身的效率可以从以下几方面入手：

第一，注意日常的生活起居。犯困的根本原因就是睡眠不足，所以作息时间一定要有规律，早睡早起，以保证充足的睡眠。

第二，适当调整饮食。在睡觉前千万不要喝浓茶或者咖啡，因为这样会导致大脑兴奋，从而影响睡眠；相反，在早餐后喝上一杯浓浓的咖啡，午休后喝上一杯浓茶，都有助于工作期间保持兴奋。

第二，勤于锻炼。勤锻炼可以增强人的体质，让人更容易适应天气的变化，保持旺盛的精力。可以说，解春困的根本就在于勤锻炼，但同时要注意根据自己的身体特点来选择锻炼方式，而不要一味追求锻炼的量，否则会让人感到更加困乏。

（2）夏季进行球类运动科学健身的注意事项

夏季炎热的天气条件下，容易大量出汗，很容易造成人们懒于进行运动健身的情况。但实际上，只要注意劳逸结合，球类运动健身仍具有较好的效果。

现代医学认为，科学合理的运动能改善人体各个系统的功能。夏季高温闷热，人体消耗能量特别大，各器官的衰老比其他季节更为明显。如果能够在夏季坚持长期运动健身，其抗衰健体效果将更加显著。具体说来，夏季健身对人体的作用主要包括以下几个方面：一是促进消化系统功能；二是促进呼吸系统功能；三是增强心血管系统功能：四是改善代谢和内分泌系统功能等。

在夏季进行球类运动健身，要想提高训练的效果，需要注意以下几项内容：

第一，选择合适服装。夏天运动一定要穿吸汗功能好的棉质衣服。运动服不能过紧，如果汗液排不出去，会对心脏造成很大的压力。并且不可以用自己的身体来烘干衣服，运动后马上脱下湿衣服。

第二，避免高温“作业”。在夏季进行球类运动健身一般应在天气较凉爽的时段进行，或者利用空调降温装置。要尽量避免在阳光强烈的正午到下午 2 时参加户外运动，这时的紫外线特别强，会灼伤皮肤，甚至使视网膜、脑膜受到刺激。

第三，运动前补充水分。运动出汗会使人体内水分流失较快，因此运动前半小时应喝 800 毫升水。如果在室外进行球类运动，要控制好运动的时间，一定要带瓶水，最好是能够补充含一定盐分的水。

第四，合理摄入食物。运动前一个小时要吃些主食或水果之类的食物。这是为了防止摄入热量过低，导致体力不佳。

第五，降低运动强度。夏季运动健身，一定要掌握好运动健身负荷的量与强度，以免造成不必要的运动损伤。

第六，降温不可太急。运动后不要马上洗冷水澡或吹电扇、开空调。因为运动后全身各组织器官新陈代谢增快，扩张的毛细血管突然遇冷马上收缩，会打乱体内器官正常功能，容易患伤风感冒。

（3）秋季进行球类运动科学健身的注意事项

第一，与夏季不同，秋季清晨的气温已经开始降低，锻炼时一般出汗较多，稍不注意就有受凉、感冒的危险。所以，不能一起床就穿着单衣到户外活动，而要给身体一个适应的时间。因此，要注意增减衣物，防止感冒。

第二，从潮湿闷热的夏季进入秋季，气候干燥，温度降低，人体内容易存积一些燥热，而且秋季空气中湿度减少，容易引起咽喉干燥、口舌少津、嘴唇干裂、鼻子出血、大便干燥等症状。再加上运动时丧失的水分会加重人体缺乏水分的反应，所以，进行球类健身运动后一定要多喝热水，多吃梨、苹果、乳类、芝麻、新鲜蔬菜等柔润食物。秋季进行球类运动要及时补水，防止秋燥。

第三，秋季是人体的精气处于收敛内养的阶段，所以运动量应由小到大，循序渐进。锻炼时觉得自己的身体有些发热，微微出汗，锻炼后感到轻松舒适，这就是效果好的标准。相反，如果锻炼后十分疲劳，休息后仍然身体不适、头痛、头昏、胸闷、心悸、食量减少，那么，可能是运动量过大造成的，需要及时减少运动量。

第四，有的人习惯早上起床就先去锻炼，练完再吃早饭，这样对身体不太好。尤其是在进行球类运动时，身体会消耗大量的能量，经过一夜的消化和新陈代谢，前一天晚上吃的东西已消化殆尽，身体中基本没有可供消耗的能量，如果在腹中空空时锻炼，很容易发生低血糖。因此，进行球类运动健身时，不宜空腹进行。

第五，一般来说，饭后不宜立即进行运动，否则对人体健康是非常不利的。因为饭后消化系统的血液循环大大增加，而身体其他部位的血液循环就会相对减少，如果马上开始运动，消化的过程受阻，胃肠容易生病。饭后30分钟进行运动较好。所以说，饭后过饱时，不宜马上进行球类运动健身。

第六，由于人的肌肉和韧带在秋季气温较低的环境中容易反射性地引起血管收缩，关节生理活动度减小，因此极易造成肌肉、肌腱、韧带及关节的运动损伤。因此，每次运动要注意方法，除了做好充分的准备活动外，运动的幅度、强度都要重视，不要勉强自己做一些较高难度的动作，以防损伤，要时刻注意健身运动中的安全问题。进行球类运动的根本目的是科学健身，所以在运动健身过程中，应该重视安全问题。

（4）冬季进行球类运动科学健身的注意事项

随着冬季的来临，冷空气会引起表皮血管收缩，阻止暖和血液流至体表，限制了血液向体表传热。若这种反应持续时间延长，则容易导致皮肤冻伤。对于一些人来说，冷空气能诱发心绞痛或哮喘、上呼吸道疾病。因此，健身锻炼者在运动时应注意挑选合适的衣服外，还应掌握如何处理皮肤冻疮方面的知识。

在低温环境下，身体散热快于产热，结果使体温下降。由于风和环境的潮湿度等综合作用，大多数体温降低都发生在气温0℃以下。当身体浸于水中时，体表散热的速度比在相同温度的空气中要快20倍。而健身锻炼的目的，就在于让健康的人能在寒冷的环境下坚持更长的时间，并减少降低体温的可能性。

冬季参加球类运动健身，不仅能提高身体健康水平，更重要的是能提高身体的抗寒和对各种疾病的防御能力。需要着重注意的是，在进行运动健身前一定要做好充分的准备活动，以免发生不必要的运动损伤。在寒冷的冬季环境中，进行健身运动需要采用以下措施：

第一，冬季不宜在雾天进行球类运动健身。实践证明，雾是由无数微小的水珠组成，这些雾珠中含有大量的尘埃、病原微生物等有害物质，锻炼时由于呼吸量增加，肺内势必会吸进更多的有害物质。

第二，冬季进行球类运动健身时不宜用嘴呼吸。冬季锻炼应养成用鼻子呼吸的习惯。因鼻子里有很多鼻毛，它能滤清空气，使气管和肺部不受尘埃、病菌的侵害。另外，寒冬气温低，冷空气进入鼻孔后即可得到加温。

第三，冬季进行球类运动健身时切勿骤然进行。冬季锻炼前应先做些简单的四肢运动，以防韧带和肌肉扭伤。

第四，冬季进行球类运动健身不宜忽视保暖问题。穿合适的多层保暖衣服以隔离冷空气。开始锻炼时，不应立即脱掉外衣，等身体微热后再逐渐减衣，锻炼结束时，应擦净身上的汗液，立即穿上衣服，以防着凉感冒。

第五，冬季进行球类运动健身不宜空腹。近年来的研究表明，清晨除了血糖偏低外，人体血液黏滞，加上气温低、血管收缩等因素，若空腹锻炼，人就可能因低血糖和心脏疾患而猝死，故中老年人早晨起床要舒缓，适当进餐、饮水后再锻炼。

第六，冬季进行球类运动健身不宜选择极冷或大风天气。如果遇见极冷或大风天气状况，又想坚持健身锻炼，可以改为室内健身运动或者做适当的休息调整。

（二）选择适宜的场地环境

1. 避开场地脏乱的环境

球类运动健身对场地没有很大的限制，既可在室内进行，也可在室外进行，但不论室内室外，都应注意场地卫生，保证良好的空气质量。对于室外运动，进行球类运动健身时场地地面宜平坦，无凹坑、碎石，无浮动和其他杂物，能避免发生碰撞，所以说，良好的场地卫生能有效减少运动损伤的发生概率。另外，为了防止滑倒、摔伤等事故的发生，用来进行球类运动科学健身的场地地面不宜太滑。

2. 避开空气污染的环境

空气是人类生存的重要环境，空气质量的好坏对人体运动的影响极大，尤其是在室外进行球类运动健身时，一定要注意空气的污染程度。

人体每时每刻都需要从空气中吸入氧气，而将自己代谢产生的二氧化碳排出体外，以维持生命活动。正常情况下，空气的基本组成是恒定的，但随着现代经济的发展，许多工业废气、交通尾气等大量排入空气中，引起空气成分的重大变化，从而直接或间接危害人们的健康，此即空气污染。如大气中二氧化碳含量超过 2% 时会引起人头痛、脉搏变缓、血压升高，含量超过 10% 时，人就会丧失意识、呼吸麻痹，从而导致死亡；而大气中的一氧化碳浓度超过千万分之一时就会使机体发生急性中毒。通常一个成年人每天约呼吸 2.5 万次，吸入空气达 10～12 立方米，而运动时吸入的空气比安静时多得多。如普通成年人安静时每分钟约吸入空气 9 升，而剧烈运动时则可达 100 升，因此，如果进行球类运动健身锻炼时，空气受到污染，则吸入的有害成分就多，对健康危害更大。

另外，空气中也存在许多带正电荷的阳离子和带负电荷的阴离子。一般认为空气中的阴离子可使机体镇静，有镇痛、利尿、降血压、增进食欲等作用，还可以改善注意力；阳离子正好相反。因而空气中阴离子越多，空气也就越清洁新鲜。一般在海滨、森林公园、瀑布处空气中阴离子会较多。

总之，人们进行球类运动科学健身时应尽量避开如交通拥挤的马路旁等空气不洁的地方，而尽量选择空气新鲜的环境。比如，篮球、网球最好选择树木比较多的户外场地；羽毛球、排球对场地的选择就更为广泛，可以是海滨或空气较好的公园。

3. 避开噪声污染的环境

噪声对人体的危害极大，其危害主要包括以下几个方面：第一，引起神经机能失调，头晕、心律不齐和血管收缩；第二，使胃肠功能紊乱，食欲不振、消化不良；第三，长期反复接触噪声会使听力减退，诱发心脏病等 50 多种疾病；第四，噪声环境使人心情烦躁，容易疲倦，反应迟钝，导致运动能力下降。

在噪音区域进行球类运动健身，不仅得不到好的健身效果，反而会影响人们健身的情绪和健身运动的进行。因此，人们在选择球类运动健身环境时应避开噪声污染的环境。

综上所述，人们在进行球类运动健身时，一定要注意保持场地的卫生、湿度，降低空气中的粉尘含量。经常在室外进行运动健身的人群，应注意选择运动的时间和地点，避开大气污染严重的环境。健身指导员应随时注意气象部门发布的“污染指数”，必要时，对污染敏感的人进行调整运动量等预防和干预措施，在健身活动中应远离噪声源。

（三）选择适宜的社会环境

1. 自身环境

从个人来讲，人生活在这个世上，总会与社会产生形形色色的联系，总是会遇到各种各样不顺心的事情，从而造成精神紧张。紧张的程度则主要取决于人的看法。如坦然处之，则精神紧张程度轻，否则可引起过度精神紧张，影响健康。

精神紧张与球类运动健身锻炼有密切的联系。其主要表现在两个方面：第一，积极参加球类运动健身锻炼有助于缓解精神紧张；第二，精神紧张也会影响球类运动健身锻炼效果以及参与健身锻炼的积极性。因此树立良好的人际关系，培养乐观向上的人生观也是非常必要的。

2. 周围环境

从社会来讲，人是社会中的人，人的观念和行为总会受到家庭、社会观念和行为的影响。一般父母爱好运动，其子女通常也爱好运动，一个倡导球类健身锻炼的社会环境则有益于人们投入到健身运动中去。当一个参加球类健身运动锻炼的人得到家庭、社会的支持和鼓励时无疑有助于其坚持进行球类健身锻炼。

虽然对于大的社会环境，人们通常无法选择，但对于每个人周边的环境，则有一定的选择性。俗话说“物以类聚，人以群分”，如能积极地和喜爱运动的同龄人一起参加球类运动健身，将有利于相互交流思想感情，更好地促进身心健康，且有助于对球类健身运动的坚持。因此，选择适宜的社会环境进行球类运动科学健身是很有必要的。

二、球类运动科学健身处方的应用

（一）球类运动科学健身处方概述

1. 球类运动科学健身处方的定义

最先提出“运动处方”概念的是美国生理学家卡波维奇。20世纪50年代，卡波维奇经研究指出，人们在进行运动锻炼时，应对运动项目、内容、方法进行科学的选择，这样才能取得良好的锻炼效果。

运动处方是在身体检验的基础上根据人们身体的需求，按照科学健身的原则，为体育锻炼者提出的科学而合理的量化指导方案。运动处方类似医生给病人开的医药处方，是由运动医学医生、体育教师、教练员或社会体育指导员，给参加球类运动的人们，按其年龄、性别、心脏功能、运动器官功能、运动经历和健康状况等，用处方的形式确定球类运动的种类、方法、运动强度、运动时间，并提出注意事项。

根据应用对象的不同，运动处方可分为以下几种：一是以增强体质、增进健康为目的的健身运动处方，二是以提高竞技运动成绩为目的的竞技性运动处方，三是以帮助疾病患者康复的治疗性运动处方等。

运动处方就是要根据人们的身体特点来“对症下药”，事实证明，按照运动处方进行球类运动，可使人们在技术上、身体上都达到良好的运动效果，并且既安全可靠，又有计划性，真正实现了科学运动、保健和治疗疾病的目的。同时，运动处方的安排是否得当，决定了人们能否对球类运动的锻炼持之以恒，提高兴趣才能养成良好的运动习惯。

安排得当的运动处方能达到以下几个目的：第一，增进身体健康，预防疾病，改善身体状态，提高对环境的适应能力；第二，提高身体肌肉力量、耐力、爆发力、身体的灵敏性、技巧性、平衡性、柔韧性等素质，增强运动能力；第三，治疗疾病。把运动当作康复疗法的一种手段，严格按处方进行，可以大大提高运动中的安全性，尽可能减少意外发生。

2. 球类运动科学健身处方的制定

（1）健康检查与评价

球类运动处方的研究是为了了解参加球类运动的人们的基本健康状况和运动

情况，健康调查应包括以下几个方面：

第一，了解情况。主要包括：既往病史、现有疾病、家族史、身高、体重、目前的健康状况、疾病的诊断和治疗情况。

第二，了解运动史。主要包括：参加球类运动的人们的经历、运动爱好和特长、目前的运动情况（是否经常参加锻炼、运动项目、运动量、运动时间、运动中、后的身体反应等）、在运动中是否发生过运动损伤等。

第三，了解运动目的。主要包括：球类运动的人们运动的明确目的、对通过运动来改善身体状况的期望等。

第四，了解社会环境条件。主要包括：参加球类运动的人们的生活条件、学习情况等基本信息，可利用的运动设施和条件等。

健康调查的目的是对人们的健康状况作出初步评价，评价范围包括身体的健康状况、精神状态、适应能力、运动目的等。

（2）处方制定

根据健康检查与评价的结果，就可以制定球类运动处方了。制定球类运动处方时主要考虑频率、强度、时间、运动项目和注意事项五个方面的问题。这五个方面用来控制每周适应的运动量。若想增加运动量，可先增加运动时间，强度与频次都不变，待适应以后再增加频次，最后才考虑增加强度。在考虑增加强度时，可以减少运动时间或频次，等人们适应已增加的强度或阻力，完全适应后再考虑增加其他因素。

再好的球类运动处方都有其时效性和针对性。通过一段时间的实施，应及时对不适用的部分进行调整。一般是按照初定的运动处方试行锻炼的，对不合适的地方要及时作出调整，待适应后，再做体力测试，重新制定新的运动处方，使球类运动处方更具有针对性和时效性，从而不断地提高运动效果。

（二）球类运动健身处方的具体应用

1. 提高适应能力的球类运动健身处方

适应能力可以分为三个方面的能力，即适应能力、调节能力和应激能力。对应这三个方面的能力，可以选择不同的运动种类。其中，提高应激能力可选择羽毛球对抗。

（1）运动目的

增强运动者的身体素质，提高运动者适应不良条件，适应新环境的能力。

（2）运动强度

中上强度，这样可以增强运动效果。

（3）运动密度

一周 2～3 次。

（4）持续时间

应持续 40 分钟以上，但是不宜超过一小时。

（5）运动时间带

视具体运动而定。

（6）注意事项

首先，要合理地控制运动强度和运动量；其次，调整好运动和休息之间的关系。

2. 改善身体形态的球类运动健身处方

改善身体形态的运动可以内在地分为改善全面体格的运动、改善身高的运动、控制体重的运动、改善胸围的运动和塑造体形的运动。其中，改善身高的运动有：篮球中的运球、篮球跳投、排球的跳扣球、排球运动中的拦网运动、篮球中的摸篮板运动等。

（1）运动目的

改善运动者的不良身体状态，塑造良好的身材，使运动者的体形保持在最佳状态。

（2）运动强度

改善身体形态的练习可以根据运动目的的不同和运动种类的不同进行合理调整，再加上不同的人具有不同的身体素质，运动强度也会随之不同。一般用中小强度的训练较为适宜。

（3）运动密度

每周保持在 3～5 次。

（4）运动时间

改善身体形态的运动一般需要较大的运动量才能见效，所以一般需要的运动时间比较长，每次运动一般都要坚持30分钟以上，但是不宜超过1个小时，因为这样很容易造成运动损伤。

（5）运动时间带

大运动量的运动适宜集中在每日的下午或傍晚。

（6）训练方式

全身性的有氧运动结合局部有氧训练和肌肉线条练习。所谓的局部有氧训练要求针对局部脂肪较为集中的部位，在局部进行有氧运动。

（7）注意事项

第一，要结合自身的身体素质和运动喜好合理地选择运动种类，以便于运动者可以坚持不懈的进行运动。

第二，主要通过全身性运动来塑造体形，以局部的有氧运动作为重要补充。

第三，有氧运动和肌肉训练可以适当地结合，穿插进行，以减少锻炼中的枯燥感。

3. 发展心肺功能的球类运动健身处方

提高心肺功能水平的球类运动一般以有氧耐力运动为主。运动者可以根据自己的爱好和现实条件自由选择运动的种类。

（1）运动目的

增强心肺功能，也就是提高心脏的泵血功能和肺部的通气功能。这样可以提高有氧耐力。

（2）运动强度

以心率为标准，控制运动强度，心率控制在130～150次/分钟。

（3）运动密度

每周4次。

（4）持续时间

30～50分钟，其中心率达到上述标准应保持20分钟以上。

（5）运动时间带

每天下午15～17点。

（6）注意事项

第一，在进行提高发展心肺功能的运动健身锻炼时，要注意持之以恒地坚持练习，不可时断时续，不可三天打鱼两天晒网。

第二，应该循序渐进，不可急于求成。

第三，如果在运动过程中身体状况出现异常，如运动时出现胸闷、头晕等现象，应马上停止体育锻炼。

第二章　球类运动教学的基本理论研究

球类运动的教学对于球类运动的发展具有重要作用，因此，本章主要从球类运动教学的理论基础、球类运动教学的价值研究、球类运动教学的发展理论研究这三个方面对球类运动教学基本理论研究进行详细的阐述。

第一节　球类运动教学的理论基础

一、球类运动教学规律与目的

（一）球类运动教学的基本规律

球类运动的教学规律是指球类运动教学过程中存在的普遍规律，包括事物认识规律、动作技能形成规律、人体生理机能活动规律、人体身心发展规律，以及项目教学规律等。

1. 事物认识规律

要根据人体认识事物的规律与特点来进行有目的、有针对性的教学活动。一般来说，大学生在认识事物的过程中，一般都从感性认识上升到理性认识，即遵循实践—认识—再实践—再认识的过程。因此，在掌握知识、技术、技能的过程中，应根据教学过程认识事物的客观规律，即引起动机、感知教材、理解教材、巩固知识、运用知识、检查评定等几个阶段来进行球类运动的教学。

2. 动作技能形成规律

针对球类动作技能实施的课程教学，一般要从泛化阶段开始，到分化阶段，最终达到动力定型阶段。

（1）泛化阶段

泛化阶段是指球类动作技能教学初期，教师以教学示范讲解的方式强化学生的动作技能认知，将学生对动作技能的感性认识转化为对运动技能内在规律的理性认识。在初期学习球类动作技能过程中，学生大脑皮质处于兴奋与抑制扩散状态，即泛化阶段。由于身体各项机能运转较为僵硬，在实际练习球类动作技能时，常会出现身体动作不协调等问题。为此，教师需要引导学生建立正确的动作表象，帮助学生强化球类动作肌肉记忆。

（2）分化阶段

伴随对球类动作技能练习的深化发展，学生可以掌握球类动作技能的内在规律特征，身体动作不协调等问题得到解决。此时，大脑皮质活动开始由泛化阶段转向分化阶段，大脑能够集中注意力练习各项动作技能，并逐步解决已知和未知的错误动作记忆，在不断强化肌肉群动作技能记忆的基础上，顺利且连贯地完成一整套技术动作。但由于缺乏实践运用，动力定型尚不牢固，如果在遇到未知的环节条件刺激时，错误动作记忆就会重新出现，这就要求教师指导学生建立动作的动力定型。

（3）动力定型阶段

通过进一步反复练习，运动条件反射系统逐步建立，达到巩固动力定型阶段，大脑皮质兴奋与抑制在时间和空间上更加集中和精确。此时，不仅动作协调、准确、优美，而且动作的某些环节还可以出现自动化，就算环境条件发生变化，技术动作也不易受破坏。但是，动力定型发展到了巩固阶段还会消退，所以，在教学中应对学生提出进一步的要求，不断精益求精，使动力定型更加完善和巩固。

3. 人体生理机能活动规律

进行球类运动锻炼时，身体的机能能力和工作效率都不能在活动一开始就达到最高水平，而是在活动开始后一段时间内逐步提高的，这个逐步提高的过程，具有一定的规律性。当开始运动时，由于机体物理上和生理上惰性的影响，身体各器官系统的机能活动能力从相对较低的水平逐步上升，这一过程称为逐步上升阶段；之后，身体机能活动能力稳定并保持最高水平，此阶段称为稳定阶段；身体运动到一定的程度会产生疲劳，身体机能活动能力下降，经过休息，身体机能能力又逐步恢复到相对安静时的水平，这一阶段称为下降和恢复阶段。进入工作状态需要的时间，取决于工作的性质和个人的特点。一般来说，肌肉活动越复杂，进入工作状态需要的时间就越长；体育基础水平低的学生比水平高的学生所需时间长。学生的年龄不同，机能活动能力的特点也不同。

根据此规律，在球类运动教学过程中，必须遵循人体生理机能活动规律，结合学生的具体情况，合理地组织与安排教学活动，教学准备阶段应做好准备活动，使学生的兴奋性达到适宜状态；教学主体阶段应合理安排教学内容，确定好休息时间和休息方式，促进身体机能的恢复；教学结束阶段做好整理活动，消除疲劳，促进体力恢复。

4. 人体身心发展规律

人体的身心发展具有阶段性的特征，所以，在教学过程中必须依据学生各年龄段的身心发展特征来安排教学内容和教学方法，这样才能提高教学效果，促进学生健康成长。小学生兴趣广泛，但不稳定，特别喜欢带情节的游戏和竞赛性的练习，对枯燥的活动易产生厌烦情绪。因此，在球类教学中要增加情节化、游戏化和竞赛化的教学内容。随着年龄的增加，学生逐渐理解了体育锻炼的意义，自觉性逐步提高。因此。教师应采取有效的措施，不断强化学生正确的学习动机。在中学阶段，学生对体育学习的态度可以通过体育学习中所表现的积极或消极的行为表现出来，当教学内容、方法、手段等符合学生的需要时，学生就会采取积极、主动的态度；反之，就会产生消极、被动的态度。大学生对体育学习的兴趣更加稳定，而且具有更大的选择性。因此，要加强正确引导，使学生明确球类运动的作用和意义并积极地参加学习与练习。

同时，学生对体育学习的兴趣不断分化，受性别、个性等因素的影响较大。男生多喜欢活动量大，竞争性强，能表现自己勇敢、敏捷的教学内容；女生则喜欢动作优美、柔韧，节奏和韵律感强的教学内容。因此，体育教学要根据学生性别、个性的特点，在选择教学内容、确定组织教法时做到区别对待。

5. 项目教学规律

各种球类项目动作结构不尽相同，运动性质强度有较大的差别，如篮球、足球等项目是典型的身体直接对抗性项目，排球、乒乓球、网球等项目是典型的隔网对抗性项目。所以，在各项目的教学中，要根据具体项目的技术特点、动作结构特点以及教学实践而采取不同的教学方法，运用不同的教学手段。

（二）球类运动教学目的

1. 掌握球类运动基本知识

了解球类运动的起源发展进程及其文化背景，系统掌握此项运动的特点和结构体系，掌握教学、训练原则及基本技术和战术方法与原理，掌握球类运动的竞赛组织、规则与裁判方法等基本理论知识。

2. 掌握球类运动的技战术

介绍球类运动的基本技战术方法，强化基本技战术的概念和要领，巩固正确姿势，纠正不良或错误动作，形成良好的技战术规范，培养和提高技战术意识和应变能力，以适应球类运动的需要。

4. 提高学生的综合素质

通过球类运动的训练，培养和发展学生各种综合素质，培养知难而进、顽强拼搏、敢想敢干的现代竞争意识。球类运动是一项值得倾注毕生精力的运动。在探索此项运动规律的实践中，掌握技术、克服困难，提高主观能动性。通过学习与训练，在有挑战有压力的环境中，挖掘和证实自我潜能，增强自信心。掌握运动心理和生理知识，学习科学的锻炼方法，提高自我控制能力。在教学中培养学生的创新能力和组织能力。

5. 培养健康的意志品质

体育运动所传播和宣扬的奥林匹克精神原则和体育道德，如竞争、协作、团结、谦虚、诚实、公正、友谊是社会不可缺少的规范和品质，具有广泛的教育意义。球类运动理论与实践教育学生热爱祖国，热爱体育事业，培养学生良好的体育道德作风、顽强意志品质和进取精神，形成正确的世界观、人生观、价值观，有助于培养“德、智、体、美、劳”全面发展的高素质人才。

二、球类运动教学的指导原则

教学原则是教学须遵循的准则。高校球类运动教学原则反映了球类运动教学的一般规律，反映了球类运动教学的特点，是人们从长期的球类运动教学实践中总结出来的。它既指导教师的教学活动，也指导学生的学习活动。这些原则贯彻于球类运动教学活动的始终。

（一）自觉性原则

在球类运动教学中贯彻自觉积极性原则是指教师启发学生的学习自觉性，充分调动学生的学习积极性，使学习效果达到最佳。在教学中贯彻这一原则，是由“学生是教学的主体”的因素所决定的。教师是教学的主导，在教学中，教师要运用设疑联想、比较、形象等方法，启发学生积极思维。教师通过对技术动作的生物力学和运动学分析，使学生掌握正确技术动作的概念和动作方法。如根据篮球攻守对抗规律，使学生掌握技术运用和战术方法；通过比赛、裁判工作和组织竞赛等实践活动，调动学生的学习积极性，从而最大限度地发展他们的能力。

同时，学习效果与学习的动机是紧密相连的。兴趣是形成学习动机的重要因素，可能是暂时的，也可能转化为长期的主动学习动机。球类运动具有较高的趣味性，体育教师要保护和进一步培养学生对运动的兴趣，在教学中采取丰富多样的教学方法，使学生获得正确的理论知识和运动方法，提高他们的运动水平，从而使学生的积极性更高、更持久。如果学生的学习目的不明确，学习动机不正确，就不可能去自觉积极地学习，也不可能把这种自觉积极的学习状态长期保持下去。因此，明确学习目的，充分调动学生的学习主动性，引导他们积极思考，勇于探索，刻苦练习，自觉地掌握球类运动基本理论和球类运动技战术方法，提高他们观察问题、分析问题和解决问题的能力。

此外，在球类运动教学中，还要注意建立平等民主的师生关系，创造一个生动和谐的教学环境也是很重要的。教师要成为教学活动中具有主导作用的一分子，平等对待学生，坚持正面教育和以表扬为主，发扬教学民主，宽严适度，尤其对基础较差的学生要倍加爱护，使每一个学生的学习潜力都得到发挥。

（二）循序渐进原则

循序渐进原则是指教学要按照学科的逻辑系统和学生的认知规律进行，由简单到复杂，由低级到高级，由单一向综合发展，使学生循序渐进地掌握基本知识、基本技战术和基本技能，形成严密的逻辑思维体系。

从认识论的角度看，体育学习是一个特殊的认识过程。在这个过程中，学生的智力、能力和全面素质不断得到发展，这是一个渐进的过程，教学中必须遵循人体运动机能变化的规律、运动技能形成的规律和人体运动适应性的规律。因此，在安排教学内容、选择教学方法、确定运动负荷时，必须先考虑学生的身心发展水平，运动负荷由小到大，大、中、小相结合。

在球类运动教学中贯彻循序渐进原则，要注意教学内容的系统性。根据教学大纲的要求，安排好教学进度和课时计划，使教学进度符合球类运动教学的规律，使课时计划既系统又综合。由易到难、由简到繁、从无对抗到有对抗，运动量逐渐增加。例如，移动是篮球运动的技术基础，在安排基本技术教学时，要先学习进攻移动，后学习防守移动。在此基础上再学习运球、传接球、投篮、持球突破、抢篮板球、防守等基本技术。只有全面地掌握了基本技术，才能学习战术基础配合和全队战术。

同时，在球类运动教学中贯彻循序渐进原则，要注意教学方法的系统性。根据动作技能形成的规律，从认知定向阶段（泛化阶段）、巩固提高阶段（分化阶段）到熟练阶段（自动化阶段），都要依据动作技能形成的阶段性特点来组织教学。如在技术的初学阶段要通过讲解示范和试做，使学生建立动作概念视觉表象和初步的运动感觉，通过不断练习使正确的技术动作巩固下来，然后加大练习难度，使动作达到熟练并能在实战中运用。因此，教学中必须注意教学的阶段性特点，并针对不同阶段采取不同的教学方法。

（三）从实际出发原则

从实际出发原则是指教学工作要考虑主观和客观条件，不能只从主观愿望出发，可从主观和客观两个方面贯彻。

1. 主观方面

教师要遵循球类教学的目的任务，贯彻体育教育的基本要求。要认真备课，教材内容的深度和广度、讲解与示范教学手段的选择与运用、运动量的具体要求等，都要符合学生的实际情况。要尽最大努力使学生对球类课产生兴趣。在天气突然恶劣时，既要对学生严格要求，又要考虑到健康问题。同时，教师也要认真分析自己的长处与不足，教学中尽量做到扬长补短，培养自己的教学特点和教学风格。

2. 客观方面

（1）从学生的实际情况出发

学生的实际情况包括身体健康水平、身体素质水平、接受能力和学习的自觉积极性等。对这些情况课前都要有所了解，课上要随时观察学生的反应，随时调整运动量和要求，尤其是对于健康状况较差的学生，在进行强度较大，持续时间较长，重复次数较多，身体局部负担较重的练习时，更要加强观察其动作反应，避免产生突然的伤害事故。

（2）从具体的教学条件出发

具体的教学条件是指场地和器材的数量与质量、学生的人数、天气突然有变化等。体育院校的场地和器材的数量及质量是可以满足教学需要的，但考虑到学生毕业后的工作条件，在备课时要加强课的组织，只要能保证学生有足够的练习场地及器材即可。

此外，教师还应考虑课表的实际情况以及学生的体力。灵活掌握运动量，不能只求本次课的需要。各技术课教师均应加强协调配合，造福学生，避免因过度疲劳而产生不应有的伤害事故。课上遇有突然的恶劣天气时，教师应根据具体情况灵活掌握。

（四）直观性原则

直观性原则是指在体育教学中利用学生的感官和已有经验，通过视觉、听觉和肌肉本体感觉，获得对体育运动技战术的生动表象和感觉，并使之与积极的思维相结合，从而掌握技战术和技能，发展思维能力。直观性原则是根据学生对事物认识的一般规律提出来的。感觉是认识的基础，而直观有助于使学生形成正确的表象。这种表象只有与积极的思维相结合，与实践相结合，才能获得好的教学效果。因此直观性教学要善于启发学生思维，并与技战术练习活动紧密结合起来。在球类运动教学中正确运用直观性原则，对于提高教学效果有重要的意义。球类运动教学中经常使用的直观教学方式有动作示范，演示、电影、录像、技战术图片等。直观性原则的基本手段有教师示范和利用教具。

1. 教师示范

运用直观性教学原则最方便而有效的手段，莫过于教师的正确示范。教师在课堂可以根据需要随时做出示范动作，有时也可以利用学生做某一动作的示范，这也是培养学生基本技能的方法，但不宜过多。教师示范时，首先要正确理解技术，做出正确的动作；其次还要掌握做示范动作的方法，例如示范的时机。当学生在练习过程中出现错误动作时，有的应立即做正确动作的示范，有的应强调正确动作如何做，还有的需要教师做出错误的动作。

2. 利用教具

挂图、模型、幻灯，尤其技术录像和技术电影，可以展示技术的连续动作。还可以慢速显示动作的演变过程和某个动作重心的位置、身体某一部位的角度、上下肢的配合。连续动作中前因后果的关系。但目前由于条件所限，在场地上有运用不便的缺点。在球类运动教学中贯彻直观性原则，首先要有明确的目的和要求。教师要根据教学的任务和教材的特点以及学生的情况，有目的地使用直观教学方法。如对低年级学生进行技术教学时，宜多使用动作示范技术图片等。可以把学生的动作录像重放并与正确技术进行比较，以纠正学生的错误动作。对高年级学生进行战术教学时，宜用沙盘演示，或用生动形象的语言进行讲解。教学中贯彻直观性原则还要充分利用学生的视觉、听觉和肌肉本体感觉，通过示范、电影、录像、图片等，使学生产生明晰的技战术表象，激发学生的学习积极性。

（五）综合性原则

在球类运动教学中贯彻综合性原则是由球类运动的特点和规律决定的。球类运动具有技能的综合性、战术的多变性和攻守的对抗性等特点。球类运动教材内容的游戏性、竞争性和趣味性也很强。因此，在教学中贯彻综合性的原则是符合球类运动本身特点的。在球类运动教学中，运用综合性原则有以下要求：

第一，在教学内容的选择上，要注意新旧教材的搭配组合，注意单项技术、组合技术与综合技术的结合。在完成单项技术的教学后，应立即把这种技术与其他技术结合起来练习，提高技术的综合运用能力。

第二，在教学方法和组织形式上，要做到既简单实用又多样化，以利于提高学生的学习兴趣，使学生掌握更多的练习手段和方法。

第三，要充分利用现代教学手段和技术，如电影、电视、多媒体辅助教学手段等，使学生直观、形象地掌握动作方法，提高他们的技战术水平和运用技战术的能力。

第四，要把技战术的学习和运动意识，以及作风培养结合起来，全面提高学生的体质、技术和战术水平，发展他们的智力和心理素质，培养他们优良的道德品质，为进一步发展打下全面基础。

（六）对抗性原则

在球类运动教学中贯彻对抗性原则是由球类运动的攻守对抗规律决定的。在大部分球类运动中。进攻与防守的对抗贯穿始终，攻守对抗和攻守转化构成了球类运动的核心。正是由于攻守的直接对抗才演化出一幅幅惊心动魄的竞争场面，才推动球类运动向着快速、激烈的方向发展。因此在教学中贯彻对抗性原则是很重要的。

在教学中贯彻对抗性原则，要深入研究攻守对抗和转化的规律。进攻和防守是一对矛盾。没有进攻也就无所谓防守，没有防守也就无所谓进攻。进攻和防守相互制约，处在一个统一体中，二者是辩证的统一。在制定教学进度和课时计划时，要恰当处理进攻和防守教材的关系，使攻守内容尽快同时出现；在设计教学方法时，在掌握单项技术后，尽可能使练习方法综合化，用防守制约进攻技术，并使进攻技术得到提高。或用进攻制约防守，使防守技术得到提高。真正实用的技术是在攻守对抗中掌握的技术。有意识地提高攻守对抗强度，是提高篮球教学质量的重要方面。目前，要注意克服重攻轻守的倾向，贯彻“以防为主”的指导思想，使攻守相对平衡，从整体上提高运动水平。

（七）巩固性原则

巩固性原则是球类运动教学的重要原则。在球类运动教学中贯彻巩固性原则，可以归纳为“精讲多练”。技术教学中教师的教，主要是通过讲解和示范；学生的学，主要是“听、看、练”，而练是关键，只有通过练才能使学生真正掌握技术动作。因此在每次课上都应有一定数量的练习，在多练的基础上才能熟练掌握技术，熟能生巧，从而达到巩固提高的目的。为此，必须加强教材的连续性，也就是每一个技术动作要和前一个技术动作连续，这样可以学了新的技术，又复习巩固提高了已学过的内容，而且本次课和上次课相连续，下次课又是本次课的延续。正确技术的形成与不断提高是大脑皮层动力定型、巩固提高的结果。学生在学习阶段并未形成巩固的定型，因此要强调教法手段的连续性。只重视课堂上的多样化而忽略连续性，难以使学生掌握技术，更难以提高。

（八）适宜性原则

体育教学中的适宜性原则，指的是在教学训练活动中要注意合理安排运动负荷，防止运动损伤的发生。合理的运动量能使学生较好地掌握技术动作，提高运动能力和身体健康水平。运动量小，人体得不到应有的刺激，不利于技术动作的掌握；运动量过大，就会造成只追求练习次数而忽视了动作质量，难以及时发现与纠正错误动作，并且教法及必要的讲解也会受到一定的影响。此外，重复次数过多会造成局部负担过重，从而产生伤害事故。而且，运动疲劳在技术教学和训练中有其积极的意义，没有疲劳就没有超量恢复。没有超量恢复就不能提高健康水平和身体素质水平，也难以提高技术水平。但是，过度疲劳也同样不能达到促进健康、提高身体素质和技术水平的目的。因此，根据学生的身体状况、教学内容、场地气候等综合因素来合理安排运动负荷，是完成球类运动教学任务所必须注意的。为了在球类运动的教学中，正确贯彻适宜性原则，要注意以下事项：

①在编写教案时应考虑到学生的身体情况，每次课后有无其他技术课教学或大量消耗体力的活动。

②在课上要根据天气情况及季节气候情况调整运动量，更重要的是要观察学生的反应，如动作的速度、身体的控制能力、注意力等调整练习的次数及强度。这些大多依靠教师的经验及对学生周密的观察。

在球类运动教学过程中，上述原则都不是孤立的，是相互联系、相互结合的有机整体。因此在运用这些原则时，要综合考虑、灵活运用。

三、球类运动教学内容

（一）球类运动教学内容的范围

球类运动教学的内容包括各项目的基本理论、基本技术和战术，以及教学组织与管理等，一般分为理论部分和技术部分。

1. 理论部分

理论部分要分别列出所授教材的内容细节，要求教师在不脱离教材基本内容的基础上，结合国内外体育科研的新进展和发展动态、特征以及不同的学术观点，扩充教材的广度和深度，启发学生的求知、求新意识，指出其发展的方向和途径。

理论课一般在教室里进行。在运动教学中，理论课的比例虽然小于实践课，但是系统的理论讲授可以使学生在实践中获得的感性认识迅速上升到理论认识，促进学生技战术水平和实际能力的提高。理论课要根据课的内容，除了传授基本理论知识外，还要对学生进行素质教育，如爱国主义教育、遵纪守法教育、集体主义教育、艰苦奋斗教育等，促进学生全面素质的发展。

在理论部分教学中，教师要认真编写讲授提纲和讲稿。安排好每一个讲课步骤，利用讲授、提问、讨论答疑等形式，使理论课上得生动活泼。

2. 实践部分

实践部分是体育教学的重点内容，其基本手段是实际操作，即通过不同的练习去完成运动项目技战术的学习。实践部分要明确各项目的教学目的和内容，其中包括该项目技术动作的规格，场地器材规格，比赛规则，裁判方法，教学步骤和教学方法产生错误动作的原因和纠正错误动作的方法以及安全措施等。对体育教学大纲中规定的球类运动项目，还应介绍其学习的基本特征、教法重点、组织教学以及注意事项等。

实践课的结构由三部分构成，即准备部分、基本部分和结束部分，这三部分又是一个紧密联系的整体。实践课的各部分都有各自的目的、任务内容和组织教法要求。因此，教师必须根据课的任务和学生的实际情况，选择适宜的练习手段，提出明确的要求。

（二）球类教学内容的评价

以构建课堂教学评价指标体系为出发点，综合所筛选的各项评价指标确定其权重关系，据此设计课堂教学评价考量表。应该注意的是，在设计课堂教学评价考量表时，必须要将体育教学过程涵盖的各个要素纳入其中。评价球类运动理论教学内容效果，重点在于学生对球类运动理论内容的接收、理解或掌握程度，即教师需要将学生的“学”作为教学评价的焦点。如果学生能够积极融入球类理论课教学内容学习中，那么体育教师就需要重点考察学生的学习效果，这是评价球类运动教学效果的关键。

综合来看，球类运动课堂教学评价考量表具有可靠性特征，能够综合反应球类运动教学过程涵盖的各个要素，易于教师操作。

球类理论课教学内容评价，能够反映学生对球类运动知识的学习态度和能力。针对各项指标开展实证研究，需要综合考虑球类理论课教学过程涵盖的各项要素，使其呈现客观性、有效性和可操作性特征，为体育教师制定和改进教学方案、促进学生全面发展奠定基础。现有的球类理论课教学内容评价体系是将学生的学习能力作为重点考评指标，但这与促进学生全面发展的要求不相符合。为此，教师需要将身心健康纳入理论课教学内容评价体系中。

四、球类运动教学方法

（一）球类运动教学方法介绍

球类运动教学方法是指在球类运动教学过程中，教师根据球类运动教学的目的、任务内容所采用的措施和手段。球类运动教学方法有教法和学法两层含义。常见的球类运动教学方法有以下几种：

1. 直观教学法

直观法是指在球类运动教学中，借助视觉、听觉、肌肉本体感觉等器官来感知动作的一种教学方法。例如，在排球技术教学中可通过直观示范，帮助学生理解技术动作，了解技术动作的结构路线要领和完成技术动作的方法以及与时间、空间之间的关系等。球类运动教学中常用的直观方法有动作示范教具和模型（如挂图、照片）、电影、录像等现代电化教学手段。

2. 语言教学法

语言法是指在球类运动中，教师运用各种形式的讲解指导学生掌握学习内容进行练习的一种方法。球类运动教学中，教师运用语言传递、指导学生掌握技术动作和技能，加强学生对排球技术动作方法与要领的理解，全面加速对排球基本理论、技术战术和技能的掌握。在球类运动教学中，运用语言法的形式有：讲解、口令指导，口头评定以及自我暗示”等。

3. 程序教学法

程序教学法是一种个体自学的方式，是通过结构分析将教学内容划分为不同层次。在教师引导下，学生按照层次顺序逐一学习，及时强化学生每个正确的反应，促使他们主动积极地去获得知识和技能，发展他们的自学能力。程序教学法的原理是建立在控制论的一般规律的基础上，做到信息过程最佳化、教学过程数字化。程序教学的主要模式基本上可分为两大类，即直线式的程序和分支式的程序，混合式的程序是以上两种程序的变式运用。程序教学模式要求对教材进行改写、改编，对教师提出更高的要求。程序教学更多地体现为一种教学思想，还需要其他教学方法的配合。

4. 发现教学法

发现教学法又称问题教学法。其实质是通过教师的启发和引导，让学生自己去发现，回答疑问，解决问题，使学生自己去获得基本理论知识的一种探究式的教学方法。采用这种教学方法的，在于尽量地发展学生认识的可能性，发展他们对掌握知识的探讨和创造精神。

5. 分解法与完整法

（1）分解法

分解法是指把一个完整的技术动作合理地分成几部分，依次进行教学，先分后合，最后达到完整掌握技术的一种教学方法。

（2）完整法

完整法是指从技术动作的开始到结束，不分部分和段落，完整地进行教学的方法。完整教学法一般是在动作比较简单，或者动作虽然比较复杂，但难以进行分解的技术或为了不破坏动作结构时采用。

分解法是与完整法相对而言的，对于整体来说是分解，对于局部来说是完整。分解法和完整法在实际教学工作中是相辅相成、紧密配合的。应注意根据教学工作的需要，将两者加以灵活地运用。在采用分解法时，应积极创造条件，促使学生完整地掌握动作。在以完整法为主进行练习时，也可对动作的某些环节或困难部分进行分段学习。而在不得不运用完整法进行教学的技术中，则可以充分利用录像、幻灯、挂图等手段，让学生对技术动作中的每个环节有清晰的认识。

6. 预防和纠正错误法

预防和纠正错误法是为了防止和纠正在练习中出现错误动作所采用的教学方法，教师在教新动作前应考虑到可能出现的错误，并设法预防。但由于各种原因，学生在学习中仍会产生这样或那样的错误，教师应及时予以纠正，谨防形成错误的动力定型。预防与纠正错误动作，应先找出产生错误动作的原因，再对症下药。

例如，有的学生学习目的不明确，有的学生对所学动作的技术概念不清，这可能是由教师与学生两方面的原因造成的。

如教师讲解不清或教法不当，学生不虚心听讲、自以为是或本身理解错误都可能形成错误的概念，形成不正确的动作，因此应请学生讲解并示范动作要领，发现错误，及时纠正。另外，教师要从道理上讲清、用实例说明，有针对性地进行身体训练。总之，在学生出现错误动作时，要针对不同的情况，对症下药。

7. 游戏教学法

游戏教学法是指以游戏的方式在规则许可的范围内，充分发挥学生的主动性和创造性，以达到球类运动教学内容所规定的目标，而组织学生进行学习的一种方法。

在教学中，合理组织和运用游戏教学法，能有效地提高学生身体活动能力，全面发展身体素质，并能在复杂变化的情况下，运用知识技能，发挥技战术，同时还能激发学生的兴趣，让学生在游戏中获得身心的愉悦和运动的快乐。

在球类运动教学中运用游戏法时需要注意的是，在准备活动阶段，游戏要能够起到激发学生兴趣、锻炼学生身体的作用。在技术学习阶段所采用的游戏不能破坏学生所学技术动作的结构，而应该促进学生规范技术动作的形成。

（二）球类运动教学方法的选择

随着教学研究的深入与发展，教学方法越来越多。因此，在实际的教学活动中，应选择哪一种教学方法就成为一个问题。我们认为：没有哪一种教学方法是“放之四海而皆准”的。所以，应根据不同的情况选择不同的教学方法。

1. 根据不同目标选择教学方法

体育教学目标体系包括身体发展目标、技能发展目标、知识发展目标、社会发展目标和情感发展目标等。不同的教学目标要选择不同的教学方法，在体育教学中任何一个教学目标都不是孤立的，而是综合的。但每一堂课目标的侧重点是不同的，应根据某一堂课目标的重点来着重发展某一方面的教学方法，例如：篮球教学中技术的掌握与运用是不同类型的目标，强调技术动作掌握时，用传统的教学法，强调技术运用时可以选择领会法、游戏法等，社会发展目标和情感发展目标一般是综合在其他目标中共同实现的。

2. 根据教师自身素质选择教学方法

教师的自身素质直接关系到选用的教学法能否发挥其应有的作用。教师应对自身素质实事求是地进行分析，根据自身特点和条件，选择运用适宜的教学方法。同时，教师应在教学过程中不断发展与探索，提高自身素质水平和条件，尝试多种教学方法，逐渐发展成具有个人风格的高水平的教学能手。

3. 根据教材内容选择教学方法

球类运动教材中的内容一般分为实践技能和理论知识两部分。其对学生拿捏知识的要求是有差异的，所以，教学方法的选择也应有多样性和灵活性。例如：学习原地双手胸前传接球的技术动作，可以采用传统的完整与分解法但如学习传切战术基础配合，完全用上述方法则学生学会的将是在无人防守时机械的传接球练习。

4. 根据学生特点选择教学方法

教学中考虑的学生特点一般包括学生现有的运动水平、智力水平、动机状态、年龄、心理特征、学习习惯等因素。同一种方法，运用于不同层次的学生会产生不同的反映。这种差别有时受年龄的影响，有时受运动水平的影响，也可能受认知习惯的影响。所以需要教师了解和把握学生的各种情况，有针对性地选择教学方法。

5. 根据教学环境选择教学方法

教学环境包括场地、器材、投课时数、班级人数、社区风气等因素。教学环境必然会对教学方法产生制约作用。教师要善于利用教学环境，尽可能地创造条件、利用条件。例如，很多学校上篮球课时，要想把每一块场地、每一个球都利用起来，争取增加学生练习的密度，就要看选择什么样的教学方法，能最大限度地利用现有的场地、器材条件。

第二节 球类运动教学的价值研究

一、球类运动教学在生理方面的价值

进行球类运动教学的时候，对于身体方面的训练是一项很重要的内容，身体训练是指在运动训练过程中，为增进运动员健康，提高有机体机能，促进身体形态的变化，发展运动素质而进行的训练。由于运动素质是运动员形态、机能的综合体现，是进行比赛必须具备的能力，所以身体训练的主要内容是发展力量、速度、耐力、灵敏、柔韧等运动素质，从而影响形态、机能的改变，提高机体的健康水平，为运动员掌握和提高技战术打下良好的基础，为承担大负荷的训练和竞赛提供良好的身体保证。因此，球类运动教学在生理方面有着很强的价值体现，通过球类运动教学，能够帮助学生在如下方面实现身体成长：

（一）球类运动教学能够促进骨骼增长

通过球类运动教学，学生能够全面了解球类运动、掌握运动技能、坚持相关锻炼，可以改善学生骨的血液循环，加强骨的新陈代谢，可以使骨的结构及性能发生变化。表现在骨密质增厚，骨小梁的排列由于受到肌肉的牵拉和外力的作用，因此排列更加规则，加强了骨的坚固性。经常进行球类运动，韧带在骨骼上的附着部位：结节、粗隆和其突起，变得更粗糙明显，这有利于肌肉、韧带更牢固地附着在上面。一旦骨骼产生上述良性变化，就会粗壮有力，骨的坚固性、抗折、抗弯、抗压、抗拉和抗扭转等性能均会进一步提高，骨的杠杆作用更加明显。但由于球类运动的项目和性质不同，对人体各部分的骨骼形态、结构和机能的影响也是不同的。经常参加球类运动锻炼不仅使骨变粗，还可以使骨骼增长。身材的高矮是由骨骼发育成长决定的。骨骼之所以增长，是因为骨骼的两端有软质的骨髓，这层髓软骨在新陈代谢作用下，不断地骨化而变为硬骨，同时又不断增长新的软骨，因此，骨骼就不断地加长。一般要到25岁左右骨骼才完全骨化，骨骼就不再增长了。

（二）球类运动教学能够改善关节的稳定性和灵活性

通过球类运动教学，让学生坚持相关锻炼，可使关节面骨质和关节软骨增厚，肌腱和韧带增粗，关节囊、韧带、肌腱和周围肌肉的伸展性增加。既能增强关节的牢固性，又能使关节更加灵活。这是因为球类运动中的许多动作都需要关节具有很大的活动幅度才能完成。球类运动可以加强关节周围肌肉的力量，以及提高关节周围韧带、肌肉的伸展性能，从而扩大关节运动的幅度和提高关节的灵活性，也加强了关节的稳定性，同时可以防止伤害事故的发生。

（三）球类运动教学能够促进骨骼肌发育

球类运动对骨骼肌的影响十分明显。运动锻炼，可以使肌纤维增粗，肌肉的体积增大，肌纤维中线粒体数目增多（线粒体是肌纤维产生 ATP 能量的供能中心），肌肉中脂肪减少，从而减少肌肉收缩时的摩擦，肌肉内结缔组织增多（肌内膜、肌束膜、肌腱和韧带中的细胞增殖、增厚、坚实、粗壮）；肌肉内化学成分发生变化，如肌糖原、肌球蛋白、肌动蛋白和水分等含量都有增加。这些物质的增加可使 ATP 加速分解，氧的结合能力增强，有利于肌肉收缩，表现出更大的力量；可使肌肉中毛细血管增多，改善骨骼肌的供血功能；肌纤维参与活动的数量增加。因此，经常参加球类运动的学生的肌肉显得发达、结实、健壮、匀称有力，收缩力强，运动持续时间长。科学的球类运动锻炼，还可以提高神经系统对肌肉的控制能力，同时，肌肉对神经刺激所产生的反应，也会更加迅速和准确，使身体的各部肌肉能协调配合。肌肉由于结构的变化、酶的活性加强以及神经调节的改进，因此机能提高，表现为肌肉收缩力量大、速度快、弹性好、耐力强。

（四）球类运动教学能够预防相关疾病

加强肌肉力量对某些疾病具有一定的预防作用。特别是腰、腹、背部，如果背肌软弱无力，上体就不可能保持正直，胸部呈现收缩状态，使肺部受到压迫，影响呼吸。如果腹肌松弛无力，则内脏容易变位，如胃下垂等。经常参加科学的球类运动锻炼还可以保持良好的肌力和正常的脊柱外形。

（五）球类运动教学能够有效增强呼吸肌力

球类运动锻炼对学生呼吸肌力量的增强是十分明显的。由于球类运动锻炼要大量耗氧和排出二氧化碳，使呼吸运动加快，导致肋间肌和膈肌等呼吸肌，以及胸、腹和背部其他肌肉体积增大，力量增强，从而促使胸围和呼吸差增大。

二、球类运动教学在心理方面的价值

（一）球类运动教学能够有效增强自信心

学生，特别是年轻的大学生，对自我身体方面的关注达到了最高点。相较于男性学生群体而言，女性学生群体尤其注重个人的身高和体重，一旦体重超出合理的预期，就会导致自尊心理发生变化。从体育项目运动角度分析，身体自尊是指个体对自我运动能力、身体各项机能和健康免疫能力等形成的主观评价。强调身体自尊，实际上就是与自我概念中的自尊意识有关，身体自尊发生不良变化，会带来不安全感甚至抑郁症状。

针对球类运动展开系统教学，一方面可以提高学生参与球类运动竞赛的能力，另一方面可以激发学生参与球类运动学习的兴趣，对学习球类运动知识产生自信心理。在进行球类运动和竞赛时，学生在身体完成各种复杂动作的过程中、在与队友的默契配合中、在与对手的竞争拼搏中、在取得胜利的喜悦中、在失利挫折的反思中，能不断增强自信心。

（二）球类运动教学能够培养和形成良好意志品质

所谓意志品质，是指个人在面对问题或困境时表现出的沉着冷静、勇敢顽强、独立克服等精神。在球类竞赛活动中，运动员能够通过综合运用各种球类技巧克服困难，这就是球类运动员发挥意志品质精神的体现。一般而言，当学生参与球类运动锻炼时，常会面对来自客观困难和主观困难这两方面的压力。其中，客观困难主要是与球类运动锻炼所处的周围环境有关，而主观困难则主要来源于个体心理行为反应，如面对客观困难时产生的紧张、畏惧心理，或者存在一种疲劳感等。在球类运动教学中，教师要想培养学生良好的意志品质，需要组织开展多种形式的球类运动锻炼活动，将球类运动竞赛活动蕴涵的身体对抗特征表现出来。现代球类运动竞赛更加强调对抗体质和心理素质，如果学生无法形成良好的意志品质，那么则会在很大程度上影响最终的比赛结果。因此，教师在开展球类运动教学时，必须积极培养学生的意志品质。

具体来看，教师可以通过强化球类运动技能训练，要求学生逐步掌握各种球类运动技巧。同时，以组织开展多种类型规模的球类竞赛活动，要求学生积极主动地参与到球类运动竞赛中来，以此为培养学生的球类运动竞赛精神奠定基础。最后，通过设定评分规则，强化学生意志品质磨炼意识。

（三）球类运动教学能够提高审美意识

观看精彩的球类运动比赛是一种艺术的享受，能够提高人们的审美情趣，陶冶情操。现代球类运动比赛（例如篮球的NBA、足球的欧洲锦标赛等）的竞争性不仅极大地增加了可观赏性，而且锻炼者还能通过表现自我和战胜对手获得胜利的喜悦。

通过球类运动教学，学生能够真正看懂比赛，甚至能够亲自参与比赛。无论是欣赏比赛还是参与比赛，都能让学生从日益紧张的学习中解脱出来，获得一种特有的轻松感和美的享受，从而不断提高其审美意识。

（四）球类运动教学能够防治心理疾患

长期坚持球类运动锻炼，可以有效改善和调节心理情绪，形成积极健康的心理情绪状态。当个人在面临来自工作、生活和学习等方面的压力时，可以通过参加球类等体育项目运动锻炼，减缓身心疲劳感，促进身心愉悦。具体来说，现代社会压力源主要包括生活本身的压力、竞争的压力、社会责任的压力和整个社会不断加快的节奏所带来的压力，这导致了各种心理疾患的发生。球类运动教学，不仅能够将一种运动技能实打实地教给学生，还能使之养成长期进行球类运动锻炼的习惯，而这种良好运动习惯，正是预防和治疗心理疾患的有效措施。

现代社会各阶层群体都会存在一定程度的焦虑和抑郁问题，这种心理疾患困扰和影响着人们的工作与生活。根据已有的研究试验，体育锻炼是改善和调节身心健康的有效方式。经常性地参与包括球类运动在内的体育锻炼活动，可以有效治疗焦虑和抑郁等心理疾患。从医学角度分析，包括焦虑和抑郁在内的心理症状，常会令患者产生心烦意乱甚至是恐惧感，这会让患者无法集中注意力进行学习和工作。如果能坚持长期球类运动（一般为10周以上）有氧练习，那么就可以有效降低个体的焦虑水平，并且可以有效改善体内血液循环和呼吸系统。体育锻炼同样是转移不良心理情绪干扰的手段，经常性地参与球类运动锻炼，可以减轻特定应激源对身心状态的影响，解决各种不良心理情绪因素的困扰。除有效降低个人焦虑反应外，坚持参加球类运动锻炼，还可以有效降低抑郁疾病的困扰。现代医学将抑郁症解释为一种精神疾病，它是在长期性、持续性的精神刺激因素作用下形成的，常表现为情绪异常低落、过分忧伤等症状。研究表明，在参加有氧运动锻炼过程中，个人身体内的精神刺激因素作用会减缓，有助于降低抑郁心理情绪发生概率。实际上，如果能够采取科学有效的球类运动锻炼方式，那么可以有效调节和改善不良心理或生理情绪反应，从而克服焦虑或抑郁对生活和工作的影响。由此可见，经常参加球类运动，可以有效地缓解心理压力，减轻和治疗心理疾患。

三、球类运动教学的社会价值

（一）球类运动教学能够发展良好的人际关系

良好的人际关系是人类积极适应社会的表现。开展球类运动教学，除需要掌握各种球类运动技能外，还需要养成球类运动合作参与意识。人与人、队与队之间的频繁交往，不仅增进了友谊，促进了交往，更重要的是提高了人的交际技巧和处理人际关系的能力。

社会分工为人与人之间产生依赖关系奠定了基础，由此推动人类之间的联系，交往更加密切。然而，现代社会形成的分工意识也在加剧人与人之间的隔阂。同时也使人施展自己能力、智慧的空间缩到了极小。生活中，往日的大家庭已被两三口之家所取代，独生子女普遍化，生活设施现代化，休息时间大多面对电视、电脑度过，忘了周围还有别人。于是，以往那种亲朋好友之间紧密的关系也变得越来越淡漠。

球类运动具有良好的身体对抗性和团队配合性等特点，针对球类运动开展体育教学，可以有效化解现代社会存在的特殊矛盾，构建和谐融洽和密切的良好合作关系。当前，各项体育活动成为人们交友联系的载体。作为体育活动的组成部分，球类运动同样发挥着人际交往的功能，它能打破地位、肤色、贫富、职业、年龄等方面存在的鸿沟或界限，实现各类人群的密切协作配合，共同为同种目标而努力奋斗，重新获得运动的快感。

球类运动作为“理想的契约竞争关系”，为人类提供了一个解脱困境的办法和重建人际关系的新模式。在球类运动比赛中，人类的竞争被保留、升华了，人的竞争也被限制和规范了。在球类运动比赛中，竞争是为了友谊，为了人类共同的发展、繁荣，为了健美、幸福、快乐，而不是伤害和破坏。在实际活动中，学习球类运动让人充分展示和发挥自己的主动性和创造性。在球类运动中，人类追求的不是对物质的占有，而是自身的创造，人们为自己能进一个球而高兴，为能攀上高峰而振奋，为自己健美的形体而自豪……这一切都需要一定的物质条件，却不是占有物质条件就能做得到的，有钱不一定有健康。但球类运动竞技则是人自身创造力的竞赛，物质条件虽然越来越在竞赛中起作用，但球类运动的本质却始终是让人自身去进行比赛。球类运动把人自身的力量淋漓尽致地表现在人类面前，人可以跑得更快、跳得更高、变得更强。球类运动展示了人的强大，人的威力。因此球类运动是人摆脱物的控制而展现自身创造力的努力，在球类运动中，每个人所进行的都是生命本质自由发挥的身体创造活动，是生命活力和创造力的心情展示。

（二）球类运动教学能够培养团队精神

球类运动多数项目是集体活动形式的，充满竞争与合作。只有在运动中学会合作，积极发挥团队精神，才能为实现共同目标打下基础。球类运动竞争充满着对抗性，它要求团队成员之间必须形成默契合作意识，打造具有竞争属性的团队凝聚力。竞争是实现社会进步的必要因素，围绕竞争而建立的团队合作关系，可以有效发挥群体成员的全部力量，为竞技运动增添体育价值。当然，一旦团队成员之间产生利益冲突，健康的团队合作竞争意识就会被瓦解分散，进而影响团队合作的生命力和体育运动目标的实现。

在球类运动竞技角逐过程中，团队内部成员之间必须构建良好的合作关系。从现代社会发展角度来分析，良好的合作关系为适应社会竞争发展需求奠定了坚实基础。这表明，要想从外部竞争中取得胜利，必须提高群体内部成员的合作程度。对现代球类运动教学而言，逐步培养学生的团队精神是球类运动教学的重点要求。例如，足球运动包含多种阵型和战术，如何能够在传接球过程中实现传切配合和灵活跑位等，这都需要从长期的团队训练中获得。因此，教师可以从开展长期性的团队训练培养成员之间的团队精神，促使团队内部成员之间形成团队合作意识，在互相沟通理解的基础上实现密切配合，以此提高球类运动教学质量。

第三节 球类运动教学的发展理论研究

一、球类运动教学现状

随着球类运动的日益普及，球类运动也得到了一定程度的发展，取得了一些成绩，具体表现在如下几方面：

（一）体育教育的科学理念

“以人为本”的科学发展观成为高校实施教育教学改革的依据，体育教育教学就是以人文体育观为科学理念指导，通过文明、理性的教育方式关注学生学习需求，引导学生转变学习态度和思维。人文体育观本质是对人类参与体育活动过程的价值关怀，旨在表明人是体育运动的主体。确立人文体育观在体育教育中的主导地位，有助于全面发展学生的体育人文素养，引导学生自觉构建以人为核心的体育价值取向。随着体育教育教学的发展，当代人文体育观更加重视培养人的个性价值需求，符合“以人为本”的科学发展观。综合而言，基于体育教育发展的内在要求和趋势，构建体育价值观念体系，必须从树立人文体育观出发，引导学生以规范化的体育行为参与各项体育活动。积极培育和践行以人文体育观为主导的体育价值观念体系，是推动现代体育教育人本化发展的关键，对完善体育人才培育模式、优化体育教育质量具有重要作用。针对球类运动开展教学，需要教师确立对学生主体地位的人文关怀，基于学生身心发展特点制定教学策略。

随着社会的不断进步，社会分工越来越明确，工作对人们的身体素质要求也越来越高。现在人们已经认识到强健的体魄对日后工作学习和发展的重要性。他们不但很重视体育课，且大多能够主动进行体育锻炼。在体育教育中应系统强化学生参与体育锻炼的意识，以“终身体育”教学思维改善学生体育学习观念。为进一步实施体育教育教学改革，教师需要在“人本教育”和“健康第一”的原则指导下，提高学生体质健康水平。当前的学生，应将终身体育意识和习惯看作是自己的宝贵财富。

（二）球类运动教学要求

针对球类运动课程的开设状况，结合学生的身体素质以及普遍存在的体育运动观念弊端，完善球类运动教学的要求。

1. 身体健康方面

教学要求：形成正确的身体运动姿势，注重运动体能训练，关注身体健康发展状况，坚决克服不良环境和行为对体育身心锻炼的影响。

球类运动教学应该重视培养学生积极参与的心理，从提高学生学习球类运动兴趣角度出发，逐步为学生灌输关于饮食习惯和运动姿势等方面的知识，培养学生正确参与球类运动锻炼的意识。此外，该领域的目标还非常强调学生的身体健康水平与其他体能状况紧密相关，并要求根据学生体能发展敏感期的特征。使学生在某一学习时期侧重发展某些体能。

2. 心理健康方面

教学要求：明确体育与健康二者间的关系，要求学生正确看待球类运动对心理健康的辅助治疗作用，通过积极参与球类运动锻炼，形成良好的心理健康状态，掌握通过参与球类运动转移不良情绪的方法或技巧。

球类运动教学十分重视通过球类运动来提高学生的自信心和调节情绪的能力，这也提示我们，在球类运动教学中，防止出现只重视运动技能的传授而忽视心理健康的辅导现象，努力使学生在体育活动过程中，既掌握基本的运动技能，又改善意志品质。

3. 运动技能方面

教学要求：获得运动基础知识，学习和应用运动技能。安全地进行体育活动，获得野外运动的基本技能。

球类运动重视学生学会多种基本运动技能，并在此基础上形成自己的兴趣爱好，有所专长，提高终生体育锻炼的能力。同时，使学生在学习过程中了解到安全地参加球类运动的知识和方法。对于运动技能的学习，课程目标强调，在学生已掌握运动技能的基础上，进一步提高学生喜爱的一两个项目的运动能力，并使之成为其终生乐于从事的运动项目。

4. 社会适应方面

教学要求：使学生能够在参与球类运动过程中构建和谐融洽的人际关系，形成良好的体育运动道德素养，培育积极向上的团队合作精神。

长期坚持参加球类运动，可以增加学生对社会人际关系的协调处理能力，通过良好的合作和竞争意识，积极维系团队内部成员的交往关系，形成对他人、对集体和对社会的适应需求。如果高校学生能够将这种社会适应能力用于日后的生活和工作中，那么同样可以形成一种积极的、健康的心理。因此，高校体育课程教师需要主动调节课堂互动氛围，增加师生之间及学生之间的沟通、交流，构建融洽、和谐的关系网。

（三）球类运动教学管理

球类运动教学的管理，应从整个教学过程中形成一套系统、完整的教学管理模式。根据教学的时间先后，主要分为课前准备管理、课上讲解管理、课后补充管理。

1. 课前准备管理

课前准备管理，主要是指对预先确定的球类运动教学内容进行梳理检查，结合球类运动教学内容提前选择辅助教学器具设施，要求学生班会管理人员提前参与管理，如自行点名、组织队伍等，帮助教师节省课堂组织时间。在梳理检查完球类运动教学内容、选择辅助教学器具设施、组织队伍和课前点名后，教师需要为课上讲解管理做准备。

2. 课上讲解管理

（1）动力原理

球类运动教学主要包含技能理论讲解和实践运用两部分，前期的技能理论讲解部分会略显枯燥。为确保学生能够集中注意力学习技能理论，教师应该采取恰当的方法激发学生学习的内部动力。针对学生学习积极性开展的教学管理，可以从开放管理权入手，即引导学生自行参与课程管理。

（2）分合原理

当前，我国多数高校仍旧采用集体形式的球类运动教学。教师会面向全体学生讲解球类运动技能知识，然后再由学生自行分组展开练习。这种较为常见的“合—分—合”教学管理模式，成为球类运动课堂教学的一大特点。教师在采用该教学管理模式展开教学时，需要注意把握好节点，不能在没有完成集体教学的情形下，就组织学生自行分组练习。

（3）能级原理

球类运动教学对象具有群体广泛性特征，不同球类运动教学对象拥有不同的球类运动基础、不同的球类运动心理反应及需求，这种教学上的差异性尤其需要引起教师的重视。为此，教师在开展球类运动课堂教学管理过程中，要提前掌握学生的运动基础和条件，按照能力级别实施个性化或针对性的教学方法。

3. 课后补充管理

根据球类运动课程教学进度的安排，教师需要在指定的课时节点完成球类运动技能理论知识讲解。为保证学生能够加深对球类运动技能的实践运用水平，教师需要进一步做好课后补充管理工作，包括自由练习、布置课外作业等。

（1）自练

首先，学生自练，有利于教师因材施教。给成绩优异者以发展的机会，给掉队者补课，提高课堂教学的整体效果。其次，要求学生课下自主练习，这是充分调动学生学习心理的表现，可以增加学生之间交流沟通的机会，从而形成和谐融洽的学习氛围。最后，学生自练，能有效地培养学生的自学能力、独立思考问题和解决问题的能力。这种能力可以转化为对所学知识的理解、巩固和运用，系统加深对技能动作的印象，为后面的学习内容提前打下基础。因此，组织好学生自练，对课后补充管理意义重大。

（2）课外作业

教师要根据教学的进程，随时布置一定量的课外作业。课外作业的内容一般应与课堂教学密切联系。它是复习巩固理论知识和技能以及加深运用的重要环节。布置球类运动教学课外作业，具体需要结合课堂已有的教学内容进行安排，体现一定的计划性、目的性和规律性，突出课外作业重点。教师需要认真检查学生课外作业完成情况，针对学生球类运动技能掌握程度做出合理评价和教学指导，这样有助于学生在充分了解自身状况的基础上，继续努力学习。

（3）观摩

观摩是对课堂教学的重要补充，是寓教于乐的一种教学方式。让学生通过观摩球类运动竞赛，详细观察球类运动竞赛过程出现的技能技巧、规则要求等，从中总结个人学习球类运动理论知识和技能存在的不足之处。从拓宽学生学习视野角度分析，观摩实际上就是引导学生构建知识体系框架的过程，增加学生对球类运动技能的认知水平。另外，观摩球类运动竞赛，还能感受球类运动竞赛过程形成的氛围和体育道德精神。

（四）球类运动的教学任务

球类运动教学目的已经确定，球类运动教学任务必须与其相对应。教学任务必须达到教学目标的要求。

1. 增强学生体质

身体素质是从事各项体育运动的物质基础。球类运动是一项速度快、变化多、对身体素质（如力量、灵敏、速度、爆发力、协调、耐力等）要求较高的运动项目。球类运动的教学目标是要做到活跃学生身心，提高学生身体锻炼素质水平，增加身体各项机能的柔韧度、协调度。综合而言，球类运动教学任务主要以强化学生身体运动能力为目标，如速度和耐力等。

2. 传授理论知识

球类运动教学就是要提高学生的球类运动能力，在开展球类运动教学过程中，教师既需要重点讲解球类运动技战术等理论知识，又需要拓宽学生的实践认知视野，将理论知识讲解融于实践操作示范活动中。球类运动理论知识应作为教学重点部分，将其与实践运用构成相互统一的整体。

3. 培养意志品质

通过球类运动教学和多种形式的球类运动竞赛活动，可以引导学生形成良好的意志品质。要想形成良好的意志品质，就必须建立在掌握球类运动知识的基础上，为学生灌输符合体育运动精神的思想价值观念。

4. 贯彻素质教育

球类运动的教学是一个培养人才的完整的教育过程，学生在教师的主导下，积极主动地掌握球类运动的理论知识和技术技能，重视政治思想教育、道德素质教育和集体主义教育于球类运动教学之中，并结合球类运动的特征培养顽强的意志和独立思维的能力，让学生受到组织性和纪律性教育。同时开发智力，培养学生良好的心理品质与行为习惯，通过对球类运动项目的感悟。逐步培养学生的人际交往能力与合作精神。发展学生的认知能力、培养正确的人生观，良好的道德情操和意志品质。

（五）球类运动的教学实施

球类运动是世界体育运动中运动项目最多，也是最具影响力的项目之一，在学生中享有很高的声望，深受青年学生的喜爱。各类规模院校必须深入开展多种形式的球类运动教学，系统提高学生参与球类运动的兴趣心理，充分体现球类运动教学蕴涵的价值，让球类运动技能知识真正服务于学生主体。

1. 明确教学对象

教师在球类教学中通常采用过于专业化的方法与手段，将学生这个特定的教学对象等同于专业运动员，导致体育教学质量低下。在以往的球类运动教学课上，要么是单调、枯燥的近似专业化的基本技术与战术练习，要么就是出现几十个人一窝蜂似的跟着球跑的现象，看似是在正规比赛，实际上与理想的教学效果相去甚远。

由于学生普遍存在球类运动基础薄弱、不具备通过专业训练的能力，因此，在专业化比较强的教学中，往往达不到理想中的效果。应该明确的是，学生所具备的球类运动能力，与职业运动员还是存在一定的差距，教师需要将过于枯燥的球类运动理论知识加以转化，提高球类运动理论知识讲解的趣味性。

2. 更新教育理念

球类运动教学课不仅要完成自身的教学任务，更为重要的是还应该在教学过程中充分发挥出应有的教育功能。以“健康第一”作为指导思想的中学体育课程，其目标指向为全面促进学生在运动参与、身体健康、心理健康、运动技能与社会适应 5 个学习领域中得到全面发展。

球类运动教学课的指导思想必须与课程目标保持一致，教师应该摒弃过于注重技战术理论讲解的教学模式，在训练学生球类运动技能过程中，适当融合多元化的球类竞技活动，完善身体健康教育、心理健康教育、社会适应教育和道德素养教育等理念。

3. 改革教学内容

球类运动中包含众多复杂和专业性极高的技战术成分。如果将这些专业性极强的技战术内容直接搬到球类运动教学课上，很难收到理想的教学效果。因此，这里就存在着竞技运动教材化改造的问题。例如，针对较为枯燥的球类运动理论知识讲解，教师可以通过组织各类游戏活动，提高学生学习球类运动技能的兴趣，从而形成寓教于乐的球类运动教学思维模式。只有趣味性增强，才容易被学生们学习和掌握。

4. *改善教学方法*

运用球类运动教学方法时，需要系统遵循球类运动竞赛具有的特征及要求，对专业化的训练教学模式进行优化创新，将单纯、枯燥的球类运动技能知识讲解加以结构化，重视学生参与球类运动竞赛活动的心理体验和满足感。所谓的结构化教学方法，是指结合球类运动竞赛案例（如球类运动竞赛视频、组织球类运动竞赛活动等），开展球类运动技能理论讲解，切实做到把球类运动教学过程立足于比赛之中，从比赛着手，围绕比赛进行教学。引导学生从比赛中去更加具体形象地去了解球类运动，在比赛中发现问题并针对问题加以解决。

值得注意的是，这里提到的比赛并不一定是正规的大场地比赛，也可以是减少人数和缩小场地的小型比赛。这是因为在正规的大场地比赛时，学生人数过多，每个人接触球的机会很少，不利于学生的技能体验。而小型比赛时，对正规比赛的规则进行简化或者进行合理修改，使得规则便于执行，容易理解。器材设备也可以根据学生的实际情况加以调整。这种简化的小型比赛，不仅降低了对抗程度，增强了趣味性、娱乐性，而且在寓教于乐的球类运动教学中提高学生的比赛能力。

二、球类运动教学的问题

通过上述研究我们发现，随着球类运动教学的发展，球类运动教学质量获得良好的提升，球类运动教学氛围同样得到较为明显的改善。但是，在球类运动教学过程中仍然存在传统体育教育指导思想，单纯的球类运动技术指导教学会阻碍学生学习兴趣的形成，学生只是为了获取学分而学习，这不利于增强学生的身体素质。具体来看，球类运动教学存在的问题主要包括以下几点：

首先，受限于“升学主义”思想的影响，传统体育课程教学注重培养学生的学习成绩，即体育课程教师教学的目的是为学生完成学业而服务的。从素质教育提出的要求来看，这种思想反而会造成“重智育，轻体育”的局面。由此也就可以发现人们对体育运动的重视程度不够，对球类运动的重视程度也不够。

其次，我国部分高校体育课程教师仍沿用传统的教学方法，未能根据教育发展要求和学生身心特点进行创新。随着国民综合素质的发展，学生身体素质和心理道德品格呈现新的变化特征，以往的球类运动教学方法不适用于现在的教学过程，不利于培养学生积极学习和参与球类运动技能锻炼的习惯。树立“终身体育”的教学培养目标是当前各类院校实施体育课程教学改革的重点。从体育与健康的关系角度分析，开展各类体育活动教学，本质上是为强化学生的身心素养而服务的，最终引导学生形成“终身体育”的锻炼意识，提高对球类体育锻炼的兴趣。

最后，现有的球类体育运动教学基础设施仍需完善。球类体育设施和场馆场地条件是开展球类体育运动教学的物质基础，但是结合我国高校球类体育运动教学现状分析，部分高校球类教学器材和场地条件老化，这会增加球类体育运动教学的安全隐患。另外，随着高校生源规模的逐步扩大，球类运动人数与球类运动设施之间的矛盾日渐显现，这同样会对高校球类体育运动教学质量产生不利影响。

三、球类运动教学的改革与发展

球类运动教学在造就大批球类运动爱好者的同时，也使球类运动的文化得到广泛的普及和传播。因此，球类运动教学作为基础性工作，直接影响我国球类运动的整体水平，必须对球类运动的教学及其改革给予高度的重视。

（一）改善教学理论与方法

教学思想理论与方法的形成是建立在广泛的教学实验基础上的。针对球类运动教学实施改革，需要以改善球类教学理论与方法为导向，以符合高校球类运动教学特点为依据，探索构建新型的教学思想方法体系。

（二）合理选编教材

教材是实施课程内容教学的重要依据，针对已有的球类运动实施体育教学时，必须强化理论教材的指导作用。重点要从两方面考虑对教材的选择。第一，球类运动教材内容需要符合学生的基本理论常识，指导学生提高球类运动技能，增强体育运动素质水平。第二，在选择球类运动教材过程中，要考虑球类运动教材内容是否能够激发学生运动兴趣，增加球类运动教学与球类运动训练之间的互动。

综合而言，结合球类运动赛事竞争规则特征，保证已选用的球类运动教材内容的贴切性，增加实用性动作技术结构与方法讲解部分，是选编球类运动教材的主要依据。

（三）定位课程目标

明确球类运动课程教学目标，也就是在实施球类运动课程教学的基础上，帮助学生获得利于身体锻炼的知识技能，让学生真正提高参与球类运动锻炼的兴趣，从中陶冶情操、愉悦身心。另外，以实施球类运动课程教学为方向，为社会各行各业乃至国家各类体育组织队伍，培养拥有良好心理承受能力、环境适应能力、压力抵抗能力的人才。总体来说，球类运动课程教学目标的设定，必须以培养球类运动人才为重点。

（四）规范教学组织形式

当前，我国高校开展普通球类运动教学是以学生兴趣为主导实施的分班制教学组织形式。这种教学组织形式普遍存在各类高校中，具体来讲包括以下几点：一是在实施兴趣分班教学基础上，按照学生球类运动能力或水平进行分组教学，具体包括优秀组与普通组两种形式。一般而言，球类运动教师会针对普通组学生实施重点教学指导，帮助他们掌握基本的理论技能知识。但教师也会对优秀组学生提出相应的规范要求，并通过建立较为严格的考评标准对学生动作技术进行测评。为能强化学生的学习兴趣心理，球类运动教师会实行动态化的升降考核制度。二是以互补式为主要特征开展分组教学，由每组表现优异的学生担任组员“指导教师”，使学生与学生之间形成互相扶持、互相帮助的氛围。

规范球类运动教学组织形式，必须要遵循体育教学大纲，确保球类运动教学课时安排合理，组织开展多种类别形式的球类运动活动，如游戏组织竞赛等，避免出现纯理论性的球类运动技能讲解，寓教于乐，在学习中发现快乐，研究创造出新的学习方法，使每堂课都充满新鲜感。

（五）科学运用教学方法和手段

通过分析球类运动课程教学特征可以发现，受球类运动课程教学课时安排、学生主体学习差异等影响，球类运动课程教师需要科学运用教学方法和手段。

1. 启发式教学

春秋战国时期，儒家学派的创立者孔子提出“学思结合，启发诱导”的教学思想；民国时期，教育家蔡元培强调以学习兴趣激发学生学习的教育思想，认为教师应该启发学生自主参与探索及学习过程；毛泽东同志在《体育之研究》一文中提出，实施体育教学，重在启发学生产生对学习体育的兴趣，自觉参与体育学习过程中。由此可知，针对球类运动课程教学实施的改革，必然要改变以往传统的“填鸭式”教学方法，形成以启发式教学为主的指导方法，让学生真正体会学习球类运动的兴趣。

2. 重视多媒体教学

技术革新推动教育教学的进步，在人类社会不断尝试和创造的背景下，新兴的科学技术手段与学科教学领域融合的进程逐渐加快。以电子音频设备、投影仪、计算机等为代表的现代多媒体工具，将现代教学推向多媒体教学阶段，一些难以理解的、抽象的概念被分解物化，这为球类运动教学改革提供了一定的指导基础。

在新兴多媒体基础的支持下，教育教学方式逐渐走向现代化。球类运动蕴涵较为抽象、复杂的理论知识，为保证学生能够准确掌握球类运动技能，充分调动学生的学习心理，教师可以使用多媒体教学手段，将抽象复杂的理论知识加以结构化，拓宽学生的视觉感知，弥补传统教学效果存在的不足之处。

3. 多种教学模式的综合运用

从 20 世纪 80 年代中期开始，我国就开始针对学科教学模式进行研究和实验。针对球类运动教学模式实施的研究和实验，形成以情感类、成功类等多种类别的球类运动教学模式。综合运用多元化教学模式，有效发挥各种教学模式存在的优点，进而实现优化球类运动课程教学的目标。教学实际是指导教学模式运用的基础，以教学实际为出发点，强调多种教学模式的综合运用，有利于创造具有个性特色的球类运动教学方法，充分发挥学生的主观学习意愿，积极完善球类运动教学质量。

（六）精心设计练习手段

在球类运动教学中，动作技术的练习效果，必须要通过精心设计练习手段来提升，这也是进一步优化课程教学效果的关键。具体来说，在设计球类运动练习手段时，需要体现相应的渐进性和实用性原则。例如，针对足球盘带技术设计练习手段，可以先从基础的盘带动作开始练习，然后再通过设计盘带障碍物，帮助学生加强对盘带动作的提升训练。开展足球盘带技术教学，重点在于对盘带基础动作的掌握与运用，而通过设计多种形式的练习手段，可以有效调动学生主动参与练习过程的积极心理，确保学生能够发挥合理水平。

（七）优化教学过程

1. 树立正确的教学指导思想

球类运动教学重在完善师生共同参与互动过程，形成以“教为主导，学为主体”的教学指导思想。

在唯物辩证法看来，引起变化的条件是外因，而引起变化的根据则是内因，内因是外因作用的基础。开展球类运动教学，必须要确立教师教学的指导作用，形成以学生学习为主体的教学指导模式。结合唯物辩证法分析，教师的“教”是教学过程的外因，而学生的“学”则是教学过程中的内因，教师的“教”要服务于学生的“学”，由此推动教学过程的可持续性发展。因此，球类运动教学同样需要尊重学生的主体学习地位，完善教师教学的指导思想。

2. 改善课堂教学氛围

学生能否充分发挥主观学习心理，会对教师的最终教学效果产生决定性影响。如果在教学过程中不能尊重学生的主体学习地位，那么学生就很难充分发挥主观学习心理，课堂教学氛围就会显得较为压抑。因此，在开展球类运动教学过程时，教师需要时刻关注学生的主体学习诉求，增加与学生的互动频率，构建民主平等的课堂教学关系，以宽松、愉悦的课堂教学氛围，提高学生学习球类理论知识的积极性。另外，教师可以适当优化球类运动教学评价机制，鼓励学生参与球类运动练习过程。

3. 积极引进美育机制

优化球类运动教学，可以尝试引进美育机制。球类运动是将身体各项机能充分释放和展示的过程，本身就蕴涵体育美学现象。因此，教师可以引导学生积极探索、追寻球类运动的美学价值，培养学生发现美、感受美的心理素养。在具体实践教学中，教师可以通过动作示范展示体育语言艺术美，然后将球类动作与球类器具相结合，呈现一种互搭的美感。

（八）培养学生的参与意识

教学过程重在引导学生参与。因此，在开展球类运动教学过程中，教师需要以多种形式培养和调动学生的参与意识，增加球类运动教学过程的互动性。球类运动属于竞技体育的组成部分，而竞技体育本身就具有娱乐性、对抗性等特点，针对球类运动实施的课堂教学，需要构建多元化的活动参与方式，将教学内容置于教学互动过程中，激发学生的学习个性。

（九）课余球类运动竞赛

组织课余球类运动竞赛活动，一方面，通过竞争激发学生对球类运动的热情，使学生喜爱该项运动，从而引导他们参加课外锻炼。丰富高校的体育文化生活，掌握一项锻炼身体的手段，为终身体育奠定基础。另一方面，能使课堂教学与课外活动有效的结合，提高教学效果。

第三章　球类运动对大学生的价值探究

在人类社会中，体育竞赛一直都是一种彰显魅力的文体活动。人们在观赏体育竞赛时，能够从选手的旋转、飞跃、冲刺与角逐等动作中欣赏人体的力量与美，能从体育文化中感受经由历史积淀而形成的道德追求、伦理守则、风俗信仰、思想习惯等，还可以品鉴体育艺术所包含的造型美、律动美、音乐美、光色美等，体育竞技同样是一种人与人进行交流的形式，无论是参赛选手还是观众，都可以从这种独特的关系中享受人际交往的乐趣，感受和谐的氛围，欣赏他人的端庄举止与从容风度等，在这一过程中，观众的心理活动也能达到与选手的同步，这些都可以实现满足精神需要的作目的。本章将从球类运动与大学生审美能力培养；大学生球类运动与校园文化的建设；球类运动开展与大学生全面成长这三个方面来详细阐述球类运动会对大学生的价值。

第一节　球类运动与大学生审美能力培养

一、大学生球类运动欣赏能力培养的内容

从很久之前开始，运动所蕴含的意义早已经超越了“强身健体”的层面，很多人都将欣赏体育运动作为一种休闲娱乐的手段，这在封建社会最初是上层阶级的特权，后来也逐渐进入寻常百姓家，成为坊间的常见娱乐。从源头上说，人类几乎所有的行为都是为了追求某种特定意义上的“快感”，从各式各样的休闲娱乐活动中，人们的身体能够体验快感，心灵也能够收获满悦和畅快，身心一同沉浸于享受之中。在体育比赛中，一个十分重要的欣赏要素就是比赛情况的随机性，几乎在任何一个时刻都有可能迎来戏剧性的转折。体育竞赛综合着人体的力与美，是一场多重感官的盛宴，运动员在赛场上不仅需要比拼体力，还要进行智慧的角

逐。在团体性项目中，运动员要体现足够的团队精神和协作能力；在个人项目中，又要发挥人体的极限潜力。对于观众而言，观赏体育赛事是一个暂时脱离自我的独立特质、投入比赛情境、伴随赛场的节奏充分释放个人情绪和感受的过程，在日常性质的生活之中，人们是很难体验这种全身心投入运动、将一切置之度外的感受的，所以运动也能帮助参与者和观众暂时放松原本紧绷的神经，释放压抑的情绪感受；另外，体育文化的外在表现，则反映在围绕体育竞赛而进行的文化艺术活动中，它包括竞赛期间的文艺演出、绘画展览、新闻报道、电视转播、发行邮票及纪念币等内容。由于这些活动的开展使色彩各异的体育文化形式得以在全世界传播，因此通过观赏体育比赛，人们除了可以了解各种人文景观，还能品尝独具风采的文化艺术表演。

在体育比赛中，运动员的技术动作和战术配合是经过长期刻苦训练和多次比赛的磨合而形成的。有的技术熟练到炉火纯青的境地，有些战术配合默契，能达到天衣无缝的程度。例如，一场高水平的足球赛使人感到观赏整场比赛是一种享受。足球门前险象环生的临门一脚，能使人们屏住呼吸，然后释然狂欢；篮球比赛中高高跃起的扣篮和盖帽、准确的三分远投，使人赞叹不绝；排球比赛中，扣球队员助跑、起跳，空中动作以及有力的重扣等都会给人们带来美的享受。从战术角度人们能观赏到变幻莫测的配合，如足球场上令人眼花缭乱的短传配合，球场中体现精确时空概念的空中接力排球战术中二传传出的恰到好处的球，接力赛中队员传接棒的完美传递瞬间等。

体育比赛值得欣赏的不仅仅是激烈的赛况和运动员的表现，还有运动员通过比赛所体现出的崇高体育精神。体育精神的魅力甚至超过竞赛本身，它的具体内涵包含着竞技精神、自我挑战精神和团队合作精神等。体育比赛对观众而言，最强烈的吸引力莫过于其永恒的竞争性质，它有严密的规则可循，本着平等至上的竞赛原则，将竞争诉诸运动，以运动追求和平。在体育竞赛及其精神的感召之下，每一个运动员都会持续地追求更强大的境界、不断地超越自我，在竞赛中感受团队间的友谊、与竞争对象之间的和平、竞争自身的公正精神和自我的成长飞跃，以竞赛的形式向人类的生命极限发起一次又一次挑战，秉持“更快、更高、更强”的理念，永不满足于现状，永远追求更加强大的自我。运动员会在体育比赛中彰显一种奋勇拼搏、顽强不屈、团结一致的集体主义精神，这同样是体育竞赛的重要魅力。

体育是人类社会发展过程中创造和积累出来的宝贵文化财富，以其积极向上、团结进步的精神展示着它的迷人之处，如更快、更高、更强的奥运精神。当看到运动员经过艰苦努力获得成功时，那种自豪感、愿望实现的幸福感，会深深感染着人们，人们也为那些在比赛中失败的运动员叹息、流泪。体育比赛的意义远超比赛本身，它充满着人生的哲理，能使人们在观念、思维、情趣等方面得到升华。

运动员经过长期锻炼形成了匀称、协调的体形。他们的肤色、动作、姿势等无不显示出健康之美。同时，这种美结合于体育运动，在比赛中能展现出运动员独特的动感美。人可以在参与竞技体育项目时最大限度地释放自身的运动潜力，运动员在竞赛中也是如此，每一个运动员都会持之以恒地挑战极限、超越自我，表现出超过常人的运动能力。具体而言，球类运动欣赏主要包括以下几方面：

（一）运动过程中的动作美

1. 动作美概述

体育能够塑造美、创造美、表现美。通过各种人体动作展示多姿多彩的生动形象，各种运动项目依靠优美、细腻、柔韧、精巧、刚健、雄劲、明快、敏捷的各种动作组合来实现。在进行体育运动的时候，人会呈现出各种各样的姿态，这时，整个躯体或某个部位的动作能够给人一种视觉上的直观美感，这就是所谓的动作美。动作美的主要特点在于其准确性，此外就是整个动作显得干净利落、一气呵成，非常具有连贯性，身体的运动协调灵活，运动员整个人表现出一种敏捷的状态，身体大幅度舒展，动作富有节奏感，让人在观赏时有酣畅淋漓、水到渠成的感觉。时间、空间、力度是人体运动中所有动作的基本构成要素，在描述人体动作线路的空间规律时，人们一般会描绘一定的运动轨迹，时间规律则以速度来反映。如果运动员希望在运动中彰显动作美，就必须十分熟练地掌握动作的每一个要领，对动作的方向、强度、速度、线路、幅度与结构原理等要素都烂熟于心，达到这些要求，动作才会更加准确，活动也会更加协调且灵活。

人体活动是由一个个动作组成的，身体从开始位置到结束位置的移动变化及人体活动的每一段落都有一定规律。运动节奏就是将动作人为地遵循时间规律进行规格化而得到的，富有节奏感的运动有许多好处，它不但能够让人感到心情舒畅、轻松愉悦，还可以用自然流畅的方式舒展躯体，同时，相关运动研究结果表明：节奏感强的动作对人体能量的消耗更少，人在有节奏的运动中不容易感到疲劳。如果适当地空间规格化各种运动动作，就能呈现出十分优美且和谐自如的动作形态。

动作美形成的重要手段是刚柔对比。阳刚之美一般指体育活动中男性化的刚毅、强壮、雄健、豪放、壮丽、剧烈的动作表现，而女性化的柔和、优雅、纤巧、缠绵、秀丽、平缓的动作表现则是阴柔之美。

2. 动作美的欣赏

球类运动的动作技巧，以形式多样、结构复杂、变化莫测为主要特点。球类比赛结果难料、悬念迭起、扣人心弦。当人们看到“铲射”“倒挂金钟”“飞身冲顶”“扣篮”等高难动作和“背溜”“双快—掩护”“二打三”等巧妙流畅的战术配合时，会为运动员的精彩表演击掌叫好，甚至终生难忘。球类运动对参与者提出了相当高的动作技巧要求，参与者不仅要对基本规则足够熟悉，还要有极其灵敏的动作、瞬间的反应力，另外往往还需要有合格的团队配合素质。比方说，在足球比赛中，除了守门员之外的其他运动员都只能用脚运球，进行一些即使用手也不一定能完成的高难度动作，这也是足球的动作难度远远超过其他球类的主要原因之一；在参与足球运动时，运动员需要调动身体的各个部位，这种运动也比其他许多球类运动都剧烈许多，触球部位也更加丰富，运动员可以用脚、膝甚至头、胸等部位触碰足球，来完成踢球、停球、顶球、颠球等动作，换言之，人体除手和胳膊以外的每一个部位几乎都能够完成停、传、过、带、射五个足球基本功，这些动作虽然看起来很容易掌握，但在比赛中却很难做到精通。

在足球中，还有许多诸如“钟摆过人”“彩虹过人”“圆月弯刀”“马赛回旋”等高难度动作，这些动作的精彩展示都会让运动员和观众感到由衷地钦佩，更有球技精湛的球员能够在乱军之中盘带过人，这样的技巧不可谓不炉火纯青。从这些描述中可以看出，足球是一项高度综合的运动，它彰显着运动员的力量和技巧，同时满足现代人追求精湛细腻的技巧和对力量与野性的原始崇拜，体现独一无二的审美价值；此外，宏大浩荡的场面并不是足球唯一的美学魅力，运动员之间真刀真枪的较量与比拼、团队的巧妙配合与默契搭配更是值得反复欣赏，这些都能够给观众（特别是细心的内行观众）以奇妙的视觉享受。在实时的赛场上，永远没有人能真正预判到足球将滚向哪一边、哪个方向，这种运动的最终结果是难以通过推算和预判得知的，每一届世界杯都会出现爆冷和黑马，每一场比赛都给人以风云变幻之感，这种神秘莫测的特点正是伟大的足球运动所彰显的又一独到魅力。

（二）运动技战术美

1. 技术美

对于任何体育活动，人们都会提出一定的真实性要求，这种要求也正是技术美的审美指标。运动应该是符合科学性原则的，大体反映在运动技术的方面，而运动的美就可以认为是其艺术性原则的具体呈现。身体运动的技术并非是一成不变的，会随着人体机能的开发和运动观念的变化而不断调整、更替与发展，审美意识也会在运动技术持续更新并发展的过程中发挥影响力和改变力。人们会为了发展新技术而持续地开拓和创造，这一过程同样是一个审美的经历。

要想在运动中体现技术美，就需要熟练掌握并顺从运动的科学训练规律，在运动实践中尽量通过最少的能量消耗做最多的功，无论是从容不迫的技术美还是优秀光彩的运动成绩，无不建立在科学的运动规律之上。

技术美是一种综合性的体现，包含了人体美和动作美两方面的内涵，对人提出了动态协调、动作准确、姿势连贯、准确把握节奏感和平衡力、紧抓实效性等一系列要求。在展现技术美的过程之中，人会充分地发挥和显露自身的本质力量，运动借助自己独到的感官魅力，一次又一次地给予人们欢乐、欣喜、叹服和赞赏的感受。在不同种类和要求的运动项目之中，运动员会利用种种不同的技术，每一种技术又可以分解为许多具体而详尽的动作，在观众面前呈现一幅幅光彩夺目、色彩纷呈的运动与竞技画面。

技术美的另一个特点在于其突出的个性特征。不同类型的运动员会表现出不同类型的技术美。例如，李宁在自由体操中高而飘的跟头和鞍马上轻松自如的“托马斯”全旋，朱建华干净利落的过杆，刘易斯超人的速度出色的爆发力，迈克尔·乔丹的飞身扣篮等。这些运动实例无不给人以美的享受。

2. 战术美

在复杂多变的运动竞赛中，运动员会最大限度地彰显和利用自身的素质，表现鲜明的个人技术特点，这些因素都是争取胜利的必要条件，在体现这些能力的过程中，运动员还会呈现一种运动的美学，这就是所谓的“战术美”。

在一般的体育竞赛中，可采取的战术有两种，也就是个人战术与集体战术。如果对这两种战术进行总结的话，则可以认为它们都是运动员在赛场上采取的有相关规划和指定目的的预见性的行动，是经过了缜密安排的技术，其主要依据是临场局势的变化和趋势。战术对于对抗性强、赛程激烈的运动竞赛来说，是一种及其关键的要素，能够引导运动员合理地发挥身体技术，让运动员牢牢把握比赛的节奏和流程，为争取胜利贡献不可思议的力量。从一个运动员所采取的战术中，可以检验其掌握的运动和竞赛知识、固有的运动技术、赛场心理以及智力水平等综合素质，这些项目在一部分集体性质的比赛中的表现尤其明显。

因为战术美的前提是技术美与素质美，是二者的结合与升华，所以如果希望合理地利用预期的战术，达到理想的效果，应该掌握和这个战术相匹配的技术水平。同时，如果仅有技术而无合理的战术安排，运动员同样难以收获理想的结果，技术要得到战术的科学指挥才能被充分地发挥出来，显现令人惊叹的赛场效果。

战术之所以能发挥意想不到的作用，一个重要原因就是它拥有随机应变、取长补短的优势。我们在观看运动竞赛时，不仅应该关注赛况和运动员的身体技巧，更应该单独留意运动员的临场应变能力，观察其如何从自身的条件和场面局势出发，灵活地分配和利用自己的力量，尽可能隐藏和避免劣势，充分发扬个人优点，最终克敌制胜，这就是精妙高超的战术能够给予观看体育赛事观众的审美享受和无穷回味。

（三）运动风格与精神美

1. 风格美

运动员在比赛过程中，会通过自身的种种举止和行为无意识地反映自己的个人修养、思想品德、举止作风等，这些要素的有机结合就是思想风格美，它是一种社会意识层面的美学。如果用具体事例来说明风格美的话，可以把中国乒乓球队当作例子，他们可谓体育赛事中风格美的典范。中国乒乓球队一直以来都在国际赛场上以顽强的奋斗精神和严谨的思想作风闻名，并在一次次世界大赛中拔得头筹，为中国赢得了冠军的荣誉，为祖国在世界赛坛上争取了光荣，中国乒乓球队的顽强精神和优良作风能够为社会各界的人带来借鉴意义和精神动力。在观看激烈的体育比赛时，观众如果能够见证运动员优秀的比赛作风、高尚的体育情操，同样能够获得精神上的愉悦享受。

从本质上来说，技术风格美等同于运动员在技术中彰显的个性特点。一个经验娴熟、实力过硬的运动员或一支队伍，应该充分结合自身的现有条件和作战特点，为技战术开创一种独特的、他人难以模仿的风格，这样才能说是拥有了自己独到的风格美。这里仍然以我国的乒乓球运动员为例：20 世纪 50 年代，我国的运动员队伍正式进入世界乒坛，经典的“直拍握法”就是在这一时期渐渐形成的，其所体现的是一种“快、准、狠、变”的技术风格。

技术风格不是独立存在的，它和运动员的思想风格之间存在着微妙而紧密的联系。可以说，思想风格与技术风格在现实中往往是相伴生成的，二者之间是彼此促进、彼此制约、彼此彰显的。

2. 意志品质美

运动员会在体育活动中显现出自身独特的个性心理特征，其中积极的方面就是意志品质美，大致包括顽强拼搏、积极向上、坚韧不拔等宝贵的品质，还有智力方面的观察能力、应变能力、反思能力和探索能力，热爱、道德方面的宽容他人、团结协作等基本的为人修养。

（四）身体美的观赏

1. 身体美的各种表现形式

身体美也是运动欣赏的重要方面，一般在对运动员的身体美进行欣赏时，大体可以从体型美、形态美、肌肉美、肤色美、姿态美、素质美、风度美和健康美等方面来欣赏。下文的阐述将围绕这些方面展开详细的分析和解读：

体型美的主要含义是人体结构的类型，这一特点会受到遗传因子、生活环境和后天营养等多重要素的综合影响。当然，在人的成长历程中，体型并非恒定不变，合理的生活作息、健康科学的饮食和强度适当的体育锻炼都可以逐步塑造并美化人的体态。接受严格训练的运动员都拥有十分理想的体型，给人以匀称、和谐、强壮的视觉感受。不同体育项目对人体的塑造作用也不一样，比如篮球运动员都是身材高大、肩宽臂展、四肢健壮、肌肉发达、体态修长、匀称协调、胸厚臂瘦、面色红润、皮肤虽粗糙但富有光泽；田径运动员骨骼强而有力、肌肉结实；举重运动员身量不高却体格健壮、块块肌肉鼓起……仅从这些外貌特征之中，我们就可见证运动员群体所蕴含的无穷生命活力。

形态美是指人的外形美，具体来说，其主要包括人的形体与姿势。人要同时拥有比例匀称的肌体、流畅的身体线条等，才能达到形态美的综合效果。

肤色美可以从运动员独特的肤色上看出。一个人的肤色和其内脏的机能发育有很大关系，而运动员在持久的身体锻炼和阳光照射之下，其肤色会富有光泽和质感，给人以直观的健康感觉。

肌肉美就是运动员发达结实的肌肉，因为长期锻炼，运动员的身体明显比常人更加魁伟和强壮，让人一看到就联想到力量与活力，体现出一种旺盛的生命力。

姿势美是由身体各部分的协调配合而呈现出来的，外部形态美是指动作的端正与舒展大方，这其中包含着造型性的成分。在一些艺术性质比较突出的项目（如艺术体操、花样滑冰、花样游泳以及一些体育舞蹈之类）中，运动员的姿势美尤其重要——这主要是指运动员的动作要顺应一定的节奏，让身体姿态显露出一种“韵味”，举手投足之间显现出作为运动员的独到气质，让人从中收获美学的享受。

素质美是一种潜藏在人体内部的美，指的是人体活动显示出的力量、速度、耐力、灵敏、柔韧等身体素质。力量美多体现在高强度的运动竞赛中，如摔跤、举重、拳击比赛。速度美表现出惊人的速度，如田径场上的短跑比赛，滑冰运动中的速滑比赛，都给人昂扬奋进的感受。耐力美表现在长时间运动过程中，如长跑运动员在趋于疲劳极限状态中所表现出来的顽强和坚毅。灵敏美和柔韧美则使观众体验一种柔软、舒展和惊奇、机敏之感。

健康美的内涵是多样化的，身体的健康美、精神的健康美和行为的健康美是其主要的三个方面。健康美可以通过这三者中的任何一个形式充分地体现出来，具体来说，可以从以下几个角度分析：

身体的健康美来自人们保持理想身体构造的实现，是一种健康的人体状态。塑造健康躯体的方法可以是有规律的生活作息、科学的饮食习惯和强度适中的体育锻炼，通过这些手段，人们能够为自己打造匀称的外部形态、强健的内脏机能和充沛的运动活力，这也是一种人体美学。

精神的健康美是指表现性格健康的美，包括纯朴、开朗的个性，坚韧不拔的意志，善于观察、勇于探索的精神和团结、友爱、互助等基本的道德观念等。

行为的健康美主要来自体育活动的社会属性，将社会性质和影响作为美的基础。具体来说，运动赛事和运动员的个人行为都应该坦诚磊落、服从社会公德、严守组织性和纪律性。不难看出，行为美与精神美有着密切的联系，或者说它能够以外在的方式来呈现精神美，在运动员的行为健康美中，我们可以发现人们常说的“心灵美”。

风度美是人的内在心灵和外表仪态相融合而展示的美。一些运动员在赛场和日常生活中体现了他们的风范，他们不但拥有精湛娴熟的运动技术，还有坦荡真实的比赛作风、端庄严谨的赛场态度和大方得体的体育礼仪。在日常生活中则显得平易近人，没有架子，却让人由衷地感到高尚和大气，这同样是一种美的体验。我们能从他们同伴相互庆祝的场面中感受到人与人之间的友爱美；从他们失败后一瞬间的表情中体验运动员含有悲壮色彩的美；从取得名次、获得成功后的行动中体验到那种欣喜若狂的喜悦美，等等。总之，他们昂扬的斗志、顽强的精神、奋勇的拼搏，给我们带来了种种美的感受。

2. 身体美的评价标准

身体美最为主要的表现形式为健康美。具体而言，其可概括为以下几个方面的内容：

骨骼发育合理，四肢形态笔直修长、结构匀称；头顶处鼓起，五官匀称端庄，在头部的分布和比例协调；双肩对称平坦、厚度适中，一般来说男性的肩部更为宽阔，女性的肩部比较圆润；在正视前提下，自然放松的脊柱呈垂直状态，在侧视前提下，曲度合理；肌肉均衡，微微鼓起，分布得当，皮下有定量适中的脂肪；胸廓隆起，正面、背面稍为接近V形，女性的胸部比男性显得更加丰满，曲线自然流畅；腰部宽度适宜，线条有力，微显圆柱状；腹部平坦有线条，男子应稍有腹肌呈块状层层显露；臀部浑圆而微挺，呈球形上敛状；大腿线条圆润，小腿修长，突出腓骨部分；踝关节较细，足弓有一定弧度，在脚下留出空隙。

（五）运动环境美

运动服装、运动器械、场地设备、灯光照明、体育建筑等都是运动环境所包括的内容，其作用主要是烘托运动中鲜明生动的形象，从而使人们的审美需要得到满足，并为人们进行体育运动营造一个审美的氛围，为参与者提供一个活动的审美空间。

（1）对运动服装的欣赏

运动服装在体育运动中作为美的要素有着不容忽略的特殊作用。它与场馆、器材、设备、灯光等运动辅助设施一样，常常成为人们审美情趣的中心。健美的身材与流畅的姿势应该与得体靓丽的运动服搭配，能够使人获得更为直观的美感。运动服装还有一个突出的魅力所在，就是不同的运动项目会搭配不同风格的服装，每一种都各有千秋，此外，运动的专业性也会影响对应运动服的样式，比如衣物的款式、色彩选用和搭配、衣物材质面料等，这些要素能够彰显每种运动的特点与运动员的个性，并将运动员的形象衬托得更加端庄得体。还有一部分运动服装因舒适贴身或造型雅致，受到许多普通人的喜爱，在日常生活中也可大量普遍穿戴，在全国各地作为一种服装流行风尚，向人们展示一道独特而瑰丽的人文风景。

随着人们的审美要求和设计水平的提高，对运动服装的要求也越来越高、越来越详细。当代运动服装的主要发展方向是个性化、多元化和工艺化，这无疑反映了人们精神追求的提升和体育文化的蓬勃发展。

运动服装的造型越来越独特，它的式样较之以往的传统民间服装显得更加新颖别致，色彩选用也更加大胆，搭配更具有个性化的风格。如果运动服的色彩较多，则设计师会在构成图案的点、线、面上花费更多心思，这主要是为了让外人在视觉上有色彩缤纷但不浮夸凌乱的感受。从最基本的设计原则来说，运动服主要应该采用醒目鲜亮的颜色，色彩搭配要简洁，比较忌讳细密复杂的纹饰、花样或细微的装饰之类。为了彰显鲜明突出的颜色，运动服设计师都习惯采用一些给人以强烈的扩张感的亮色、艳色，如大红色、天蓝色、明黄色、果绿色等，这些颜色给人的直观视觉感受都是亮眼夺目、一目了然，采用这些配色的运动服也可以说是随处可见，得到了大众的广泛认可。但是，裁判服的设计应该有别于运动员服装，因为裁判的身份比较特殊，不能过分干涉观众的注意力，也不能分散运动员的关注，所以要在得体的前提下尽可能采用淡雅而不光亮的颜色，如灰色等，将视觉上的干扰降到最低。不同运动项目的运动员服装都各有特色，各有其不同的审美功能。

不过，即使是再别致光鲜的服装，如果衣服本身肮脏不整的话，依然会失去应有的美感，让观众感到不适。经常参加体育运动的人又容易大量出汗，沾湿衣物，这是因为运动员的新陈代谢水平高于常人，分泌的汗液更多，特别是在炎热的夏季，运动服的污染会更快，这时运动服有必要一天一换。总之，运动员应该勤洗、勤换运动服，保持训练和比赛衣着的干净整洁，这不仅是为了给人良好的印象，也是为了自身的卫生和健康着想。

（2）对运动参与人员的欣赏

运动员和教练员是环境美的重要组成部分。不管在什么样的体育竞赛之中，运动员都承担着作为主体的地位，所以，只有具备了理想的身体美、技术美、战术美和运动美，才更有可能获得他人的尊重和欣赏，另外，优秀的气质、得体的风度和良好的教养等是更加重要的个人修养，内在的品质美比外在的形象美意义更为重大，气质和品德服人的运动员会获得更加广泛也更加真实的尊重。

作为体育训练与重大竞赛的领导者和决策者，每一个教练员都应该具备良好的职业道德品质，发扬育人和责任精神，要具有让人发自内心地信任和服从的气质，还要拥有良好的心理调控能力、团队协调能力、临场指导能力，这些能力对于任何球队来说都至关重要，是战胜强敌、树立优秀球队风格不可或缺的条件。整个球队的综合能力、团队气氛与队员状态都会受到教练员的专业水平与教授风格的影响，而且这种影响很有可能是决定性的。教练员应当拥有钻研和创新的精神，在队伍的不同发展时期制定相应的训练计划和作战方案，可以讲授新式体育运动技术，也可以开发别样的战术，从这些方面都可以看出一个教练员能力的高低。在属于运动员的赛场之外，教练员也会进行较量，通过队员们的表现和对对手的预判力来比拼各自的领导才能与决策能力，这同样是现代体育竞赛中一个别有玄机的环节。

体育竞赛的赛况在任何时候都不是一成不变的，运动员必将在赛场上面临种种意想不到的情况。对于足球运动来说，不管是一次发挥不稳还是微小的战术失调，都有可能将整场比赛导向不利的局面，最终面临失败。所以，教练员应该拥有良好的心态，任何时候都要冷静地观察赛场局面，做出合理的瞬时判断，无论面临多么紧急的情况，也不能失去应有的判断力，除此之外还要掌握足够的心理把控技巧，帮助整个团队稳定心态，确保全体队员的正常发挥。教练员在比赛中需要充分观察现实的局面，并合理借鉴自己以往的经验，帮助队员判断和造势，借助人员调配、中场暂停的机会来改善运动员的心理状态，适当调整战术与策略，在危急关头做出冷静的判断，这就有机会扭转赛场上的被动局面，为队员争取主动权，最终引领整支球队走向胜利。

还有非常重要的一点，运动员和教练员在参加正规的体育赛事时，一定要对裁判的决定和判罚予以足够的尊重，要遵循赛场工作人员的指示，并向观众展现良好的精神风貌，友好对待观众，不挑衅、侮辱他人，并对观众的支持表达感谢，理性听取观众的意见甚至批判，这些行为都是运动员和教练员个人素养的合格表现。在球场环境与气氛中，运动员和教练员的个人修养和举止气质也是一种美，并且是比赛的重要构成因素。

裁判员同样在比赛中承担着重要的责任，其行为举止关系着比赛的环境美，职业素养和个人品德良好的裁判员，能够为环境美提供有力的保障。基本素质在裁判员的表现美中发挥着基础性的作用。只有严格遵循职业道德和准则，裁判员才能获得运动员和观众的尊重，在此前提下，还要具备优秀的身体素质、平和的心理状态、专业化的裁判技能和过人的执行手段。裁判员必须具备一些特定的条件才能适应他所从事的工作。例如在 90 分钟的足球比赛中，裁判员需要不断奔跑，还要对场上出现的各种违反规则的行为做出迅速判罚。

（3）对运动器材和设备的欣赏

运动器材和设备是为体育运动服务的，要对体育运动的发展有利，要与客观规律相符合，也要与社会的功利目的相符合。经久耐用、方便、合理是对运动器材设备比较常见的要求，除此之外，对规格准确无误的要求也是运动器材设备的必备条件。究其原因，是体育运动的竞赛是在相等条件下公平进行的，不允许出现高度、宽度、长度、质量的差异。

运动物品是物质产品的一部分，除应具备固有的特性外，产品的质量要求、确保使用的安全性是十分重要的，因为它是为运动服务的，是促进运动水平提高和增强人们身体健康的必备之物。如果由于产品的质量问题而造成人身伤害，那器材设备就失去了它存在的意义，更有损于增强体质的目的。人们常说“运动必须安全”，因而一切与运动有关的物件都要重视安全的因素。我们曾经看到过由于某一种运动器材的质量没有达到法定标准，致使运动员在比赛中发生严重的伤害事故，如果参与者人身受到伤害就违背体育运动的宗旨。这种教训必须引以为戒，在设计、鉴定运动物品时，必须严格把好质量关，确保运动物品的安全性。

随着人们审美意识的增强，人们对运动器材设备在色彩、样式等方面提出了更高的审美要求和功能要求。运动器材、设备也不例外，都需要考虑到体育运动项目特有的规定和审美特征，做到真、善、美的真正统一，从器材的造型和色调搭配等角度入手，彰显体育美学的外在直观表现。那银光闪闪的标枪，弹性极佳的跳高撑竿，平整而合乎弹性要求的体操与技巧专用海绵垫子，色泽鲜艳、色彩相间的塑胶田径跑道，平整而带有深浅色块相间的人工草皮足球场，造型别致、色彩绚丽、小巧玲珑、各种多功能的健身器材等，都反映出科学技术的飞速发展。

（4）对体育建筑的欣赏

在体育运动的欣赏和创造中，体育建筑是不可缺少的物质条件之一，不仅应该符合实用价值标准，又要彰显审美功能。设计师和建筑人员在构建体育场馆时，首先要确保其内部结构足够合理，符合作为运动和比赛场所的需要，并配置各类现代化的辅助功能。另外，体育建筑也应该像其他大多类型的建筑一样，和谐融入周围的环境，与周边事物彼此呼应、对调一致，不能过于突兀。因此体育场馆建筑与其他建筑一样具有建筑的物质功能与审美功能，具有技术性和艺术性相结合的特点。

体育建筑是运动环境中一个重要的部分。在一定意义上，它是运动环境的主要骨架，是组织体育竞赛、开展群众性体育活动和文化活动的重要场所，也是众多审美特征集中体现并引起人们好感，为拥有者引以为豪的场所。例如标准的田径场跑道的长度必须是十分准确的400米，不差分毫。体育馆的内层高度必须满足在馆内进行正规比赛，适应运动器械高飞、高抛的要求，否则就失去了其建筑的实用功能。另外体育建筑十分注重审美因素的体现，使技术原理和美学原理完美结合，这样才能使体育场馆既有生命活力又有艺术灵气。

体育场馆建筑具有显而易见的审美功能。人们无论是观摩体育比赛还是自娱自乐，对于建筑物和周围的环境都十分敏感，尤其注重其造型、功能、色彩、线条、光线、音响、装潢等审美因素。现实美给人以美的享受，又凝聚着人对理想美的追求，人们置身于无比美好的运动环境中可以感到愉悦，会更自觉地投身体育实践中去。当代体育场馆建设日臻完美，尽量满足了人们的物质需要，同时又满足了人们的审美鉴赏需要。建筑的艺术性要求使建筑物与周围的环境互相配合，协调一致，融合一体，使建筑自身的美与环境美一起营造了更为深广的意境

二、大学生球类运动比赛欣赏能力的培养

熟悉了解国内外大型运动会以及单项体育比赛的基本情况，有助于人们在欣赏体育比赛时区分是属于什么级别和范围的体育比赛。另外，在运动竞赛欣赏时人们还要充分了解运动竞赛的规则，否则人们很难真正了解运动比赛之美。

为进行比赛而制定的统一规范和准则，就是所谓的体育竞赛规则。各个运动项目都根据本项目的特点制定竞赛规则。国际竞赛规则由相应的国际单项体育联合会制定。中国竞赛规则由国家体育总局审订和颁布。其内容主要包括裁判名称和职责，竞赛的组织方法，评定成绩和名次的方法以及有关场地设备和器材规格等。不同运动项目有不同的规定，只有熟悉和了解不同运动项目的竞赛规则，才能更好地欣赏体育比赛。

（一）重要的球类运动比赛

1. 重要的足球赛事

（1）意大利足球甲级联赛

意大利人热衷于足球运动，在意大利注册的足球俱乐部有两万个左右，注册球员有近 10 万人。经常参加足球运动的人有 150 万人左右。如此庞大的足球人口，一方面保证了意大利足球水平一直保持在较高的水准，另一方面也保证了足球在意大利一直能够保持其热度。

意大利足球运动由英国的水手传入，意大利联赛诞生于 1898 年 3 月 15 日，以意大利足球联合会的成立为标志。最初的意大利联赛只有四支球队，分别为都灵国际、都灵体育、F.E 都灵、都灵体操和热那亚四支球队。经过百年的发展，如今，其最终形成了现在的规模和完备的管理体制。

成立之初的意大利足协是一个比较松散的组织，对联赛管理不力，最终导致分裂。职业球队退出足协，进而成立了职业足球联盟。1922 年两组织重新合并，并举办了合并后第一次全国锦标赛。1930 年，最终确定了比赛采取主客场双循环

积分制（最初为 2 分制，现为 3 分制）。按照各自的水平高低，可以将球队划分为甲级队、乙级队、丙级队、丁级队四个档次，这是最新的球赛制度。

职业化与新赛制实施之后，尤文图斯取得了五连冠，这一纪录至今无人打破。随后的 30 多年，意大利联赛没有真正的王者，进入了群雄逐鹿时期，尤文图斯、AC 米兰和国际米兰轮流把持冠军。

1980 年，为了促进意甲联赛的进一步发展，意大利足协废除了自 1966 年以来禁止外籍球员加入的禁令，规定每队可以拥有两名外援。1988 年，由于对外援的限制放宽到 3 人，赛场更加繁荣。AC 米兰在此期间扬威欧洲赛场，并夺得意甲三连冠，1993 年 4 月意足协对外援的限制进一步放宽，各队对拥有的外援人数不再限制，只是每场比赛同时上场的外援不能超过 3 人，足球风格的融合使得意甲的比赛更具观赏性，意甲联赛开始成为各国巨星展现风采的世界第一联赛。

意甲建立了足球事务三级管理体制，意大利足球联合会是意大利足球领域的最高领导机构，但它无权干涉俱乐部事务，重大决策都要与职业足球联盟讨论，职业足球联盟联合了 42 家甲乙级俱乐部，它是代表足球俱乐部利益的行业协会并负责赛事的组织管理，以及对俱乐部的协调、监督。

意大利职业足球俱乐部的最大特点在于它是一个独立的、由私人资本经营的经济实体，实行独立核算、自负盈亏。俱乐部的一切活动如训练、比赛、队员的待遇等都纳入商业轨道，引入竞争机制，一切事务都按合同办事。合同制度是意大利职业足球管理的核心。像其他意大利企业一样，意大利俱乐部的家族经营色彩在欧洲联赛中尤其突出，俱乐部的兴衰往往与家族事业成功与否紧密相关。

（2）英超联赛

现代体育的普遍观点是：现代足球运动的正式发源地是英国，而且其源头可追溯至 18 世纪的早期，那时，在英国本土和欧洲大陆上，尚处于雏形阶段的足球运动已经十分之普遍。

体育史上第一个正式的足球协会诞生于 1863 年 10 月 26 日，在伦敦女王大街的弗雷马森酒店，一批足球爱好者及相关人员专门召开了一次集会，在会议上，众人经过讨论后决定共同成立足球协会。该会议的意义并不止于象征着足协的正式面世，与会人员还制定并推广了一部比较规范、全面的足球竞赛规则，现代足球竞赛规则正是来源和继承自这套规则。第一个足球协会及足球规则的出现，代表着现代足球正式产生。

到了19世纪70年代，欧洲的足球运动已经相当兴盛发达。在这样的背景下，挑战杯赛的概念出现了。这一建议最早也来自英国足协的提案，并且很快就得到了通过。当时的挑战杯赛所遵循的基本规则是连续淘汰制，也就是在比赛正式开始之前，与赛双方首先抽签，由抽中的一方来选择比赛场地，之后只用一轮比赛来决定胜负。1872年11月30日，现代意义上的第一场正式足球比赛在英格兰代表队与苏格兰代表队之间展开。与此同时，欧洲大陆和拉丁美洲的一部分国家也受到了英格兰足协成立带来的影响，开始重视本国的足球运动发展，也紧随其后组建了本国的足球协会，这一现象无疑在欧美国家乃至全世界都大大推动了足球运动的蓬勃发展。

20世纪八九十年代，英格兰足球处于低迷期，球场拥挤，设施陈旧。为了改善球场设施，俱乐部面临着巨大的支出花销。很多顶级球员转会到别的国家，英国足球面临着巨大的危机，其实力与欧洲俱乐部间的差距越来越大，成立新联赛的提议随即出台。

1991年7月17日，英格兰17支顶级的足球俱乐部共同通过了一项协议，这项协议为日后的英格兰超级联赛奠定了基础。这项新面世的顶级联赛与以往的常规比赛相比，获得了更多特权。比如它在营运方面实现了相当高程度的独立，已经不再受到足协和足球联盟的直接管制，本身单独享有转播权以及赞助商洽谈的权力。

对于英超的发展历程，高速发展的现代信息技术无疑为其推广起到了十分关键的作用。英超俱乐部从电视转播中收获了经济效益，这对于其内外部的建设都发挥了强大的助力。英超自身比赛的过硬质量和与之合作的天空电视台精准的市场营销策略，在大众对足球运动的狂热迷恋之下，共同缔造了辉煌的成就，英超的转播费用每年都以惊人的速度攀升，这一事实使得俱乐部收获了庞大的利润。转播收入和赞助商的投资使英超联赛成为全世界最好的联赛之一。

在各个方面追求完美是英超的目标，这可以从英超足球学院结构的创建上看出来。足协的“质量章程”于1998年发布。这种在技术和设施上的投资，为培养出能在英超俱乐部和国家队踢球的球员创造了有利的条件。已经有一些从学院系统培养出来的学生现在成了英超的明星，并且英超还建立了预备队，帮助足球学院的球员提高水平，争取尽快登上一线。

（3）世界杯足球赛

国际足联世界杯（FIFA World Cup，简称“世界杯”），一直以来都是人们心目中的足球殿堂与体育盛宴。世界杯作为一项重大体育比赛，可谓是与奥运会齐名的尖端赛事，二者享有同等的声望、同等的规格和同等的光荣，代表了自身所涉及领域的尖端竞技水平，在全球范围内都可谓无人不知，无人不晓，有时，世界杯为人们带来的影响力以及完整赛程的转播覆盖率完全可以超越奥运会，堪称全世界最辉煌的体育盛会。

1930 年 7 月 13 日，在乌拉圭首都蒙得维的亚市举行的首届世界杯足球赛，揭开了这一世界最高水平比赛的历史。2002 年中国男子足球队首次闯进世界杯赛。

1928 年，国际足联在荷兰召开会议，会议决定定期举办一次以世界国家为单位的足球赛事，即现在的“世界杯”足球赛，后确定该项赛事每隔 4 年举办一届。与奥运会不同的是，世界杯的举办方和命名方式以国家为单位，即德国世界杯、南非世界杯等。除此之外，国际足联还规定参加世界杯足球赛的运动员不受职业和非职业选手的限制，各国可以组织本国最高水平的运动员参赛。

世界杯足球赛的冠军将会获得一个流动性质的奖杯作为冠军的标志，奖杯名为“雷米特杯”，同时规定如果一个国家三次获得世界杯赛冠军，将永久地占有这座奖杯。1970 年，巴西队第三次夺得世界杯冠军，从而永久性地占有了雷米特杯。此后，国际足联制作了新的奖杯，被称为“大力神杯”，规定此奖杯不论哪个国家获得了多少次世界杯冠军，奖杯都只能保有 4 年，成为永久流动奖杯。

2. 重要的篮球赛事

（1）世界男子篮球锦标赛

首届世界男子篮球锦标赛于 1950 年在阿根廷的布宜诺斯艾利斯市举办，每四年举办一届。从 2006 年开始，参加世锦赛的球队由之前的 16 支增加到 24 支，国际篮球联合会扩充男子篮球世界锦标赛参赛队伍的目的在于提升世界篮球的整体水平，营造更好的国际篮球竞争氛围。2012 年，国际篮球联合会宣布世界男、女篮锦标赛将更名为篮球世界杯，首届男篮世界杯于 2014 年在西班牙举行，美国队夺冠。2015 年，国际篮联最高议事机构中央局会议上，投票决定了 2019 年男篮世界杯将在中国的北京、广州、深圳等八个城市举办。

随着篮球运动的不断发展，篮球世界杯在世界范围内的影响也越来越大，成为一项具有众多观众的篮球赛事。

（2）女子篮球世界锦标赛

女子篮球世界锦标赛是由国际篮球联合会主办的国际性比赛。女子篮球世界锦标赛于 1957 年开始举办，每四年举行一届，参加队伍为上届世界锦标赛的前三名、上届奥运会前三名、主办国、亚洲、非洲、中美洲、南美洲、欧洲、大洋洲各一支球队，以及主办国邀请的一个队。女子篮球世界锦标赛的比赛方法是：上届的世界锦标赛的冠军队与主办国队直接进入决赛阶段；其他各支球队分为三个小组进行预赛，各组队伍的前两名进入决赛阶段并与上述两支球队进行 1—8 名的争夺；而预赛中各个小组的第 3、4 名进行 9—14 名的名次赛。第 10 届世界女篮锦标赛中，参加的 12 支球队分为 A、B 两组进行预赛，之后进行半决赛和决赛。具体的比赛方法是：预赛中经过单循环赛确定小组各球队的名次，获得 A、B 两组前两名的队交叉进行半决赛，胜者争夺冠亚军，负者进行三、四名的争夺；预赛中获小组 3、4 名的球队同时也进行交叉比赛决出 5—8 名；预赛中获小组 5、6 名的队也通过交叉比赛排出 9—12 名。2014 年女子篮球世界锦标赛改为女子篮球世界杯。

3. 重要的网球赛事

澳大利亚、法国、英国、美国四国网协所拥有的四大满贯赛事，构成了当今职业网坛的顶级赛事。四大满贯即指四大网球公开赛：澳大利亚网球公开赛（以下简称澳网）、法国网球公开赛（官方名称为罗兰·加洛斯公开赛，以下简称法网）、温布尔顿网球公开赛（以下简称温网）和美国网球公开赛（以下简称美网）。

20 世纪 70 年代后，职业选手被允许参加四大满贯。这项举措增强了大赛的激烈程度，提升了赛事质量，刺激了赛场的火爆气氛。从而促进了网球技术水平的提高，吸引了广大观众对该项运动的热情和观看及评论网球比赛的积极性。随着高科技在球拍等器材制造中的应用，网球越来越向力量化、技术化方向发展，其生命力和全球影响力也在不断充实、扩大。

（1）澳网

澳网是四大满贯中最年轻，却是新赛季中最先举办的。每年 12 月，澳网在澳大利亚的墨尔本举行，其男子单打项目与女子单打项目的奖金数额相同。2014 年 1 月 25 日，我国选手李娜在澳大利亚网球公开赛夺冠，获得她个人的第二个大满贯冠军奖杯。

网球 1880 年传入澳大利亚。1887 年，澳大利亚有了自己的第一场草地网球比赛。1904 年，为了能参加戴维斯杯比赛澳大利亚成立了“澳大拉西亚（Australia）草地网球协会”，其发起人是澳洲网坛先驱诺曼·布鲁克斯和阿尔弗莱德·邓禄普。次年随之举办的第 1 届澳大拉西亚网球锦标赛是该网协最为重要的任务之一，当时的网协对锦标赛的承办和赛程组织付出了相当的心血和成本。这一赛事就是如今的“澳网”的雏形，在现代体育史上具有十分重大的意义。

1905 年，第 1 届澳大利亚网球锦标赛如期举行，比赛地点是墨尔本的威尔霍斯曼板球场。首届比赛仅设男子单打和男子双打，当时获得男单冠军的是本土选手罗德尼希斯，男双冠军被兰多尔菲·里塞特和汤姆·塔希尔获得。1908 年，第一位获得男单冠军的非本土球员出现了，他就是美国运动员亚历山大。因为澳大拉西亚草地网协在成立时就吸收了临近的新西兰为会员，所以 1905 年—1922 年间，澳大拉西亚网球锦标赛一直在这两个国家间的各大城市轮流举行。到了 1922 年，新西兰终于做出决策，宣布离开澳大拉西亚草地网协，正式成立了自己的网球协会，在这一决策之后，澳大拉西亚网球锦标赛便正式规定：比赛固定在澳大利亚本国举行，澳大拉西亚草地网协也在这一年更名为澳大利亚草地网球协会。同年澳大利亚网球锦标赛增设了女子组比赛。

1941 年，澳大利亚锦标赛因第二次世界大战而暂停，1946 年恢复，但经历了一段低迷时期，进入 50 年代后又逐渐步入辉煌。1968 年，国际网球开始职业化并进入公开赛时代，澳大利亚锦标赛被列为四大公开赛之一。1969 年赛事正式更名为澳大利亚公开赛，简称澳网。

1972 年，为了吸引更多的观众，澳网组委会决定选取一个永久固定的比赛场所。澳大利亚网协最终选择了墨尔本的库扬俱乐部，这里成为此后 16 年中澳网的固定举办地。由于场地设施较差、天气过热以及奖金低廉等原因，很多一流球员不愿意参加澳网。为了缓解局势，澳大利亚网协曾尝试在1977年把赛事改到12月下旬举行，但由于与圣诞节撞车，更影响了外国球员的参赛积极性。1985年又尝试将赛事提前至11月举行，效果依然不明显。

为了恢复澳网的声威和影响力，澳大利亚网协开始了大规模的改革进程：将原定于1986年底进行的赛事推迟至1987年1月举行，这一赛程安排一直沿用至今。1988年1月，将澳网比赛场地移至新落成的大型体育中心——碎片公园网球中心，比赛场地也由原先的草地球场改为了中速硬地球场。1996年，碎片公园改名为墨尔本公园。

现今的墨尔本公园网球中心经过扩建已拥有22片室外球场和4片室内球场。中心球场在2000年被命名为罗德·拉沃球场，以纪念澳大利亚网球巨星罗德·拉沃，可容纳1.5万人。另一较大规模的球场名为沃达丰球场，可容纳1万人。2003年，原1号球场更名为玛格丽特·考特球场，以澳洲历史上最伟大的女选手玛格丽特·考特的名字命名。

罗德·拉沃中心球场和沃达丰球场都拥有可开合顶篷，这在四大满贯中是独一无二的。2003年，由于赛场上的天气过于炎热，举办于罗德·拉沃中心球场的澳网女单决赛对赛场进行了一些调整，关闭了体育场的顶篷，这是第一场完全在“室内”环境中进行的大满贯决赛。

（2）法网

法网是四大满贯中唯一的红土赛事，每年5～6月在法国巴黎郊外的罗兰·加洛斯赛场举行。2005—2014年的法网男子单打冠军，除了2009年被罗杰·费德勒（瑞士）夺得之外，这些年的男子单打冠军均为拉斐尔·纳达尔。2014年，纳达尔共9次夺得法网男子单打冠军，夺冠次数排名第一。2011年，李娜获得女子单打冠军。2016年，德约科维奇战胜穆雷，夺得男单冠军，这也是其第一次在法网夺冠。女子方面，穆古拉扎战胜了小威廉姆斯而最终夺冠。

1998年，法国网协将法网的官方名称正式改为“罗兰·加洛斯公开赛”。人们习惯于称这项赛事为法国公开赛。

法网创办于1891年，其前身是法国网球锦标赛，在过去的11余年中曾因两次世界大战而被迫停赛11年。1925年，原本仅限本国人参赛的法网开始对外国选手开放。1927年，经过测评和协商，法国网协从位于巴黎市郊德乌泰尔港附近的法兰西运动场俱乐部租借了3公顷土地，用于建造新的球场。土地租期为99年，租借条件则是以罗兰·加洛斯的名字命名新球场。

1928年7月29日，罗兰·加洛斯球场正式落成，随即也成为法国的国家网球中心。年底的戴维斯杯比赛中，法国队击败美国队成功卫冕，此后更是完成了6连冠的伟业（1927—1932年）。法网也从这一年开始移师至罗兰·加洛斯举行，在新场地获得首个法网男女单打冠军的分别是法国选手考赫特和美国选手威尔斯·伍迪。

此后的70多年中，法网的历史在罗兰·加洛斯顺利续写，无数网球巨星在这里创造了辉煌。如今的罗兰·加洛斯网球中心占地8公顷，拥有20片正式比赛场地，主要经历了三次大规模的扩建阶段。

第一阶段：1979—1980年。1979年，占地2000平方米的罗兰·加洛斯村落成，主要用于向法网的17个合作伙伴提供贵宾区，接待来自全球的运动员、赞助商、媒介和演艺界名人，1980年新建了一座可容纳4500名观众的古典式现代混凝土结构圆形球场，被观众称为“1号场地”。

第二阶段：1983—1993年。这次扩建不仅在原先的一片橄榄球场上又修建了9片新场地，更突出的成就是修建了一片大理石广场——莫斯科泰里广场，也被称为火枪手广场。1989年，两位法国网坛先驱让·博罗特拉和雷内·拉科斯特（鳄鱼品牌创始人）的雕塑被安放在这里，1990年，1991年先后又增加了亨里·科切和雅凯·布鲁格农的雕像——他们就是20世纪20至30年代缔造了法网戴维斯杯辉煌历史的“四个火枪手”。

第三阶段：1994—1999年。1994年，一座可容纳10068名观众的大型球场落成，1997年改名为苏珊·伦格朗球场。1999年法网刚刚落幕之际，为了迎接千禧年的到来，“新千年中心场地”开始兴建并于次年竣工，该球场被作为法网中心球场，可容纳近16000名观众。2004年9月，法国网协将中心球场以已故前法国网协主席菲利普·查特里尔的名字命名。

法网比赛场地为慢速红土场地，因为红土所存在的黏性，选手每一次击球都要付出比在其他场地上多几倍的努力。想在这样的场地上获胜，不但需要精湛的技术，更需要充沛的体力和坚强的意志。正因为如此，法网也是四大满贯中冷门概率最高的赛事。

（3）温网

温网每年6～7月在英国伦敦西南郊区的温布尔顿镇举办。现役球员中瑞士选手费德勒至2016年共夺得了7次温网男子单打冠军，并且在2003—2007年实现了5连冠。在2014年和2015年他都败给了德约科维奇而得到亚军。2016年英国人穆雷夺得了男单冠军。

2000年以来，威廉姆斯姐妹（美国）两人共夺得了12次温网女子单打冠军。小威廉姆斯在2015年和2016年蝉联了女子单打冠军。

首届温网比赛1877年举行，当时的主办方为全英网球和草地网球俱乐部。该俱乐部原名“全英草地网球俱乐部”，成立于1868年，1875年引进了一项叫“司法泰克”的草地网球运动1877年更改为现在的名称并于当年举办了第1届全英草地网球锦标赛（仅限业余选手参加）——这就是温网的前身，温网也因此成为四大满贯中历史最悠久的赛事。

首届温网只设立了男子单打比赛，1884年，女单项目正式设立，共有13名选手参赛。男双项目也在同一年被列为正式比赛项目。1889年，女双和混双也被列为正式比赛项目。

1881—1889年，著名的双胞胎兄弟内斯特·伦肖和威廉·伦肖先后在男子单打和双打的比赛中夺取了13项桂冠，开创了英国网球的“伦肖世代”，同时这也大大提升了温网的人气。从1897年开始，著名的多赫蒂兄弟开始了他们对温网男单和男双长达10年的垄断。1901年，温网开始允许英国海外领地的选手参赛；1905年，正式对所有外国选手开放。

1877—1912年，温网的一切运作都由全英网球和草地网球俱乐部（简称全英俱乐部）独立承担。1913年，为扩大比赛影响力，全英俱乐部将属下的3项比赛（男单、男双和女双）与英国草地网球协会（LTA）属下的5项比赛合并。从这一年起，温网即由全英俱乐部和英国草地网协共同举办。

早期的温网赛事还有一项特殊的“挑战赛”规则，即前一年的冠军在第二年的比赛中只需要打一场卫冕战获胜即告卫冕。这项规则于1922年被废除。

第一次世界大战期间，温网被迫停办，英国草地网协也是靠全英俱乐部会员的捐款才勉强存活下来。直到 1919 年温网比赛得以继续进行。

1920 年，温网组委会成立了全英俱乐部场地有限公司，通过发行债券的方式筹到资金，于 1922 年将温网举办地从温布尔顿沃尔普路迁到了现在的教堂路，并修建了一座可容纳近 15000 名观众的体育场。

20 世纪 20 至 30 年代，法国人是温网的主角。10 年中他们每年都至少夺得一座单打冠军奖杯。该纪录的缔造者是法国“四个火枪手”——博罗特拉、布鲁格农、科切特和拉科斯特以及女将苏珊·朗格伦。1934—1937 年则是英国网球的黄金时代，本土选手在这 4 年间共夺得 11 项冠军头衔。

1940—1945 年温网因第二次世界大战再次被迫停办，全英俱乐部成了战时的后勤仓库。战后，温网在 1946 年恢复比赛，尽管英国网球已辉煌不再，但温网的世界影响力和外国选手夺冠的次数一样呈逐年上升趋势。20 世纪 50 年代的温网几乎是美国选手的表演舞台，他们垄断了大多数冠军。

1968 年，温网正式向职业选手开放，成为真正意义上的温布尔顿公开赛。1977 年，温布尔顿草地网球博物馆也在比赛期间揭幕。百年温网还实施了一项对现今网坛影响极大的措施——外卡制度。2001 年，克罗地亚选手伊万尼塞维奇成为首位持外卡参赛获得男单冠军的选手。

每一届温网都会配备 6000 多人的工作队伍，大部分都是志愿者，在两个星期的赛程中，由 12 名全英俱乐部官员及 7 名英国草地网协官员组成的委员会是整个赛事的管理中心，他们每年都从赛事准备会议便开始着手筹备赛事，各项决定也由委员会做出并监督执行。为保证每一届温网的顺利进行，全英俱乐部所在地默顿自治区的环境服务委员会每年都要定期召开会议，报告在温网进行的两个多星期中发生的交通、环境方面的问题以及对此问题的建议措施和经验总结。

（4）美网

美国网球公开赛（U.S. Open）是一项十分重要的世界性网球大满贯赛事，美网的举办时间是每年的 8 月底至 9 月初，这是每年度的第 4 项大满贯比赛，同时也是最后一项。比赛一共包括五项赛事，分别是男子单打、女子单打、男子双打、女子双打和男女混合双打，同时还设置了青少年组的比赛。美网赛事从1978年开始，正式决定在纽约的USTA国家网球中心定期举办。

美国网球锦标赛在1968年被列入正式公开赛的范畴，它包含了美国的五项主要网球锦标赛，赛程在纽约的森林山举行。在组委会长期持久的努力下，美网一直蓬勃发展，不断走向兴盛壮大。最初其仅仅是业余性质的赛事，然而如今已是世界网球届闻名的大满贯赛事，并以丰厚的奖金水平吸引着来自全球各地的网球运动员。美国网球公开赛有着大量忠实的观众，每年夏天，美国国家网球中心都会迎来数量庞大的网球爱好者，人数超过50万，这些爱好者几乎无一不是为观赏美网赛事而来。

塞雷娜·威廉姆斯（Serena Williams）是当之无愧的网坛女皇，球迷习惯于称呼她为“小威”，用于区别她的姐姐维纳斯·威廉姆斯。2014年，对“小威”的职业生涯来说是一个意义重大的年份，在这一年，她在美网的赛场上创造了数项网球历史纪录，并最终顺理成章地得到了第18座大满贯的冠军荣誉。塞雷娜还有一项令人瞩目的成就，就是收集了所有可参加的网球赛事的所有冠军，无论是奥运会、WTA年终总决赛还是2009年WTA改革之后设立的顶级巡回赛、国际巡回赛、超五系列赛与皇冠赛。2016年5月，她的女单大满贯冠军数量达到了23次，成为大满贯夺冠最多的女子选手，而且其辉煌还在延续着。

（二）大学生球类运动比赛欣赏礼仪的培养

1 进场与退场

①在诸如体育馆之类的公共场合观看体育比赛时，观众应该自觉遵守并维护公共道德与赛场秩序，在观看比赛期间适当控制自身的情绪，不因为比赛情况而做出过激言辞和举动。

②如到现场观赏体育比赛，就要遵守时间，准点入场，不要在比赛正式开始后才入座，以免打扰其他观众。就座时应该找准自己的座位，不可以因为自己的座位不够理想而抢占他人的位置。

③球队和球员入场要为双方球员鼓掌，为营造赛场氛围。

④比赛结束散场时，不要在人群中乱穿、乱挤，如果主办方或工作人员有明

确规定，要注意在进入赛场之前去掉禁止携带的物品，不可以在场地内乱扔杂物，避免使得场内失去秩序。比赛结束后要自觉清理周围的垃圾，爱护赛场环境。

2 比赛中的观赛礼仪

（1）观看球类比赛时，观众应该规范和约束自身的言行举止

个人言行举止的意义非常重要，它不仅仅是个人素养和公德的反映，还影响着良好社会风气的形成。在观看激烈的体育竞赛时，观众出现较大的情绪波动是再正常不过的事情，当然可以在看台上加油助威，为支持的队伍喝彩鼓掌，但这不代表可以随意喝倒彩，更不能侮辱对方，如果赛场上有高水平的表现，无论来自主队还是客队，都应该向其致意喝彩，以显示作为观众的公平、气度与友善。在比赛中胡乱喊叫、鼓倒掌、喝倒彩甚至朝赛场中央扔东西的行为都不可取，不仅不符合体育精神，还违反公共礼仪，显得观众非常没有教养。无论比赛进行到何种程度，观众都不可以一个人随便起立或者更换位置，这样容易影响其他观众的正常观赛。

（2）正规的体育场内通常是禁烟的

如实在想要吸烟，应该前往赛场之外比较空旷、允许吸烟的地方，不能因个人行为影响公共赛场的环境。如有观众想在观看比赛的时候吃零食，应尽量不吃会发出明显噪音的食物，也不要把包装袋和外皮等随地乱扔，这样不仅污染环境，还会干扰周围的其他观众，使身边人难以正常地观看比赛。

（3）尽量不要带低龄儿童现场观看体育比赛

年纪小的儿童难以理解比赛的规则和真正含义，注意力也不够集中，即使比赛非常精彩，也很容易失去兴趣，还有些自制力差的儿童会在体育场中来回跑动，喊叫哭闹，这些举止当然会严重打扰周围的观众，还有可能招致反感。

（4）着装应得体

虽然观看球类比赛时可以选择一些舒适的、日常性的穿着，但也不能过分随便，要符合公共场所的礼仪礼貌，衣服应该根据天气和比赛场合来选择。

（5）注意观赛情绪

在比赛中如果觉得裁判有问题也不应谩骂和指责。谩骂、起哄甚至围攻裁判都是不应该的。

三、球类运动欣赏能力培养的方法

（一）欣赏能力的自我提升

1. 树立正确的审美观点

生活中不是缺少美，而是缺少发现美的眼睛。在欣赏体育竞赛时应该提升自身的审美能力，树立正确的审美观点，使得自身具有“发现美的眼睛”。体育运动竞赛之美在于其能够将直观形象作用于人的视听器官，从而使得人们获得奇特的审美观点。

现代社会商业化、娱乐化发展日益加重，这在一定程度上误导了人们的审美价值——注重外在美，而忽视内在美。正确的审美观应强调把审美的意蕴引向内部，即通过观赏体育竞赛，使自己的道德情操、意志品质、审美情趣受到美的熏陶。在欣赏运动的外在美的同时，也应体会运动员的意志品质、创造力，甚至是艺术感染力。

2. 对体育文化和精神进行深入的了解

体育是人类社会发展过程中创造和积累出来的宝贵文化财富，以其积极向上、团结进步的精神展示着它的迷人之处，如更快、更高、更强的奥运精神以及公平、公正、公开的竞赛精神。当看到运动员历经数年的努力最终获得冠军时，那种自豪感、幸福感，会深深感染着关注这一切的人们。在这一刻，被感动的不仅仅是运动员本人，还有那些喜爱他们的支持者，人们也为那些在比赛中失败的运动员叹息、流泪。从这点可以看出，其实体育比赛的已经远远超出了竞赛成绩本身，这里面更多的是把人生的许多哲理展现出来，使人们在观念、思维、情趣等方面的精神得到升华。

3. 充分体会运动的美和实力

运动员经过长期锻炼，他们的身体或变得非常匀称、协调，或变得非常强壮有力。运动员在进行比赛时都要穿着规定的运动服饰，这些运动服饰也已经通过不断改革，使之与运动员的肤色、运动类型等逐渐相结合，显示出健康之美。同时这种美结合于体育运动，在比赛中能展现出运动员独特的动感美。竞技体育运动能最大限度地发挥人体运动潜能，运动员在竞赛中不断挑战极限、超越自我，表现出超过常人的运动能力。例如，田径百米“飞人”能够在不到 10 秒钟的时间内完成 100 米跑；举重运动员能举起相当于自己体重 3 倍的重量；跳高运动员可以跳跃超出自己身高几十厘米的横杆等等。这些成绩在让人们感到惊呼的同时，无不展现出了它的力量美、动态美。

4. 对运动技战术进行深入分析

在体育比赛中，运动员的技术动作和战术配合是经过长期刻苦训练和多次比赛的磨合而形成的。有些球员的个人技术达到了炉火纯青的境界，有些球队的整体战术和默契的配合能达到天衣无缝、让对手无法摸透的程度。

从技术角度欣赏，如足球比赛中门前的险象环生，使人们屏住呼吸，射门得分后观众释然狂欢，篮球比赛中高高跃起的扣篮和盖帽、准确的三分远投，乒乓球比赛中球的各种旋转和线路变化以及台球运动中球员对球的精确控制等都让人为之神往、如痴如醉。

从战术角度欣赏，如足球场上令人眼花缭乱的短传配合，篮球场中体现精确时空概念的空中接力，排球战术中二传传出的恰到好处的球，接力赛中队员传接棒的完美传递瞬间等，也让观众感叹团队的力量以及从观赛中得到心灵的良好体验。

（二）美学教育应贯穿于体育教学过程之中

1. 注重老师自身仪表、语言、示范美

不管体育教学的内容是什么，对于学生来说，教师自身在体育教学过程中所呈现的外在形象都是一个最为直观的印象，这种印象会深刻地影响学生对教师教授的理解、在课堂上的感受和对体育的审美体验。不如说，直观感受就是体育美学的重要组成部分。因此，作为向学生阐述体育美概念的直接引导人，教师首先应该拥有得体的形象，授课作风端正而有亲和力，衣着要整洁大方，课堂用语文明儒雅，举止大气从容，课堂状态饱满，其次，还要对专业知识有充足的了解，有过硬的授课经验和能力，用生动准确、精简明了、通俗易懂的语言来阐述体育动作的相关要领，措辞应该在准确的前提下让学生顺利理解，给出一些规范而有代表性的示例，要确保动作流畅、熟练、优美且便于模仿，这些行为能够对学生形成一种无言的引导，让他们更深入地理解体育美的内涵，掌握发现和欣赏体育美的方法，并积极主动地参与体育运动，在其间充分感受体育美学。

2. 选择适当的教学方法和手段

要想确保教学质量，教师还应该注重选择合理的教学方法和手段，并以得当的形式加以运用。在传统的体育教学模式之下，教师往往只是单纯地讲解运动技巧并示范，然后带领学生进行练习，这些措施仅仅是为了让学生掌握基本的体育技巧和体育常识，不但墨守成规，而且没有足够的吸引力，无法调动学生的热情，体育课的美育价值更是无从谈起。为了改变上述情况，体育教师有必要在教育实践中选用创新性的教学方法与手段，在每一个教学细节中加入美学的成分，实现课堂内容和形式的多元化，为学生带来更多趣味感，针对不同学生的个人情况制定专门的科学训练方案。具体来说，可以在课堂上加入一些全体参与的体育游戏，组织设计一些新式徒手操，要符合姿势优美、创意独到的特点，还可以在一些韵律感强的运动项目中加入配乐，辅助教学开展，组织一些学生之间的比赛等，号召全体学生共同参与其中，充分体会运动的快乐，享受运动所蕴含的美感。

3. 积极创造条件，美化教学环境

教学环境是贯穿于教学过程并影响教师的“教”和学生的“学”的物质因素和人文因素的总和。通常将前者称为“硬环境”，后者称为“软环境”，“硬环境”即为场地、器材布置等。“软环境”即师长关系健康和谐，清洁卫生的运动场馆，充足的运动器材，并利用先进的电教设备，进行多媒体教学则会使学生赏心悦目，充分体验体育动作的美。另外，教师要以饱满的热情去关心、帮助学生，与学生建立起民主、和谐的关系，并不失时机地对学生在运动中美的动作、美的姿势进行肯定的评价。引导学生相互鉴赏，增强信心，激发其学习的积极性。

第二节　大学生球类运动与校园文化的建设

一、大学生球类运动与校园物质文化建设

（一）球类物质文化的内容

作为球类文化的外在表现，球类物质文化的内容主要包括自然生态环境、运动者身体素质、健康状况和各种球类运动设施等，这些因素共同构成了球类文化物质形态。球类文化物质形态除了是一种物质存在外，还在一定程度上体现了特定的运动情趣、价值取向和运动准则，并对运动者运动认知的提高、运动动机的触发以及运动理念的规范有着重要的作用，运动者的运动参与行为也会因此受到一定的诱导。球类文化的外在物质形态不仅是球类文化存在和发展的物质基础，也是整个球类文化的物质载体。

球类物质文化是指人们以体育为目的或在运动中的活动方式及其物质形态，其具体是指球类活动的方式、球类运动器材和场地设施，以及为促进球类发展而创造并形成物质的各种思想物化品等内容，这三方面的内容是紧密相连的。

1. 球类活动方式

运动是人类发展的灵魂，只有通过参与各种运动形式的活动，人们才能实现自身的改造和完善，如锄草、耕田、插秧、纺织、印染、锻造等各种农业和工业的劳动动作，都是人们满足基本生活的活动方式。人们参与体育活动所要达到的基本目的是身心健康，它既没有脱离人类的劳动方式，同时也是对人类劳动方式的一种补偿。随着人类社会文明程度的提高，多种形式的球类运动不断出现，并在世界范围内流行，它已经成为满足各种精神需要的极具生命力的一种活动方式。例如，人们通过观看足球比赛来放松身心，宣泄自己的情绪，通过打网球和篮球来锻炼身体，增强体质。

2. 球类器材和场地设施

在人类发展的整个历史过程中，始终都在通过自身力量来创造，从而满足自身的各种需要，创造是人类最基本的一项活动。在人类的各种需要中，由于体育是作为一种以精神为内核的需要，所以与人类的其他需要相比，人类对体育方面

的需要出现得相对较晚。但是人们并没有减少对满足自身全面发展需要而创造的欲望。例如，人们为了满足自身体育运动的需要，建了篮球场、足球场、体育馆等场地设施，以及创造出网球拍、球类等器材，这不仅成为人类诸多物质用具和设施中的重要部分，也加入了更多新的高科技元素。随着人类需求的多元化发展，对于高层次精神需要的满足所需要的创造动力将愈加强劲，这也必将给球类物质用具和设施的发展带来巨大的影响。

3. 球类发展所创造并形成物质的各种思想物化品

篮球物质文化中，各种思想物化品属于最高层次的内容。在体育物质文化中，其范畴也包含了由人们的体育意识和观念直接形成的物质产物，并且这种形式的物质产物要高于直接充当体育活动方式载体的体育设施和用具，如体育竞赛规则、体育比赛录像带、裁判法、体育歌曲录音带等。总结分析的话，体育物质文化包括了所有体育文化中的现象，这些现象是真实存在且形象具体的，任何人都能够十分直观地感知这种文化。虽然是物质文化，但其内涵相当深刻，所包含的远不仅仅是各式各样的体育设施、体育产品和体育场地，还涉及一系列具有丰富的精神内涵的物质成果。体育物质文化同体育制度文化、体育精神文化主要区别于以下三个方面：状态的物质性、价值的基础性和表象的易显性。所有与体育相关的、内涵与性能有物质属性的活动都可以算作体育物质文化的范畴，诸如体育方面的纪实电影或以体育运动为题材的文艺作品，都可以被视为体育物质文化。其实，体育精神文化一直以来都是通过体育物质文化的形式来映射在真实世界中的，其中沉淀了人们的精神、欲望、智慧等，体育物质文化是体育精神的物化。所有由体育目的和需要而作用的物质对象及人类生活方式都可以视为体育物质文化。体育文化直接反映了体育水平，在一定程度上也间接反映了社会生产力的发展水平。

（二）大学校园球类物质文化建设

校园球类物质文化是校园体育文化建设的重要基础。高校良好的体育教学设施、功能齐全的运动器材设备能够使大学生获得更好的体育文化熏陶，从而更有利于校园体育文化的发展。在校园球类物质文化的建设过程中，应将物质文化作为体育文化建设的重要方面，促进软件、硬件的共同发展。具体而言，在大学校园体育物质文化建设中，应从以下几方面来着手：

1. 注重经费投入

促进大学校园球类物质文化的发展需要加强对场地设施的建设，而这要求投入相应的经费来保障设施建设的顺利进行。但是，很长一段时间以来，我国高校对于体育课程都没有给予足够的重视，所以体育课程建设也未能获得充足的经费，很多高校都没有质量达标、功能齐全的体育场馆，部分体育课程未能获得相应的配套设施，这就在一定程度上影响了校园体育文化的发展。我国对于高校球类运动的场馆、设施有着一定的要求，具体如下：

10000 人及以下规模的普通高等学校体育场馆设施配备目录

（1）基本配备类方面要求

室外场地设施方面。要求场地面积平均 4.7 平方米，球类运动方面的必备设施内容包括：400 米标准田径场（内含标准足球场）1 块，篮球场、排球场、网球场共 35 块以上。包括篮球场、排球场、网球场等在内的所有场地都要经过硬化或者绿化。

室内场地设施方面。面积（平均 0.3 平方米），必备类设施内容之一为风雨操场 1 个，选配类则可选择乒乓球（羽毛球）室 1 个或多功能综合健身房 1 个。

（2）发展类方面要求

室外场地设施方面。面积（平均 5.6 平方米），在球类运动方面的设施内容要求有：400 米、300 米田径场（内含足球场）各 1 块，篮球场、排球场、网球场、非规范足球场 30 块以上等。

室内场地设施方面。面积（平均 0.4 平方米），设施内容方面的要求有：体育馆 1 座，风雨操场面积若干，乒乓球（羽毛球）室 1 个等。

10000—20000 人规模的普通高等学校体育场馆设施配备目录

（1）基本配备类

室外场地设施。面积（平均 4.7 平方米）。球类方面必配类场馆设备内容包括：400 米田径场（内含足球场）2 个，篮球场、排球场、网球场 60 块以上。

室内场地设施。面积（平均 0.3 平方米）。必配类要求：综合多功能体育馆 1 座、风雨操场 1 个等要求。在选配类方面，内容之一为乒乓球房（羽毛球房）1 个。

（2）发展类

室外场地设施。面积（平均 5.6 平方米）。室外场地设施内容包括：足球场地

3—4 块，篮球场、排球场、网球场 70—80 块，棒球（垒球）场地 2 块等。

室内场地设施。面积（平均 0.4 平方米）。球类场馆设备方面要求：多功能综合体育馆 1 座，风雨操场 2 个，乒乓球、羽毛球室内房 1 个，手球场地 1 个（可与篮球场地共用），壁球室 4 处。

20000 人及以上规模的普通高等学校体育场馆设施配备目录

（1）基本配备类

室外场地设施。面积（平均 4.7 平方米）。必配类内容包括：400 米田径场（内含足球场）4 个，篮球场、排球场、网球场 80 个等。

室内场地设施。面积（平均 0.3 平方米）。设施内容包括：多功能综合体育馆 1 座，风雨操场 2 个，室内单项运动场地若干，等等。

（2）发展类

室外场地设施：面积（平均 5.6 平方米）。必配类内容包括：足球场地在 20000 人发展类标准的基数上每增加 5000 人增设 1 个，篮球场、排球场、非规范足球场、网球场在 20000 人发展类目录的基数上每增加 500 人各增设 1 个。棒球（垒球）场地在 20000 人发展类目录的基数上每增加 10000 增设 1 个，等等。

室内场地设施。面积（平均 0.4 平方米）。设施内容包括：多功能综合体育馆 2 座，风雨操场 3 个，乒乓球、羽毛球室内房 2—3 个，各单项均有专用的室内运动场地，等等。

当前，我国部分高校球类运动场馆建设数量不足，质量有待提高，总体来说就是球类运动教学配套设施不健全。球类运动教学以户外教学为主，但相关的运动场馆不足，随着现代社会的不断发展，人们对于体育活动的要求也逐渐提高，求新、求乐、求美成为很多学生的需求。因此，高校应增加球类方面的经费投入，将球类场馆设施作为评价校园教育环境的重要方面。建立相应的校园评估体系，将球类运动设施建设作为考核内容促进学校在体育场馆实施方面的投入的增加，从而促进校园球类物质文化建设质量的提高。

2. 提高球类场馆设施的利用率

我国体育场地设施资源比较短缺，随着人们生活条件的不断改善，参加体育锻炼的人口将逐渐增加。面对这一矛盾，高校应积极发挥体育场地设施资源优势，积极适应体育市场的发展，促进体育场馆的市场化经营，从而更好地实现高校体育的发展。

学校应积极改善球类体育场馆的经营管理状况，提高球类体育场馆的利用效率，积极促进球类体育场馆设施的对外开放。高校球类体育场馆的运营管理中，存在着学生和社会使用者之间的矛盾：学生要进行上课健身训练，社会健身者也要使用体育场馆，这无疑形成了一定的矛盾。从长期来看，学校体育场馆都会向居民收取一定的费用，针对不同的使用对象和时间段采用不同的收费标准。

提高高校球类体育场馆的使用效率，促进体育场馆的市场化过程中，应杜绝以纯营利为目的，而应该在“以教学为主、创收为辅”的前提下进行。相较公共性质的体育场馆而言，高校体育场馆的作用更加多样化，教学任务是其要承担的首要责任。有些高校为追求盈利目的，将体育场馆出租、外划等，对正常的教学活动产生了干扰，但是也不能紧闭校门，对此，应从两方面来着手解决：

第一，在高校的球类体育场地、场馆开放时，应在时间的安排上有所侧重，避免与学生体育学习和锻炼的时间冲突。一般情况下，学生在节假日使用体育场馆较少，而社会大众在这些时间锻炼的时间相对较多。高校可利用这一特点，在这一时间段向公众开放体育场馆，满足大众的需求，学生的体育课多集中在上午、下午，可在早晨、中午、晚上等时间段向社会开放体育场馆。

第二，在开放的球类场地、场馆类型方面要有所侧重。高校的体育场馆首先应满足学生的需求。在体育场馆的对外开放时，可针对学生进行调查研究，确定学生喜爱的运动项目，在课余时间减少这些项目的体育场馆的开放，保证学生的运动健身锻炼。而对于学生参与人数较少的运动场馆可增加体育场馆的开放时间。

各高校可以依据本校的实际情况合理安排球类体育场馆开放时间，要做好整体上的规划，进行合理布局、细致安排，从而使球类场馆设施的利用效率得到提高，促进社会效益与经济效益的共同发展。

3. 场地设备建设要体现一定的文化底蕴

校园体育物质文化是校园体育文化的重要载体，也是其外在标志。校园球类物质文化建设的重要目的是促进校园体育文化综合的发展，物质设施的建设应体文化底蕴。校园物质文化中因包含精神文化，忽视精神文化的建设会使得物质文化流于形式。

在高校球类物质文化建设过程中，应注重文化品位，体现和谐、美观。球类体育场地实施应与学校的办学理念和态度相契合。球类场地器材应与学校所处的环境和气候相适应，并对场地器材进行灵活的空间组合。球类体育场地设施应具有一定的艺术美感，从而促进学校文化环境的优化和校园体育文化内涵的丰富，提高师生参与球类运动的积极性。

二、大学生球类运动与校园精神文化建设

（一）球类精神文化的内容

1. 球类运动的理论体系

因为体育有着十分长远的建设目标，致力于改造人的身心状况、推动人的身心全面发展，所以围绕体育活动所展开的定义和阐述都应该足够严谨，从多个方面和多样的层次出发，进行科学的分析。体育学科是在体育活动的理论需求背景下产生和发展起来的，如体育史学、体育经济学等。这些体育学科和一些体育领域的研究主要是通过书面的形式进行呈现的。学科专著的出版是学科发展的重要标志。

2. 精神世界的物质内涵和行为准则

体育精神文化是体育物质文化和制度文化紧密相连的中介。这是其与一般文化最显著的差异。例如，球类谚语、球类服饰等，这些都属于这一层次的体育精神文化。体育精神文化属于行为文化的范畴，它与体育物质文化和体育制度文化有着十分微妙的区别。就一件球类运动服装来说，从体育物质文化的层次，可以对它的质地、型号、颜色等进行欣赏，从体育精神文化的层次，可以注意其展示的体育民族个性、审美情趣等因素。在运动训练中，我们观察和注意的是它的外在身体运动的场面表现等体育物质文化；注意它的教学传授方式与人际关系等体育制度文化；注意它的训练原则与指导思想等体育精神文化。仅从一个角度和层面出发是无法分清体育物质、制度和精神文化的。

3. 通过体育改造人的主观世界的想法和打算

体育精神文化是指体育活动中所依附的思想意识形态的总称，如科学、哲学、心理、道德规范、文学艺术、审美观念等。无论是科学、哲学还是文学艺术审美

评价抑或社会心理、宗教信仰、道德规范等，这些思想意识形态方面的反应，从体育文化的定义与传承的角度来看，均属于体育精神文化，包括不同地区和民族的传统心态。竞技体育的文化价值体现在弘扬主体精神、民族意识、竞争观念、科学态度等人类基础价值观念中，它是体育精神文化的重要内容。例如，亚运会的拼搏进取、团结奋进、科学求实、祖国至上、争创一流的精神，中华体育精神等都是体育精神文化的精华。

如果校园球类运动文化相关管理部门能够积极组织相关球类文化活动，引导广大师生的体育行为，促使他们将观念转变为实际行动，将有利于促进校园体育风尚趋于稳定，在今后的校园中应当营造一种强烈的体育创新文化氛围。

（二）大学校园球类精神文化建设

体育精神文化在体育文化体系中居于主导地位，是体育文化的核心。大学应从以下几方面着手来对校园球类精神文化进行建设：

1. 树立正确的体育观

人们对于体育存在的意义和价值的认识和看法就是所谓的体育观，其对体育文化的发展方向具有决定性的影响。树立正确的体育观对于高校校园球类运动文化的发展具有积极的意义。具体而言，师生应树立的体育观包括以下几方面：

（1）体育是生活的重要组成部分

现代化的生产方式促进了社会财富的增加，然而也带来了一些问题。例如，劳动方式的单调化、劳动密度的增大化、劳动过程的专门化等。这些变化会使得人们在工作过程中感到枯燥和厌倦心理产生压抑。

在这一环境下，体育运动，特别是种类多样、趣味充实的球类运动越来越得到大众的关注和青睐，并正在社会发展中成为锻炼体质、调节心情的重要方式。参加球类运动不仅能够维持人们的身心健康水平，还能填补人们的精神世界，作为丰富闲暇时光的有效手段，促进个人的全面发展，引导人们在体育活动中寻找和实现自我价值。不仅如此，蓬勃发展的体育事业还能够显著地带动经济社会的兴盛。如今，体育运动已经成为人们日常生活的重要组成部分，成为人们的一种生活方式。其与衣、食、住、行、用具有同等重要的意义。

（2）体育是竞争

竞争在现代社会生活中不可缺少，竞争意识也是人们需要养成的重要思想意识。合理的竞争能够促进社会更好的发展。人们为了实现更好的生存和发展，需要具备竞争意识，并不断提高自身的竞争力。

竞争是现代球类运动的重要精神内涵。球类竞技运动鲜明地反映了这一特点。在球类运动竞赛中，处处体现了体力、智力与技能方面的竞争。体育运动是最富有竞争性的领域。

球类运动中的竞争都是在周密、严谨而详细的规章制度和赛程安排约束之下开展的。体育竞争最重要的原则就是公正与平等，任何选手都要遵循指定的规则，作弊和偏袒的行为都是为人所不齿的。从这个层面来看的话，参加球类运动比赛能够在运动员心中树立和强调公平竞争的概念，并将这一概念逐渐扩大化，引导运动员在日常生活中以公平求实的心态面对和处理各种问题，用公正的态度待人接物，赢得大众的尊重和认可。

在球类运动竞争中，要想取得胜利就要不断进行锻炼，吃苦耐劳，勇于拼搏，不断提高自己的身体技能、心理水平、战术意识和团队精神。在体育运动比赛中，任何不劳而获的结果都是不允许的。因此，每位参与者都将从比赛竞争中懂得取胜的结果是来自强大的实力。让运动者明白只有通过不断的努力才有获胜的希望。

（3）体育运动是娱乐

现代体育运动充满娱乐精神。并且，随着时代的不断发展，体育运动的娱乐功能会得到进一步的发挥。

大众球类运动不同于竞技球类运动，它具有一定的休闲娱乐性，在进行该项运动时，运动者能够缓解生活和工作的压力，宣泄自身的情感。大众体育运动是以追求自身情感的愉悦、兴趣的满足为重要目标的。

科学研究表明，通过进行体育运动，人们内心的愉悦感会增加。健康幸福感的增加，实质上与消极情绪的减少有密切联系。通过体育运动，人们可以有效缓解种种负面的情感体验，例如紧张、疲劳、困扰、焦虑、悲哀和愤怒。另外，在体力释放和情绪排解的共同作用下，人们能够有效地保持旺盛的精力状态。

通过观看球类运动比赛能够获得良好的娱乐体验，能够使人心旷神怡，增加对运动美的欣赏能力，带来生活的享受。

（4）体育运动是消费

体育是一种重要的消费形式，随着“花钱买健康”的观念持续地渗透在现代人的观念之中，许多人都在体育运动领域投入越来越多的精力和成本，目的除娱乐休闲外，大多是保持身体健康、塑造理想的身材或调节心理状态。

学生在参与球类运动健身俱乐部时，需要向俱乐部支付相应的会员费；人们在观看高水平的球类竞技比赛时，需要支付相应的门票费；人们通过电视、网络观看比赛时，也需要支付相应的会员费。因此，学生应树立良好的体育消费观，为自我的健康和自我的发展而投资。

（5）运动是完善个性的重要手段

体育运动会给人的身心带来双重的影响，在心理方面主要表现在促进人个性的不断发展和完善。

人们在参与球类运动时，需要投入一定的体力、智力和情感，这能够使人们发现自身在这几方面的薄弱环节和优势方面，从而能够促进人们正确认识自己，实现个性的完善和发展。

球类运动能够使人的个性得到彰显，促进参与者个性的发展，在运动中充分感受个体的自由。任何人都可以通过球类运动来获得供个性自由发展和个性充分彰显的更为广阔的演练空间，人们可以选择表现自己的个性，如塑造拼搏进取的人格精神、品尝胜利欲望的满足、追求内心的自我超越，或表现健康向上的生命力。

（6）终身体育观念

现代体育教学对终身体育观有突出的强调，人们在生产生活中也应该树立终身体育意识。参与球类运动不应仅限于人的某个发展阶段。而应在一生的各个阶段都参与运动锻炼。体育具有终身性，这是由体育运动锻炼的规律决定的。人们在参与球类健身锻炼过程中所取得的一些健身效果并不是永久的，在停止球类运动健身之后，很多健身效果会逐渐消失。为了促进和保持体质健康，应坚持终身进行球类运动锻炼。

具体而言，终身体育包括两个方面的内容：一方面，人的一生应不断进行健身锻炼，促进身心的健康发展；另一方面，应不断进行体育运动知识和技能的学习，促进终身体育能力的发展。

终身体育理念即为人们应不断接受终身体育教育，从而使得各个阶段的体育都能够良好衔接，保证体育运动锻炼和所掌握的知识和技能的系统性和完整性。

人体在不同的发展阶段，对于体育运动锻炼会有不同的需求。例如，在青少年时期，促进机体的生长和发育是体育锻炼的重要方面，而在中年阶段，防止衰老和疾病的发生是体育锻炼的重要目的。体育锻炼是一种需要长期坚持的过程。

2. 增强大学生的体育意识

体育教学不仅要让学生掌握娴熟的运动技巧、了解运动常识，还应该重视学生所拥有的体育意识，提高学生对运动健身意义的认知程度，协助学生在体育课之外的日常生活中也养成良好的体育锻炼习惯。体育意识对于体育教学实践的发展具有重要的意义。体育意识的培养也是校园文化科学构建的重要方面。增强学生的体育意识，应从以下两方面来进行：

（1）转变教育观念，增强意识教育

在我国球类运动教学的发展过程中，长期以来对学生体育意识的培养没有给予高度的重视。在教学中，体育只是作为一种知识和技能来进行授课，而忽视了其在育人方面的功能。传统的教学方式具有其积极的方面，然而其消极方面的影响也不容忽视。因此，在高校体育教学中，教师应培养学生自觉参与球类运动锻炼的意识，使学生受到良好的思想观念方面的教育。教师应将终身体育意识与体育教育密切结合起来。

（2）加强理论传授，综合培养体育意识

体育运动教学不仅是技能的传授，同时也应注重知识、理论方面的讲授。教师应不断促进学生知识的积累和丰富，通过充实的体育理论提升课堂教学的质量，为学生带来思想方面的深刻影响。根据马克思主义原理，理论对实践发挥着十分重要的指导作用，加强理论的学习能够更好地促进学生技能掌握。

球类体育运动教学中，应注重体育运动规律、身体锻炼规律等方面的理论的传授，做到理论与实践相结合，两者相互促进，促进大学生的全面发展。

3. 弘扬体育精神

校园体育精神是校园体育文化的升华，深刻反映了校园人的体育价值观念、行为、意识。校园球类文化对于学生具有重要的影响，置身于相应的校园球类文化氛围中能够使学生受到潜移默化的影响，实现精神品质的提升，收到良好的教育效果。因此，高校应弘扬体育精神，激励学生不断提升和完善自己。

（1）民族精神的振奋

当前，体育运动对于社会和个人的影响已远远超过其自身的体育运动范畴。它蕴含着深刻的文化和思想内涵。体育教育应促进人们民族精神的觉醒。

在我国体育运动的发展历史中，乒乓球运动和排球运动曾深刻影响了国人的精神，这两项运动的发展对振奋民族精神起到十分重要的作用，在乒乓球运动发展历史上，孔令辉、邓亚萍等人的名字为人们所熟知，他们的成绩极大地增加了人们的民族自豪感，中国女排的拼搏精神更是振奋了民族精神。球类运动教学中应注重积极价值观念对于学生的积极影响。

（2）创新意识的发展

创新意识是现代人所应具备的重要意识。体育教学应注重学生创新意识的培养。体育运动在一定程度上体现着创新精神，尤其是一些球类运动需要运动员根据实际情况来灵活应对。优秀的运动员必须具备良好的思维能力、应变能力和创新精神。体育运动既是体力、技能的对抗，又是思维、智力的竞技。对于足球运动而言，优秀的足球运动员总是具有创造性的，其总是能够打出让人惊叹和意想不到的进攻。因此创新精神也是重要的体育精神。在球类运动教学中应注重创新意识和创新能力的培养。

（3）优良意志品质的培养

一个人的自觉性、坚韧性和自制力等，以及勇敢顽强和独立主动的精神就是所谓的意志品质。在球类活动中获得胜利的喜悦感不仅能够使运动的强烈动机得到有效的激发，而且对于勇敢拼搏的意志的激发也起到积极的促进作用，运动水平的提高需要运动者坚持进行训练，顽强克服困难。另外在进行球类运动训练时，尤其是大强度的运动训练时可能会伴随着一定的生理不适，也需要训练者积极进行克服。在球类运动教学中应促进学生优良意志品质的培养，使其明白发扬拼搏精神，具有良好的自觉性、坚韧性和自制力等是取得成功的重要保证。

球类竞赛具有良好的激励作用，通过开展竞赛，能够促进人们激发自身的潜力，从而做更好的自己。在球类竞赛过程中，通过发扬拼搏精神，使得学生深刻认识到个人努力与集体荣誉之间的关系，促进其个人义务感和集体荣誉感的培养。在比赛过程中，能够给学生带来精神上的满足，促进其形成胜不骄、败不馁的品质。教师应注重学生良好意志品质的培养。

（4）遵守规则意识的培养

现代社会竞争越来越激烈，每一个人都在社会中生活。当个人行为与社会利益发生冲突时就会受到“黄牌警告”或被罚出局。在球类运动比赛中，运动员必须遵循比赛规则，尊重裁判，尊重其他运动员，公平竞赛。这些规范要求不仅适用于所有体育活动，同时也是每个公民应具备的社会素质。在球类运动教学中应积极促进学生遵守规则意识的培养。

另外，在球类运动比赛中，竞赛双方处于平等的地位展开公平竞争。在球类运动教学与训练过程中，应注重培养学生尊重对手的意识，在生活中做到尊重他人。

4.提高学生的体育素养

体育素养指的是人们习得的体育知识和技能，以及借此形成的正确的体育认识和价值观，还包括待人处事的态度等方面。具体而言，球类运动素养包括四方面的内容。

第一，球类知识，如身体锻炼知识、保健知识、球类运动竞赛规则知识等。

第二，球类运动技能，如各项运动的基本技能以及参与运动比赛的能力。

第三，体育意识，即为学生对于球类的认识和理解。

第四，球类运动锻炼的兴趣和习惯。

在球类运动教学中，应促进学生综合素质的提升和体育文化素养的提高。通过提升学生的体育文化素养，能够促进学生的全面发展，实现素质教育目标。

文化在社会上的传播需要相应的载体，而人即为文化传承的重要载体。体育文化的发展依赖于人对于体育文化的传承和发展。学生在体育文化传承中扮演着重要的角色，所以应充分发挥自身的才智，积极对体育文化进行学习和研究，在不断丰富自身的同时，通过个人的努力来为体育文化的发展增添力量。

三、大学生球类运动与校园制度文化建设

校园球类制度文化在构成上主要包括校园制度文化与校园球类运动两个方面，对校园制度文化及其建设的研究有利于我们更好地了解与认识大学校园球类运动文化的知识，如内涵、特征、功能等。

（一）校园球类制度文化概述

1 校园球类制度文化的内涵

正规的、有一定办学历史的学校都会从长期的管理实践中总结经验和规律，积淀丰富且深刻的管理思想与管理方针，学校制度就是在这样的长期摸索和反复抉择中制定的，反映着校园办学的文化传统。学校制度有两个维度：一是政府层面，如现代学校的举办制度、办法、方针、办学理念政府对学校的管理制度等；二是学校内部的制度，它是政府制度规范下学校自身运行的各类规章及学校与家庭、学校与社区之间的关系的规定，在校园文化与学校规章制度逐渐有机融合的过程中，学校制度文化也逐渐产生了。

所谓的学校制度文化，可以认为是校园环境在社会要求之下所蕴生的文化，涉及办学理念、校方和学生价值观、治学态度和校园行为模式等，它反映了社会集体对学校提出的文化层面指示，是保证学校正常运行的组织形式，能够把学校的价值观念外化为学校师生员工的自觉行为，体现一所学校独特的核心价值观念。

校园制度文化是依据学校的意识选择的，具有强烈的规范性、组织性和秩序性，属于校园范围内必须强制执行和严格遵守的文化类型。校园制度文化是校园文化在各项规章制度中的体现，是实现学校目标的重要保障。其主要包括学校的各类规章制度、人才培养目标、人才培养模式、治校方针、改革措施、道德规范以及管理模式等。

体育的制度文化来自人类通过体育运动的形式逐渐完善自我品质的制度实践，它在各种体育活动之中以规章制度和组织机构的形式存在，调节并约束着参与者彼此之间存在的关系。

球类制度文化是人们在球类活动的实践中所形成的一种文化，富于动态且具有稳定性。球类制度文化与物质文化与精神文化不同，球类社会组织、政治和法律形式等是球类制度文化的主要内容。

（1）各种组织机构

作为人类社会发展的重要产物，组织机构能够使人类群体的力量得到合理和高效的发挥。无论是人类的个体活动，还是人类的集体活动，都离不开组织机构的作用。作为一种人类改造自身和促进社会发展进步的文化产物，体育活动已经成为各种社会组织及其自身的各种组织机构重要、不可缺少的一部分。球类制度文化主要由世界球类组织、大洲球类组织、国家球类组织、民众球类组织、学校球类组织、球类运动竞赛组织等构成。为使球类运动真正地向着合乎体育文化规律性的方向发展，在成立各种机构时，就必须对社会背景、对体育活动发展组织化的需求予以充分的考虑。

（2）球类活动的原则和制度

在组织制度文化体系中，不管是组织的本质、活动运作的方式，还是组织的发展方向，都是由组织机构的原则和制度所干涉乃至决定的，组织制度文化无论是在制度文化还是精神文化的内在关系之中，都占据着层次最高、最为直观的地位。具体来说，体育物质文化是指体育文化活动中人们自身构成的文化，是一种动态的、稳定的文化成果。球类制度文化来源于对球类活动实践和球类精神领域的思考，是球类制度文化体系中作用最为突出的组成部分，是统领球类一般规范与球类机构的桥梁。制度不健全，会对球类运动与管理机构的建立和完善造成严重的影响，产业制度不完善对球类相关行业的经营管理活动的顺利进行有着制约作用。因此，只有不断进行改革、更新和完善，才能促进体育的发展。

（3）运动组织形式

在社会中，每个人扮演的角色、所处的地位不仅由其能力决定，而且也由活动组织形式需要多种不同的角色所决定。在球类运动比赛中，也有很多不同角色的划分，如裁判、教练、队长、队员以及多种赛制，如单败淘汰制、单循环制、交叉淘汰制等赛制，这属于制度文化中最基本的内容。在球类运动中，对于角色也有着原则性的区分，如运动队中的队长一职是由技艺高超或号召力强的运动员担任的。在球类运动竞赛中，可以根据参赛队伍的多少来调整比赛制度，但在大多数情况下比赛的组织形式是固定且严肃的。

2. 校园球类制度文化的功能

（1）规范制约功能

“没有规矩，不成方圆。”校园群体的成员来自各个地区，构成极为复杂。不同个体之间的思想、性格、情趣、道德水平千差万别。为了使校园个体的思想观念融合于校园集体之中，保证校园教学、管理、生活的顺利进行。校园制度文化用简洁精练的语言对师生提出要求，发挥着制约作用。

在校园制度文化的规范之下，学校职工获得了一整套角色的行为规范模式，学校内部上至校长，下至教工、学生，什么应该做、什么可以做、什么不能做都是有章可循的。校园制度文化能够为师生工作、学习、生活和日常的行为举止发挥规范和约束的作用，这一点鲜明地反映在学校的章程和规定之中。学校内师生的言行举止都会受到校园制度文化的影响，不能有过激或粗鲁的言辞举动，如果师生的言行不符合制度规范的规定，他们会自发地自我反思并改正，努力顺应制度规范的具体要求。因此，大力推进校园制度文化建设的进程，有利于学生自觉约束自身的行为习惯。校园制度文化氛围也为好习惯的养成提供了必不可少的环境。

（2）整合功能

制度强调稳定与连续，任何制度都要符合稳定性与连续性的要求，才能有效地发挥作用，在群体之中维护大方向的和谐发展，协调个体之间的冲突和矛盾。不仅如此，群体还可以通过制度的整合作用来重新调整和二次分配内部的权力和利益，借助制定并持续完善新的制度，在重新调整利益分配的过程中，协调并解决由不同因素引发的利益矛盾，在集体中寻找并建立新的平衡。用具有前瞻特质的眼光审视教职工思想的现状与改变，理性地分析判断学校未来趋势可能的发展，尽可能抑制乃至抹除所有会制约学校健康发展的不良倾向，这些措施对于校园的整体建设和未来发展来说都是十分关键的。要想使得学校活动井然有序地开展，离不开校园制度文化所产生的优质和谐氛围。在理想的校园氛围下，学校各层级的组织机构能够默契紧密的配合，保障学校整体机制的灵活运作，让整个校园时时刻刻处在满溢的生机与活力之中。假如某个较为关键的制度环节的效用出现了纰漏，甚至停止正常运作，学校就面临种种随之而来的风险，甚至有可能失去基本的秩序，为瘫痪状态所困扰。而在合理的校园制度规范之下，校园内所有的个体都会得到一个相应的角色，承担角色责任，每个层次的组织机构都应该充分地配合和互相协助，还要持续调整规章制度，从而更好地规范学校行为，维系学校发展的正常方向和路线。制度文化的整合作用在其对师生所发挥的团结和鼓励效用上也有体现，会促使学生对学校产生更加强烈深刻的认同感与归属感，理解并认可学校的各项规章制度，将其铭记于心，最终内化为校园生活的信念，表现在外在行为之中，为学校目标的达成提供力量，并充分保障学生的健康发展，帮助教职员工实现个人目标与职业价值，维系和协助师生群体的身心健康，满足其全面发展的诉求。

（3）导向功能

高校制定各种制度的目的不单纯是确认已存在的事实，更重要的是对现在与将来学校与学生之间、师生之间、教师之间、学生内部之间的各种关系进行调整，其重点不是针对过去，而是着眼未来。高校校园制度有一项鲜明的特征，就是它不仅能够规范师生员工的行为要求，还能够向人们指出与各类行为相对应的责任和后果，这样，人们能够更明确地理解为什么有些行为一定要做，有些行为可以做，有些行为被明令禁止。总而言之，高校行为规则自身就是引导思想的体现。具体来说，《校园文明规范》的主题就是在校园内倡导文明行为，反对不文明行为，由此对学生产生合理的引导，帮助学生养成健康良好的行为习惯。

（4）社会化功能

作为学校的重要窗口和信息载体，校园制度文化的建设状况反映着学校的办学理念、方略与精神以及学校的办学实力、教育水平、教学质量、教师素质、社会声誉。同时校园制度文化既是学校形象的表现，也是塑造和树立学校形象的重要途径，它靠着学校组织结构的严密和完整，以及师生对制度的尊重表现，塑造着学校形象极具内涵和魅力的一面。

（二）大学校园球类制度文化建设

1. 大学校园球类制度文化建设的基本理论

（1）大学校园球类制度文化建设的意义

校园制度文化是作为整体的学校文化的不可或缺的组成部分，在制度文化上投入更多精力具有独到的建设意义，是当前文化立校、文化理校的关键环节。学校制度文化建设通过常规教育、常规示范、常规训练等方面得以落实和完善。学校制度文化建设对于规范学校办学行为、建设和谐校园以及提升办学水平都有着重要的作用，建立健全科学化、规范化、系统化的学校管理制度十分必要。

（2）校园球类制度文化建设的基本原则

①人本性原则。学校制度文化育人作用的发挥，首要前提是该制度文化既顺应社会发展的需要，又体现师生的个体追求，这两个要求都是制度文化参考的重要标准。传统的校园管理模式总是无法摆脱简单的机械强迫性质，而学校制度文

化追求“以人为本”的观念，从其实质上来看，这可以视作管理人性化的体现：它倡导师生彼此之间主动地配合，调动所有校园成员的积极性，让学校的制度文化不再流于字面和形式，而是外显在师生的自发行为举止上，内化在师生的精神认可之中。在这样的前提下，哪怕校园内树立了再繁复详尽的规章制度，师生群体也不会产生被牵制的束缚之感，反而感到十分自然，并且顺理成章地理解这些规章，自发地予以维护和落实。当然，要想成功发展以人为本的制度文化建设，制定者自身也要充分了解师生的真实需求，并用宽容的心态对待集体，营造一种宽松舒适、自然开放的校园环境，制定者要选用科学的决策方法，充分汲取来自各个方面的信息，获得尽可能多的借鉴内容，用多视角的观点看待、分析和解决现实情况中出现的问题。

②民主性原则。制度的制定必须遵循民主集中制原则，坚持“从群众中来，到群众中去”的基本方法，让师生参与制度的制定。如果仅仅由校长或各部门的负责人将制定好的制度告知学生并让其进行遵照执行，则师生在只能被动接受的情况下，制度的执行具有很大的难度。因此在制定相应的制度时，学校管理者应该做相应的民意调查，召开不同层面的人员座谈会，在拟定相应的制度初稿之后应充分征求教师的意见和建议，然后将意见集中起来并交由教代会进行审议，然后再将制度进行进一步的完善，最后再正式实施。制度文化建设应坚持“从群众中来，到群众中去”的基本方法，使全体学生都能够广泛参与到学校管理的过程中，使得学生和教师都能够了解其制度的具体内容，并对其可行性进行反复的讨论，制定的规章制度要有广泛的群众基础，得到学校职工和学生的认可。这样既可以避免制度脱离实际保证制度的科学性，又有利于统一认识，沟通感情，从而为制度的贯彻执行奠定心理基础，使制度制定和执行中的阻力得以减少。

③独特性原则。不同学校的办学历史、地理位置、师资水平、师生素质等客观条件都存在着差异，因此学校在管理方面的理念和做法也不尽相同。学校与学校之间具有一定的差异性。这就使得不可能存在一套所有学校都适用的制度。因此，学校在进行制度文化建设时应从学校的实际情况出发，这样才能够切实可行地促进学校各项工作的开展。

④全面性原则。学校的管理工作涉及方方面面，为了保证各项工作健康有序地开展，各项工作都必须有相应的规章制度，以规范和指导学校的行政管理、教

职工管理、学生管理、财务管理等。这些规章制度的建设使得学校各项管理工作有“法”可依，有章可循。从而使整个教学工作的正常运行得到了一定的保障。

⑤时效性原则。有效的规章制度是无形的领导者，凭借自身的强制性力量促使人们按照一定的标准和要求、在一定的限制条件下进行有效活动。为了达到这样的目的，制定制度前要对学校各方面的工作进行认真调查，了解存在的问题并找出问题的症结，这是制度具有时效性的前提。学校制度文化存在着由外及内的过程要使学校制度文化发挥最大效能，在落实规章制度的操作中，执行人员应该密切关注师生思想上的变化、在执行过程中展现的主观能动性等方面，通过借鉴这些要素来为学校制度落实的可行性提供保障。

2. 我国大学校园球类制度文化建设的对策

（1）建立和完善管理制度

改革开放以来，我国积极推进素质及教育改革，并强调了体育在素质教育中发挥的重要作用，对于目前的高校文化建设来说，校园体育文化建设已经是一个非常重要的任务。

学校如果希望发展相应的球类制度文化，就需要积极贯彻落实相应的体育法规，积极改进球类教育管理的理念，创新教育管理的手段。学校应根据学生的实际情况来落实相应的政策法规，使本校体育文化表现出自身的独特性。在高校球类运动的相关政策中，场馆设施的管理制度是非常重要的政策。

（2）积极开展各类体育赛事

通过组织球类竞赛活动，各高校间可以互通信息，加强沟通与交流，深入了解，丰富各校校园文化生活。比赛的承办不仅能够提高高校的办赛水平，而且还能促进高校体育文化氛围的活跃和校园文化生活的丰富。

从 1998 年创立至今，中国大学生篮球联赛（简称 CUBA）保持着每届 600～700 支参赛队，近万名运动员和教练员，2400 多场基层选拔比赛，160 场分区比赛和 15 场男八强、女四强赛的赛事规模。在全国高校产生了广泛、深入、持久的影响，在社会上树立起了积极、健康、向上的形象，竞赛体系日趋完善、竞技水平稳步提高、社会影响迅速扩大、优秀人才崭露头角、品牌建设和市场营造初见成效，被誉为中国篮球的“希望工程”。

我国应积极开展类似于 CUBA 篮球联赛的赛事，积极推动球类运动文化的传播与发展。在开始阶段，举办大型赛事相对较为困难，学校之间应加强联合，积极开展校际之间的比赛。教育部门应与体育部门积极进行合作，支持与鼓励全国性大学生体育联赛的开展。

（3）利用校园网络，丰富校园体育文化生活

网络在现代社会是非常重要的一项工具，为人们提供了各种各样的资源。在球类运动教学中，为了促进体育网络课程的发展，应大力开发与合理利用软件与硬件资源。

硬件设施是基础，高校应对硬件资源的开发进行规划，并对其合理利用。一些高校正在对无线校园进行规划，校园的网络容量与传输质量主要取决于硬件资源的完善情况。硬件资源不同，容量与传输质量自然不同。网络课程的开发中，也会涉及手机网络及其他移动网络，因此要与相关网络的供应商建立联系、密切配合。

在网络课程的开发过程中，硬件资源必不可少，但软件应用产品同样发挥着重要的作用。软件资源囊括了体育教学中所有的教学及互动内容。体育网络教学平台由各类软件资源整合而成，师生在这一平台上可以实现良好的互动。从现有的高校体育网络课程来看，网络教学平台中的板块主要涉及体育教学视频和课件、体育比赛视频赏析、师生交流和互动平台、体育论坛，自由交流。

（4）建立球类运动队

加强校园球类制度文化的建设还应积极推动学校球类运动队的建设，使得学校形成强势运动项目，吸引全校师生的目光，使球类运动成为师生关注和讨论的焦点，发挥其促进体育文化发展的带头作用。例如，通过组建篮球运动队，积极进行训练，在 CUBA 联赛中有所作为，必然会得到师生的关注，促进学生投入篮球运动的热情。

通常情况下，在学校中，运动队的训练是由专门的体育运动训练教练或专门的训练部门负责管理的。在组建运动队时，不仅需要确定好训练项目，选拔参训运动员、选择指导教师，还要制定好相应的规章制度。具体而言，学校运动队的组建应注意以下几方面：

①确定训练项目。组建运动队要将训练项目确定下来，否则无法开展后续工作，从学校的体育活动基础、师资力量、场地器材等实际情况出发是确定训练项目要考虑的要素。

②选拔运动员。学校课余球类训练的主要任务是为国家和社会培养优秀的球类运动后备人才。因此选拔优秀的球类运动人才是一项非常重要的工作。目前，我国在选拔体育人才时常用的测试指标主要有身体形态指标、生理机能指标、身体素质指标等。

③选择指导教师。在球类运动训练中，选择指导教师至关重要，合适的指导教师不仅能提高运动队的训练效率，而且可以顺利实现训练的目标。在很多学校里，指导教师或教练员都是由本校的教师担任，其他有体育专长的老师也在选择之列。条件允许的话，学校也可以聘请业余体校的教练或体育俱乐部的教练来作为指导教师。

④建立规章制度。要进行系统完整的球类运动训练就必须建立和完善相应的规章制度。学校球类运动训练工作要顺利开展并取得预定的效果，也需要制定一定的规章制度做保障。学校组建运动队时，一定要重视对规章制度的建立，这有利于促进学校球类运动训练的顺利开展以及运动队管理水平的提高。一般来说，需要建立的规章制度有很多，如训练制度、奖惩制度、比赛制度、教练员责任制度和学习检查制度等。

第三节　球类运动开展与大学生全面成长

一、高校球类运动教学对象的特点分析

高校球类运动教学的对象，实际上就是高校学生，即大学生。下文内容将主要围绕大学生的生理和心理特点展开分析：

（一）大学生的生理发展特点

1. 形态发育方面的特点

一般来说，青年学生在进入大学时，要经历人生最后一个生长发育高峰期，

身体外部形态的发展已经逐渐趋于缓慢，骨骼生长状况十分坚固。在大学的年龄阶段，学生受到激素的影响，肌纤维变粗，肌肉中的水分含量下降，随之增加的是蛋白质、脂肪和糖等物质。肌肉的体积、重量都会增加，力量也会更强，基本上等于成年人的水平。大学男女学生的外部形态也会分化，各自的性别特征更加明显，第一性征凸显，这些现象意味着学生的生理发育状况更加成熟，能够在进行各种脑力劳动和体力劳动时承受相当的负荷，并面对一些困难的环境自行调整，确保心理健康的正常水平。

2. 神经系统方面的特点

青年学生在大学时期智力水平会大大提升，记忆功能、抽象思维、综合分析能力等都会迎来发展，脑细胞之间快速地建立联系，在接受科学的教学训练和专业学习之后，皮层细胞的活动量会大大增加，神经元之间的联系性更强，脑回沟加深，第一信号系统的内在联系得到补充，调节能力提升，有效促进思维能力的发展。

（二）大学生的心理发展特点

1. 智力发展速度较快

大学生在学习和生活的体验中，对事物的认识会持续深入，观察能力也会增强，逐渐主动、自觉、精确地观察生活现象，并予以准确的概括，尝试发现事物之间的关联和规律。

大学生思维敏锐，思路跳跃性强，并且会逐渐尝试通过理论思维来分析问题，对许多问题产生兴趣，但随之而来的也有可能是对人生的迷惘和反思。

2. 自我意识有所增强

大学生的内心世界会更加隐蔽，并且较低龄学生更具深度和广度，自我评价能力也会明显提升，增强大学生的自信观念。

大学生的自尊心独立性和自信心增强，喜欢发表自己的见解，要求别人尊重自己，厌恶他人对自己言行的干涉，希望成为自己命运的主人，因而自信、顽强、坚毅、坚忍不拔、渴望成为竞争中的强者。

大学生中自我意识的发展有着很大的个体差异，也有不少人表现为自命不凡，脱离集体，追求虚荣，产生逆反心理。

3. 个性已经基本形成

通过青年期的社会化过程，大学生的性格逐步形成，向稳定方向发展。

大学时期，大学生的人生观基本确立，对于自然和社会现象已经形成比较系统的观念和认识。他们关心祖国，有着强烈的振兴中华愿望，不满现状，勇于改革，但由于他们缺乏社会实践经验，观察问题比较简单，有时容易要求过高、过急，导致有些人会有受挫感，产生一些悲观消极的情感。

4. 情感越来越丰富

大学生在情感的体验及情绪上可以有更长的延续性，有一定的调节和自控能力，出现比较曲折掩饰的特点，甚至外显的形式和内隐的体验有时完全不一致。和成人相比，大学生的情绪还显得动荡多变，不稳定。

前文中，我们已经阐述了球类运动教学生理与心理方面的价值，而具体到对大学生来说，由于其具有的独特的生理发展特点、心理发展特点，开展球类运动时，又会受到怎样的影响呢？下面，本书将针对大学生这一群体，更为详尽地阐述球类运动与其身心发展的关系。

二、球类运动开展与大学生生理健康

（一）球类运动的生理健康基础

球类运动的生理学基础，即运动生理学，主要研究球类运动过程中人体的生命现象和生命运动规律。运动生理学的研究成果对球类教学、球类活动的展开均具有重要指导意义。

1. 新陈代谢

（1）物质代谢

物质代谢的内容主要有以下几个方面：

水分代谢。水分对于维持生命发挥着必不可少的作用，也是构成生命体的必要成分。保持体内水分代谢平衡是维持机体正常生命活动的重要保证。一般情况下，体内水分大部分来自食物和饮料，小部分是由体内物质代谢过程中产生。人体内水的排出主要是通过肾脏以尿液的形式排出体外，其次是通过皮肤、肺以及粪便排出。人体剧烈运动时，体内产热量增加，出汗便成为水分排出及维持体温恒定的主要途径。

球类运动爱好者的水分供给以补足丢失的水分量、保持水分平衡为原则，常采取少量、多次的措施。

糖代谢。人体内存在的糖主要有两种，分别是肌糖原和肝糖原。在人体的肌肉运动时，首先消耗的是肌糖原，在肌糖原被耗尽，人体血糖浓度有所降低时，开始消耗肝糖原，它会在被分解成葡萄糖之后进入血液，维持血液中正常的血糖浓度，通过血液循环为活动中的肌肉提供丰富的葡萄糖，同时分解供能。因此肝脏对于维持血糖稳定发挥着重要的作用。

糖的分解供能分为无氧酵解和有氧氧化两种方式：当氧供应充足时，来自糖（或脂肪）的有氧氧化；当氧供应不足时，即来自糖的酵解，生成乳酸。乳酸最后在供氧充足时，一部分继续氧化，释放的能量使其余部分再合成为肝糖原。

人之所以会在运动时和运动之后感到疲劳，原因之一在于体内肌糖原储量的大量消耗，因此，在持续时间较长的运动中适量补充糖，合理膳食与适宜运动相结合，是提高机体糖原储备的有效途径，能有效提升人体的运动能力。

蛋白质代谢。蛋白质是构成细胞的主要成分，构成蛋白质的最小单位是氨基酸。人体组织蛋白质及一些含氮物质总是在不断地分解与再合成。通常测定食物中的氮含量和尿中排出的氮量，来确定人体蛋白质的代谢状况。正常情况下，人体蛋白质的代谢状况与组织的生理活动相适应。正常成年人体内的蛋白质分解与合成处于一种动态平衡状态，即摄人氮等于排出氮，称为氮总平衡。正处于生长发育期的儿童少年，其组织细胞中的蛋白质的合成大于分解，即摄入氮大于排出氮，称为氮的正平衡；而饥饿者或消耗性疾病患者的组织细胞中的蛋白质的分解就明显地加强，即排出氮大于摄入氮，称为氮的负平衡。

脂肪代谢。运动过程中脂肪代谢的动员较慢，短时间剧烈运动时脂肪分解受到抑制，长时间运动的后期主要依靠脂肪酸氧化供能。运动对脂肪代谢的影响在于提高脂肪酸供能利用率，避免体脂积累，调节异常血脂。糖蛋白质和脂肪是人体内最重要的三大营养物质。它们在体内的代谢构成了一个完整而统一的物质代谢过程。物质代谢过程中，三大营养物质代谢之间是相互促进和相互制约的，糖、脂肪和蛋白质代谢的密切关系主要表现在三者的各个代谢中间产物间的相互转变。应指出的是，由糖和脂肪转化为氨基酸，必须有氨基的供应，而且人体不能通过这种途径合成 8 种必需氨基酸；膳食中的糖也不能代替脂肪的摄入，因为脂溶性维生素的摄取有赖于脂肪的存在，而且某些人体必需的脂肪酸也只能从膳食的脂肪中获得。因此，若要身体健康，必须合理膳食。

（2）能量代谢

能量代谢指的是机体在物质代谢过程中同时发生的能量释放、保留、转移并发挥功效的过程。任何人类的身体活动都需要得到各种营养素所释放的能量作为支持。不过，人体是无法直接调用营养素的，一定要经过固定的释放、转化、合成的过程，人体细胞才能获得可以利用的高能磷酸化合物——三磷酸腺苷（ATP），这种物质是人体唯一能够直接利用的能量。ATP 在人体肌肉中的含量相当有限，所以，人体必须持续合成该物质才能支撑各种运动的需要。运动中能量消耗越多，运动时间越长，运动强度越大，能量消耗就越多，所需要的营养物质也就越多。ATP 有三种再合成的途径，也即人体存在的三种供能系统。

能量守恒。人体从食物中摄取的总能量的一半左右是以氧化产生热能的形式维持正常体温，其余绝大部分的能量是以化学能的形式重新再转移到 ATP 分子中储存，以供机体直接利用。能量的摄入与支出，是符合能量守恒定律的。健康成年人体重的变化符合，当能量摄入与支出相平衡时，体重基本保持不变；如果摄入的能量大于支出的能量时，人体就会发胖；相反则会消瘦。

2. 人体的呼吸运动与氧气传输系统

（1）呼吸运动

在完成新陈代谢过程中，人体必须与外界环境沟通，从外界环境中持续地汲取氧气，同时还要排出二氧化碳。这样在机体和外部环境之间进行的气体交换就是人们所谓的呼吸。肺部呼吸是由胸廓运动引起的。胸廓运动是呼吸肌在神经系统调节下进行有节律收缩、舒张所造成的。因此，由呼吸肌舒张、收缩引起呼吸运动才是肺部呼吸的动力人体主要的呼吸肌为膈肌（横膈膜）和肋间外肌。当膈肌收缩时腹部也一同起伏。呼吸可根据运动方式的不同分为腹式呼吸和胸式呼吸两种，前者指的是通过膈肌运动来支持的呼吸方式，通过收缩肋间外肌、胸壁一同起伏；后者指的是主要通过肋间外肌运动来实现的呼吸方式。通常来说，成人都会采用混合性质的呼吸方法。

（2）氧传输系统

在人体健康与基础的生命活动之中，氧运输系统同样发挥着极其关键的作用，该系统的作用是将氧气从外界吸入人体内，随后向全身的各器官组织输送，维持人体正常的生命活动。氧运输系统包括两个部分，分别是呼吸系统和心血管系统。

氧运输系统的工作环节主要要经历以下三个程序：

第一，外呼吸，也就是在人的肺内部，外界环境与血液实现气体交换。这一环节也包括两部分，分别是肺通气和肺换气，前者是指在肺和外界环境之间进行的气体交换，后者是指在肺泡和肺毛细血管之间进行的气体交换。

第二，氧气通过血液流通运送到身体各处，作为活动的养分。

第三，内呼吸，指的是在血液和组织细胞之间的气体交换，这一环节有时也包含着细胞内的氧化过程。

（二）球类运动对大学生生理健康的影响

1. 球类运动对大学生皮肤的影响

（1）皮肤的构成与功能

皮肤是覆盖在身体表面、直接与外界环境接触具有多种功能的组织器官。由表皮（外层）、真皮、皮下组织及附属器官（毛发、皮脂腺、汗腺、指/趾甲）构成。皮肤具有保护功能、调节功能、感觉功能及再生修复功能，可保护内脏器官免受外来不良的损害，可调节体温、调节代谢、排泄代谢废物、感受外界冷热触压及痛的刺激，促进本身的生长修复。

（2）球类运动对大学生体温的影响

大学生在参加球类运动的过程中，因为身体的代谢速率加快，人体会产生更多的热量。虽然机体会自行调节，促进散热的效率，然而单纯依靠自然调节是无法保障机体的热平衡的，所以在剧烈运动过后，人体的体温一定会升高，这对人体是有利的。人在进行球类运动时，合适限度内体温的提升能够刺激神经系统，提升其兴奋程度，并有效削减肌肉的黏滞，促进肌肉的收缩效率，提升肌肉内血管中的血液流通速度，增加血液流量，另外，这一过程还能协助二氧化碳的交换，促进氧合红蛋白快速解离，增强人体原有的体力和运动能力。

2. 球类运动对大学生神经系统的影响

（1）神经系统的构成和功能

神经系统在个人体内起主导作用。它会干涉人体所有器官与系统的运转，大部分人体机能都会受到神经系统直接或间接的控制与干预。总而言之，神经系统掌握着人体的正常生命活动。

神经系统是由脑脊髓以及周围和它联系在一起的神经共同构成的。中枢神经包括脑和脊髓两个部分，该神经系统的最高部位在大脑皮层中，由脑发出的、分布在周围神经中的是脑神经，由脊髓发出就是所谓的脊神经。周围神经还可以根据传导方向的区别分为两种，分别是运动神经与感觉神经。从中枢神经向周围传导的神经叫作运动神经或传出神经，反过来，从周围神经向中枢神经传导的叫作感觉神经或传出神经。有一些周围性神经分布在体表和运动系统（包括肌肉与人体关节等）之中，这些就是躯体神经，又可以分为躯体感觉神经和躯体运动神经。人体内脏中分布着的神经叫作植物性神经，分别发挥着不同的效用，根据其具体作用，植物性神经被分为交感神经和副交感神经。

人体的表面和内脏凡具有感觉神经末梢装置的部位，称为感受器，有运动神经末梢装置的部位叫效应器。外界环境的各种刺激作用于感受器，感受器把刺激变为兴奋传达进入中枢神经，经中枢神经的综合分析，做出相应性反应传到效应器。生理学上把中枢神经这一活动叫作反射。而感受器—传入神经—中枢神经—传出神经—效应器这一反射活动所经过的这一路线，就是反射弧。

（2）球类运动对大学生神经系统的改善功能

无论是什么样的人体活动，都离不开神经系统的管理与指挥功能。反过来，所有的人体活动也都会对神经系统产生各种各样的影响，引发其机能的改变和调节。当然，球类运动的要求比日常活动要更高，人要在运动中通过特定的身体部分完成一些比较复杂的动作，这时就要发挥中枢神经的作用，在极短的时间内激活并调动不同器官系统的能力，让这些系统之间相互协调，满足肌肉运动的需要。比方说，人体在运动时，胃肠等器官的血管会快速地收缩，将大量的血液供应给剧烈运动的器官，促使伸肌和屈肌有效地配合和协调，从而准确地完成预期的动作。所以，长时间参加球类运动的大学生，不仅能大大提高大脑神经细胞工作能力，还能使之反应灵活迅速，准确协调。

（3）球类运动能够使大学生体质与脑神经的关系得以增强

经科学证实，球类运动能增强体质。要想使得肌肉成长得更加丰满发达，获得更健美的身材，参加球类运动是一个非常理想的选择。经过长期的球类运动锻炼，人体的氧气储备能力会得到显著的增强，肌肉内的肌红蛋白含量也会增加。这样一来，如果积极地参加球类运动，锻炼强壮的体质，就能够为大脑的健康运作和提升学习效率提供有力的保障。

3. 球类运动对大学生运动系统的影响

（1）运动系统的构成和功能

人类赖以正常行动、劳作与运动的器官的总和就是运动系统，大致可以分为肌肉、骨骼和关节三个部分。中枢神经控制着人体正常进行球类运动，而球类运动又能够起到锻炼神经系统的作用，帮助神经系统进行更加准确的调节人体机能，做出更加精准及时的判断。

（2）球类运动对大学生骨骼结构与机能的影响

骨骼是极其重要的人体组成部分，对人体起到支撑作用，它具有坚固和韧性的特点。骨膜是骨表面上一层很薄的结缔组织膜。骨的里面有造血细胞和丰富的血管及神经，它具有修补骨骼的能力。骨质内的血管是经骨膜进入的，骨膜下面是一层结构很坚实的骨密质，骨密质愈厚，力量就愈强。在骨的内层和长骨两端是结构疏松的骨松质。骨松质的形态呈海绵状，它是由骨小梁纵横交错，按照受力方向排列，以保持骨的坚固而不过重。

人如果定期参加定量的球类运动，血液循环程度就会得到明显的提升，新陈代谢的速度也会加快，有规律的运动能够逐渐改变人体骨骼的结构与性能。比如说，在经过一定的锻炼之后，骨骼的骨密质会加厚，整个骨架也会变粗。在外力和肌肉的牵引作用之下，骨小梁的排列会向着更为规则的方向变化，为骨骼提升坚固程度。定期适度地进行球类运动还能够锻炼韧带，使其附着在骨骼上的部位（如粗隆、结节和局部突起等）体积增大，作用更加明显，韧带自身会紧密地连接骨骼，对周围的肌肉产生更强的附着力。上述的这一系列变化都是使骨骼变得更加强壮的因素，在经历长时间的球类运动之后，骨骼的各种性能都会得到增强，如抗弯、抗折断和抗高压能力，其所能承受的外力作用会更剧烈。长期参与球类运动的人，骨骼会比常人更粗壮，还会得到一定程度的延长。一个人骨骼的成长发育程度决定着其身高的长短，所以，大学生积极参加球类运动，有可能比同龄人长得更高、身体更为结实。

（3）球类运动对大学生肌肉结构和形态的影响

加强肌肉力量对某些疾病具有一定的预防作用。特别是腰、腹、背部，如果背肌软弱无力，上体就不可能保持正直，胸部呈现收缩状态，使肺部受到压迫，影响呼吸。如果腹肌松弛无力，则容易使内脏变位，如胃下垂等。经常性地参加球类运动还可以保持良好的肌力和正常的脊柱外形，为生活和学习提供良好的基础和保障。

三、球类运动开展与大学生心理健康

（一）球类运动的心理健康基础

1. 情绪与健康

情绪活动能够根据自身的性质和产生的影响利弊分为两大类：愉快的或积极的情绪、不愉快的或消极情绪，前者能够为人体带来许多正面影响，如维系和调节常规的生命活动，从多个方面开发机体的潜质与能力，让体力与脑力劳动的效率都在无形中得到提升，长时间维持人体的机能健康；后者本质上也是一种正常的身体反应，人为了适应周围的环境与气氛，会不可避免地产生消极的、负面的情绪，虽然这是一种正常的现象，但它可能导致一系列不良结果，比如，在长时间的消极情绪影响下，人的心理活动有可能向不正常的方向发展，失去平衡，神经活动的机能也会受到影响，导致正常功能的失调，这些对于人体的机体健康来说都是相当不利的因素。积极情绪对人的正面效应是直观可见的，一个处在喜悦心态下的人往往会获得更加宽泛而丰富的意识，涌现许多灵感和创意，在面对各种事物时的理解能力和分析能力都会得到显著的增强；而如果人处在紧张、畏惧或愤怒的状态下，判断力和思考力都会被削弱，意识范围明显受限，无法理性地应对面前的情况，极端情况下，还有可能无法自制，完全失去理智，连常规的行为都无法完成。

定期积极地参加一些球类运动，遵循科学的运动原则，对身体健康能起到非常积极的作用。人脑会在运动过程中产生脑啡肽，让下丘脑神经受到刺激，给人以一种畅快喜悦的情绪感受。从类似的例子中不难发现，适量合理的球类运动能够十分有效地调节和改善人的情绪状况。不仅如此，球类运动也是一个增强情绪适应性的有效方法，这与球类运动的竞赛性质有一定关系。参与者会通过运动经历成功与失败，体验惊喜、自信、紧张、沮丧、压力等情感，所以这是一个锻炼承受能力和适应性的过程，参与者能够用更平和的心态接受事物的成败，在任何生活环境中都能很快地适应并安定下来，用冷静的态度面对生活中存在的挑战。总而言之，不管是对于生理健康还是心理健康，科学的球类运动都能发挥令人满意的功效。

2. 人格类型与健康

很多医学与心理学研究的结果都证实了这样一个结论：人格因素会影响人的身体健康，往往人所罹患的疾病以及患病时间都和本人的性格有很大关系。对于同一件事情的刺激，不同人格类型的人受到的影响也不一样。比方说，在面对同等程度的精神刺激时，人们的反应是不同的，有些人可能很难承受心理方面的打击，但有些人就能平和地接受，并很快调整心态。美国学者弗雷德曼（Friedman）等人对心血管病进行了心身反应的研究，发现大多数病人表现或存在一种特殊的行为上的特征，这些特征被称为“A 型行为类型”（Type A behavior pattern）或“冠心病易患得行为模式”。他认为 A 型行为是冠心病产生的原因。具有 A 型行为特征的人的表现：有时间紧迫感；有竞争性；为取得成就而努力奋斗；对工作和职务过度地提出要求；言行举止粗鲁；很易引起不耐烦；有旺盛的精力和过度的敌意。

另外，我国也有研究表明，吸烟和饮酒与肺心病、肺癌和消化道癌症有显著的相关性，吸烟者在这些方面的死亡率比非吸烟者几乎高一倍，消极离群、孤僻少言的性格与自杀和恶性肿瘤发病有关，急躁易怒者患肺心病及脑血管病的危险性大于孤僻少言者。由此可见，不良的个性特征和不良的行为习惯都是导致心身疾病的重要原因。科学的球类运动是指导大学生善度余暇、消除不良习惯、形成良好的生活节奏、陶冶情操、优化性格、调节身心的重要和有效的手段。长期坚持适当、科学的球类运动，还可以起到加强人际交往，培养集体主义精神，增强环境适应性的作用，对促进心理健康，预防心身疾病有良好的功效。

（二）球类运动对大学生心理健康的影响

1. 球类运动能够对大学生的情绪进行调节，使其保持乐观的心态

情绪是客观事物是否符合人的需要与愿望而产生的态度体验，是衡量心理健

康的主要指标。情绪有积极乐观情绪和消极悲观情绪。情绪与人的健康、疾病有着极为密切的关系，由消极悲观情绪引起的疾病极大地危害着人的身体健康，如“怒伤肝”“忧伤肺”“恐伤肾”“思伤脾”等。

球类运动有助于转移不良情绪，运动者能够通过参加球类项目释放负面情绪，从而比较直接地摆脱消极状态，调整心理状况，逐渐进入并稳定地保持积极向上、开朗乐观的情绪。不仅如此，良好的情绪还能调节生理状态，保持人体健康。

球类运动极富趣味性和观赏性，如篮球巧妙的传球、熟练的运球，不失时机地投篮、机智果断地突破、优美地扣篮以及出其不意地封盖，无不给人们以美的感受。赛场上攻守频繁转换、对抗交错，无论亲身参与还是场外观看，都会得到满足和愉悦。从事自己感兴趣的球类运动项目，不仅有利于身体的发展，而且有助于心理调节，减缓心理压力，使人心情舒畅，从而增强人的自信心和自豪感。

通过球类运动及比赛能增强交流、对同伴的个人情况和脾气秉性都获得更深入的了解，这样就更容易达到彼此信任的目的，互相熟悉的队员会自然地鼓励对方，在交流的过程中增强彼此的感情联系，这种亲密的团队关系同样是协助队伍在比赛中争取胜利的重要因素。如果团队中原本存在性格孤僻、肚量狭窄、情绪低沉、不善于或不乐于与人交往、情感变化比较剧烈的人，那么前述的这些作用能够很好地改善这类人的状况，不仅有助于逐渐改善原有的冷淡的人际关系，而且还能协助这些人更加具体地认识到自身所能呈现和发挥的价值，建立起强大的自信心，在运动中发现最真实的自我。

在球类运动及相关比赛之中，每个参与者都有特定的任务，因此可以充分体验角色职能的效益，成就效应也是从这样的体验中获得的。个体处在团队配合之中，一旦亲眼见证、亲身体会了技术或战术的成功发挥，乃至在比赛中取得了胜利，不仅会见识到团队的力量，还会有自我欣赏的情绪，让大脑充分感受成就相关的信息，由此获得更加具体的自我成就认识，得到更加充沛的情感体验，从心底感受到喜悦与幸福。所以，定期参加球类运动的人可以较为顺利地排解和释放忧郁情绪，并被积极乐观、奋勇向前的情绪所感染，用豁达的态度面对人生。

2. 球类运动能够使大学生的疲劳得以消除，体力得以恢复

在现代社会，经济和科技都以惊人的速度发展着，人们的生活方式迎来了翻天覆地的变化，但与这些因素一同而来的还有日益紧凑、高压的生活节奏。对于

生活在现代社会的人们来说，疲劳已是司空见惯的状态，甚至达到了“社会文明病”的程度。

虽然常见，但疲劳的负面影响依然是值得特别强调的。如果人体长期受到疲劳状态的困扰，身体健康必然会受到不利影响。疲劳状态一旦长时间失去有效的控制，就会一点点地开始影响人体组织和机能，对机体内部的不同组织器官造成损伤，人的神经也会受到不利干扰，有可能出现功能紊乱的情况，这就是人们所谓的“积劳成疾”。

要想有效顺利地消除疲劳感，合理休息是见效最快的办法之一，而它又可以分为“安静的休息”和“活动性的休息”两种。所谓活动性的休息就是指适当运动，发泄身心压力。根据现代生理学的研究分析结果，人在进行定量的运动时，全身的血液都会进入有强度的循环，原本处在疲劳状态中的大脑这时会通过血液循环获得更多氧气与养分，这样一来，原本的脑力疲劳状态就会得到有效缓解，人的思维效率也会变得更高。此外，在进行完重体力劳动之后，不一定要马上安静休息，通过比较轻微的运动也可以达到释放疲劳感的效果，这种疗法甚至比安静休息更为有效，能在短时间之内化解肌肉的疲劳感和酸痛感，这是因为轻微的运动能够消除原本积淀在肌肉之中的代谢产物，如乳酸之类，这样就能更加快速地恢复人体的体力。

3. 球类运动能够控制大学生体重，保持健美的体型

据研究资料表明，15～69 岁的肥胖男性死亡率比正常体重男性高 50%，每高出正常体重 10%，寿命就减少一年。球类运动可帮助人们保持正常的体重，塑造男性魁梧有力、女性苗条健美的体型。同时，大量的研究表明，球类运动可提高人体对外界的适应能力，防治疾病，延年益寿。不运动的人，在 30 岁之后就会逐渐被持续下降的各方面身体机能所困扰，到了 55 岁左右，其只能维持巅峰时期约 2/3 的身体能力，这是一个不容乐观的数据。而如果一个人经常参加体育锻炼，那么即使到了四五十岁，依然可以维持相当健康的身体机能，不容易受到疾病的威胁，哪怕已经到了 60 岁，依然可以维系心血管系统的正常运作，甚至可以与处在二三十岁、不经常进行锻炼的年轻人相比。可以这样说，如果能坚持定期进行身体运动，人可以比同年龄段不经常运动的人年轻二三十岁。

运动不仅能维持心肺功能，还有利于缓解脑力劳动带来的疲劳感。人如果因

为长时间的脑力劳动而感到疲乏不适，就可以借助参与球类运动来缓解，这样可以促进血液循环、使人体更畅通地呼吸，并引发神经细胞的兴奋与抑制有规律地交替。对于学生群体来说，定期参加运动还有很多提升心智能力方面的好处，如运动有助于帮助学生集中注意力、提升记忆力、开发想象力、培养理性的思维分析能力等，这些都可以促进还处在成长期的学生的全方面发展，保持身心健康，维持稳定的情绪与积极乐观的性格，消除学习带来的疲劳感。运动可以带动非智力成分的发展，而非智力成分又可以进一步影响人的智能水平，发挥潜移默化的促进作用。

4. 球类运动能够使大学生的应激能力得到提高，促进身心健康

在面对变化的外界情况时，人会产生某种特殊的、较为强烈的情绪状态，还有可能因此引发身体上的变化，这就是所谓的“应激”。现代人的生活节奏普遍较快，而且大多面临激烈的职场竞争，现代社会背景下的人际关系也比以往更加复杂，掺入了更多功利的成分，所以现代人无论是在生活中还是在工作中都要承受强大的压力，这样就更容易陷入心理上的应激状态。应该注意的是，长期的应激反应是会引发生理上的不适甚至产生病变，还有可能将人的免疫功能拉低到比较脆弱的水平，受到各种疾病的威胁。而定期开展球类运动就是一个理想的应对方案，运动者能够在参与过程中逐渐提升心理应激的水平，经过一定时间的身体锻炼，再遇到一些来自外界的强烈刺激时，运动者就可以在短时间内给出准确的反应，并予以有效的应对措施，调整出健康平稳、积极乐观的心态，用从容的态度和有序的方法应对种种紧急情况。

不仅如此，包括自我效能与控制能力等在内的心理机制都是球类运动可以为个人带来的正面影响，这些能力与效应的提升强化有利于帮助人们更好地自我治愈现有的和可能出现的种种心理疾病。不过，如果希望通过参与球类运动来实现疗愈心理问题的目的，当然也不可以在活动的过程中抱有过强的功利感，要舍弃急功近利的心态，用合理的方式有序地设置锻炼的具体内容，为运动锻炼付出持久的耐心，这样才能最终实现心理治疗的目的。

5. 球类运动能够使大学生的自信得以提升，进一步完善自我

据研究资料表明，青年人对自我身体方面的关注达到了最高点。现实中，有很多大学生都对自己的体重感到不满意。具体而言，男性的不满一般是集中在自

身的体重方面。相较男性的心态和看法而言，女性往往容易过高地判断自己的身高，又容易过低地衡量自己的体重。不仅如此，一些身体肥胖的人可能比平常人更容易产生身材焦虑，出现身体自尊方面的悲观情绪。

所谓的“身体自尊”，主要是指一个人对自己的身体素质进行的内心评价，具体包括身体外观吸引力、健康状况、运动能力与强度以及在日常生活中所体现的身体抵抗力等不同的方面。身体自尊是一种十分重要的心理活动，直接关系到每个人的自尊和整体自我的概念认知。这也是很简单的道理，一个人如果不满于自身的身体形象，甚至认为自己的身体外观比较丑陋，此人的整体自信必然受到影响，并表现在生活的特定方面，人在身体自卑的影响下，有可能出现强烈的不安感甚至是抑郁的症状。

积极参与球类运动是改善身体焦虑的有效方法，运动能够帮助参加者在身体健康和外观方面获得更多自信，产生积极的心理暗示，最终使得参与者大幅度地提升自信心、重拾健康心态。自信心又对于个体争取事业成功发挥着重要的作用，为个体的上进和拼搏提供着心理保障。

参与者在实施球类运动与竞赛的过程中，需要通过身体来实现种种复杂的、高要求的动作，还要尽可能默契地配合队友的各种行动、同对手进行无比激烈的抗衡和较量，最终既有可能收获胜利的喜悦，也有可能面临失败的挫折，这是个人无法预料也无法决定的，但是，无论最终结果是成功还是失败，参与者都应该不断地磨砺自己的自信心。从成功中寻找规律，从失败中总结教训，积累宝贵的比赛经验。经验和磨砺过的心态都会在无意识之间影响参与者的比赛思维、应对策略与行为习惯，让他们在一次又一次地赛事中获得愈发深入的自我完善。

6. 球类运动能够培养大学生形成坚强的意志品质

人们所说的意志品质，一般包括一个人的抗压和应变能力、处理事情时的果断程度、自制能力，还有顽强不屈以及自主独立等一系列品质。在挑战困难的持续尝试中，人可以磨炼自己的意志品质，一个人固有的心理承受能力和应对能力也可以在其克服难题的过程中彰显出来。

球类运动的详尽规则和复杂即时局势都要求参与者克服种种困难条件，具体包括身体上的不佳状态、能力程度的制约、赛场上的意外情况、天气和环境条件的改变等。前述的内容都属于客观困难，运动还必须克服畏难心理、紧张焦虑、过度疲劳、沮丧失意等主观方面的困难，越能努力征服各种困难，锻炼者就越能朝向坚定顽强的意志品质发展。这种来自锻炼和比赛的顽强意志品质有着相当长远的意义，运动员在日常性质的学习生活以及其他工作中也能够被这种精神所鼓舞，呈现出更理想的状态，完成更优秀的成就。

对于现代球类运动比赛来说，参赛队伍之间所较量的已经远远不止单纯的实力。越是精英强队，彼此之间本质水准的差距就越小，然而竞争也随之变得更加激烈。在真实的赛场上，双方队伍的每一个队员都要投入激烈的竞争和抗衡之中，这样的情况下，运动员所需要的已经远不只是基本的身体技能与技战术素养，还需要拥有强大坚韧的心理素质、顽强不屈的意志和积极上进的精神。

以篮球运动为例，运动员在赛场上每时每刻都会面临来自对手的强力阻拦和防守，诸如常见的运球突破防守、投篮争夺篮板球等篮球技术与得分要领都是在对手严防死守的情况之下实现的，更有甚者会做出某些不合比赛规则的防守行为。此外，在球类运动的赛场上，无论是退守还是反攻，都会消耗运动员的大量精力和体力，比赛中的即时变化（包括攻守方的逆转、比分情况的变化等）也会给运动员带来剧烈的情绪波动和心理起伏。

综上所述，球类运动竞赛考验的不仅仅是运动员的运动能力，更有心理素质与个人品格等要素。运动员在赛前和赛中都要面临主观与客观方面的种种不同困难，只有解决了这些难题，才能够最终实现预期的目标。球类比赛是一个考验意志的历程，参与人员会在比赛中受到果敢、勇气、顽强不屈等多种意志品质方面的严苛考验，所以球类比赛同样可以等于一种意志品质的抗衡。自制力弱的选手在球类比赛中必然不占优势，因为他们是难以应对赛场上所出现的持续变化、难以预测的状况的，也不能鼓起勇气、跨越种种迎面而来的障碍，克服不可预知的困难。一个人如果没有强大的心灵和顽强的意志，就难以经受住赛场的激烈考验。

从前面的一系列叙述中，我们可以得出这样的结论：当处在极其困难且形式复杂的条件下时，选手要想和强大严格的对手持之以恒地开展顽强的较量，甚至最终获得比赛的胜利，就一定要拥有坚定不屈的钢铁意志和乐观积极的心态。从心理学的角度来分析的话，良好的心态和坚强的意志品质是球类运动员必备素养中最为重要的环节。这一结论的主要依据是：人们不仅可以在参与球类运动的过程之中充分培养奋进顽强、坚韧不拔、吃苦耐劳的优秀品质，还可以逐渐地培养自身的自觉性、目的性和果断性，从训练和比赛中锻炼出强有力的自制力，对待任何事情都坚持不懈，并且有独立处事的意识和能力，此外，高强度的训练还能使参与者有效摆脱原有的生理惰性等不良品质。

7. 球类运动能够协调大学生的人际关系

我国的许多医学相关人员和心理学研究者都探讨过人类心理适应方面的问题，有学者就此得出了这样的结论：适应人际关系的能力是人类心理适应最关键的一个环节（或组成要素），要评判一个人的心理是否处于健康的状态，就必须检验这个人所涉及的人际关系及其质量，因为人际关系的情况直接影响着人的心理状态。

我们经常能够在现实生活中发现这样一种现象：拥有和谐人际关系的人，往往总能保持积极向上的情绪，显现饱满的精神状态，愉悦地学习和工作，对许多事物都抱有充足的兴趣和积极的看法，这些人的生活状态是十分轻松的，大部分事情对他们来说都十分舒畅；与之相对应的，不善于应对人际关系、与他人交流情况不佳或很少对外交流的人，容易陷入精神萎靡、自寻烦恼、悲观消沉的状态之中，难以发现生活的乐趣所在。这样的情况下，可以鼓励这类人多参加球类运动，有助于改善他们的消极状态和不理想的人际关系，这主要是因为：球类运动往往是团体性活动，它的举办往往是发生在特定的团体环境中的，人要参与球类运动，大多数情况下就意味着要和其他人发生一定的联系、进行团队内部的交流、沟通和协作。通过充分的运动，人们可以比较顺利地摆脱孤僻所带来的影响，抛开原先的苦闷和压抑情绪，同时拓宽社会交往范围，优化自身的人际关系，增强主动适应集体和社会的能力。有心理医学方面的学者提出了这样的观点：游戏和运动都有启发独创的功效，它们有助于消除人的紧张心情，维系良好的人际关系，总而言之，运动的心理保健价值是不可小觑的。还有一些学者通过相关调查和研究得出结论：相较性格内向的人而言，性格外向的人拥有更为强烈的社会需要，而集体性的球类体育活动就可以在很大程度上满足和填补这样的社会需要。

8. 球类运动能够使大学生张扬个性、塑造人格精神

球类运动的参与者能够通过这种运动逐渐走向个性的自由和健康发展。虽然从宏观角度而言，球类运动要求整个参与团队进行紧密的配合和练习，然而从微观层面而言，即使是群体中的单独个体，也需要掌握足够精湛熟练的技巧，以高

速而准确的反应、随机应变的智慧和临场发挥的承受能力去应对每一场比赛。运动中没有能够轻而易举完成的环节，任何一个参与者都必须将自身的能力与运动风格发挥到极致，只有基于这样的前提，才能最终发挥出最为理想的实力。换句话说，群体的默契搭配和有效地共同作战对每一个个体的技术和专攻职能都提出了十分具体的要求。在球类运动的赛场上，情况是瞬息万变的，所以应对战术也不能一成不变，需要每一个参赛队员随时保持高度的注意力，面对即时情况进行准确的观察和冷静的判断。合理地编排和应用与战况相对应的战术与技巧，对于运动员来说也是一种球类运动能力，而且这对于在球类运动比赛中取得最终胜利发挥着非常重要的作用。时机是不等待任何人的，它在赛场上转瞬即逝，可遇而不可求。如果单独一个队员在面对赛场局势时犹豫不决、失去机遇乃至出现过多的失误，完全有可能引发全队处于被动局势的状况。只有迎难而上，敢于在危机中冒险，在常态中尝试开拓创新，才能创造意想不到的机遇，而这些目标往往要依靠个性独立、自我意识强烈、人格强大的人才能够实现，这些人不甘于平庸，习惯尝试创新并大胆冒险；只有具备了这样的勇气和觉悟，运动员才有可能实现出乎所有人意料的成功。

日常生活中的交流和协作对于球类运动员来说，同样是一个不可或缺的环节。在常规的训练中，一个球类运动团队彼此之间应该培养团队精神和默契感，相互理解和沟通，给予对方充分的支持，在整个团队之中营造一种团结友爱的氛围，使团队协作的意识深入每个队员心中。一个团队的成员之间彼此支持、彼此关怀，最重要的体现之一就是良好的团队人际关系。假如每个队员都能长期处于一个气氛融洽和谐的团队中训练和生活，则这种环境能够对所有人的情绪平稳和心理健康起到积极的维系作用，而个人的身心健康是支持集体目标实现的强大心理动力，大部分人都依靠良好的心态坚持奋斗，同时向着实现目标的方向持之以恒地努力。

第四章 足球运动的起源和发展

现代足球运动已经发展成为影响力最大的一项体育项目。跌宕起伏的高水平足球竞赛几乎吸引了全世界人民的眼光，在精彩激烈的对抗中，运动员挥汗如雨，观众如痴如醉，充分地体现出了现代足球运动的巨大魅力。本章内容为足球运动的起源和发展，分别介绍了足球运动的起源、现代足球运动的发展、现代足球运动的发展趋势等内容。

第一节 足球运动的起源

一、国外古代足球运动的起源

一直以来，关于足球运动的起源有很多传说。国外研究足球历史的学者认为：足球可能起源于中国古代的“蹴鞠”、日本的“克马锐”（Kitcmark）、罗马的“哈巴斯托姆”（Harpastum）、希腊的“埃佩斯卡洛斯”（Episkaros）、意大利的“吉奥库迪·卡利西奥”（Giocodel Calcio，一种踢球的动作）。其中，前三种说法都能在历史遗留的线索中找到依据。1901 年，朱塞兰德（Jusserand）提出，英国和法国的乡间足球有很多相似之处，它们很可能起源相同。根据法国的记载，足球是在 11 世纪由诺曼底人带到英格兰的。

另外，还有学者推断，在历史发展的某个阶段，中国、日本、希腊、意大利、古罗马、英国、法国等国家，基本上都有人从事一种球类运动，这种球类运动被认为与原始的足球有着某种必然的联系。

在足球运动的发展过程中，球的制作工艺、技术的发展以及军事上对此项活动的需要使得比赛的方式多种多样。哈巴斯托姆的比赛由上半时和下半时两部分组成，在比赛中，双方队员的目的是将球带过对方的底线。法国的足球比赛形式和哈巴斯托姆的足球比赛形式基本一致，但是其球场要大的很多，有的场地足足占据了一条街，有的或是将邻近两个村落的教堂或公共建筑作为双方场地的底线。据相关史书记载，哈巴斯托姆于公元1066年左右传入英国，并兴盛于11世纪至12世纪。在此阶段，足球比赛并没有相应的规则约束，人们在大街上成群结队的踢球。而这种无规则限制的运动在极大程度上影响了当时的社会秩序，为此遭到统治者的禁止。由于缺乏规则制度的约束，1314年至1660年间，英国当地政府曾多次禁止足球运动等项目，禁赛记录高达30多次。虽然当地政府屡次打压足球运动，但是这种活动依然盛行于民间，并于1490年正式将这种运动命名为“足球”。英国国王查理二世于1681年正式废除足球运动禁令，为此足球运动在英国重获新生，这也为足球运动在英国发展创造了良好环境。18世纪至19世纪，英国足球运动得到了快速的发展，英国大部分高校开展了不同类型的足球运动。19世纪中期，英国足球运动得到了进一步的发展，其不仅在学校得到快速发展，同时在社会上也得到了发展，越来越多的社会人士参与足球运动。

二、中国古代足球运动的起源

我国学者对足球运动也有一定的研究，在20世纪50年代末，唐豪在其著作《中国体育史参考资料》（第7、8辑）中对我国古代蹴鞠的产生进行了深入研究。在书中，作者针对我国蹴鞠起源于黄帝和战国时期的两种说法发表了自己的观点，作者结合甲骨文中的文字——“汤”以及汉代石像画中的蹴鞠舞这两点，认为我国蹴鞠产生于殷商时期，其最初是用于祭祀求雨。

孙红禹、饶纪乐在其著作《中国古代足球（蹴鞠）起源考辨》中也对我国蹴鞠的起源进行了深入论述，他们对蹴鞠起源的“黄帝说”“殷商说”“战国说”进行了全面分析，否认了“黄帝说”“殷商说”，并最终指出我国古代蹴鞠产生于公元前770年至公元前450年，古代蹴鞠主要是为士兵比赛而生。

袁大任在《足球溯源定论记》中描述了2004年6月“足球起源于战国时期齐国临淄”定论会的场景，会上国内专家对我国古代蹴鞠相关史料进行了全面考证，并在此基础上结合齐国的政治、经济、历史以及文化等因素指出蹴鞠产生于战国时期的齐国都城临淄。

杨林、刘少英在《古代蹴鞠与现代足球的历史演进探究——兼谈民族传统体育的现代化》一文中对我国古代蹴鞠的起源进行了分析，在作者看来，我国古代蹴鞠起源的具体时间无从考证。在书中，作者对我国其他学者的研究进行了评价，如评价刘向《别录》《太平清话》，作者指出虽然这两本书中对我国古代蹴鞠的起源列举了依据，但是那些都是传说，不能作为真凭实据。另外，作者在评价《史记·苏秦列传》时，肯定了书中关于古代蹴鞠的开展情况。除此之外，作者在其著作中指出两汉时期国力强盛、文化艺术活动繁荣，为此蹴鞠在这一时期得到了较快的发展且初具规模。

傅砚农认为一项运动的起源时间和地点应以该运动的形成为基础。根据这一点，结合《史记·苏秦列传》中对齐国蹴鞠发展的文字记载，他最终认为蹴鞠起源于战国时期的临淄。

从以上的论述中我们不难发现，关于我国古代蹴鞠起源的研究有很多，其说法也不尽相同，另外从现有的研究成果中我们不难发现，大部分学者关于蹴鞠起源的研究是建立在史料的基础上，以此来推断蹴鞠产生的时间、地点。从整体上来讲，关于我国古代蹴鞠起源的说法主要可以分为三种：一是黄帝起源说，二是殷商起源说，三是战国起源说。此外，我国学者也对蹴鞠起源的地点进行了相应的研究。总的来讲，大部分学者认为蹴鞠的起源地为齐国临淄。虽然我国学者对蹴鞠形成的时间和地点进行了深入的论述，但是大部分学者并未对蹴鞠产生在那个年代的原因进行深入论述，同时学者也未结合当时的地方经济、政治、文化进行深入论述。

第二节　现代足球运动的发展

一、现代足球运动的发展简况

（一）现代足球运动的诞生、传播与发展

1848 年，在英国剑桥，来自五所中学的学生共同制定了一套足球比赛规则，并制定了第一套共 10 条的足球竞赛规则。第一条是关于射门的：“进球是指使足球进入球门，穿过横木底部，手使然除外。”第二条规定“停球和将球置于脚前

场地上时方可使用手”就是说不能拿着球跑，但可以用手处理球。第三条规定“出脚只能对准球”是说不能故意踢人。第四条有些含糊不清，规定“球在空中时，球员不能用脚踢”，可能是指严禁危险的抬脚过高动作。第五条规定“不允许将对方绊倒或者背后蹬踏”。第六条中规定，当足球出界之后，运动员只能用脚将球踢回来，不能用手抛球。第七条规定中的内容主要是关于球门球的发球问题。第八条对开球进行了相应的规定，要求开球人员需离球六步远。第九条规定不能给前方球员传球，否则为越位。第十条是反对球场暴力，规定“一旦球赛出现死球，对抗必须立即停止”。这就是著名的“剑桥规则”。参与讨论的有原伊顿公学的学生查尔斯·思林，他在1862年出版了第一本有关足球规则体系的著作，名为《最简单的游戏》。

1857年，英国成立了谢菲尔德足球俱乐部，这是英国的第一个足球俱乐部。自此之后，英国又陆续成立了多个足球俱乐部。此外，随着英国足球赛事的增加，急需成立一个全国性质的足球运动组织，以此来统一足球运动比赛规则，并定期组织全国足球比赛。在这样的大环境下，1863年10月26日，英国12个足球俱乐部派出各自的代表到伦敦参加会议，在会议上经过讨论，最终决定成立英格兰足球协会，这是全球第一个足球运动组织。英格兰足球协会成立之后对剑桥规则进行了修订，并制定了全国统一的足球比赛规则，共计14条。在新的足球运动规则中规定，足球运动只能用脚踢球，在比赛过程中不得使用手触摸足球。同时新的足球比赛规则也废除了一些不好的动作举止，如推搡人、踢人、拉人、绊人等。

自足球运动在英国盛行之后，足球运动也随英国海员、传教士、商人以及士兵传入欧洲各国，乃至世界各地。随着全球足球运动的发展，19世纪末，新西兰、阿根廷、智利、意大利等国家也相继成立了足球协会。1904年法国、西班牙、荷兰、瑞典等国家足球协会纷纷派出代表齐聚法国巴黎，并在此成立了国际足球协会联合会，简称FIFA，该组织主要是为了协调各国足球运动的开展，并定期组织举办世界足球比赛。

足球运动中的越位规则形成于1870年，当时对越位规则是这样规定的：进攻方运动员位于足球前方时则判定为越位。为此在那个年代，经常会看到一个人带着球过人射门的情景。1875年，人们对越位规则进行了适当的调整：当进攻方球员与对方端线之间防守球员不足 3 人时，则判定为越位。随着足球运动的深入开展，1925 年，国际足联对越位规则再次进行调整，将不足 3 人改为不足 2 人。这些足球运动规则的调整改变在无形中推动了足球运动的发展。1930 年英国人赫伯特·查普曼结合当时足球运动中的越位规则，创造了“WM”阵型，这种阵型对当时足球运动产生了巨大的影响，各个国家的足球队纷纷使用这种阵型，其影响力长达 20 年之久。20 世纪 50 年代匈牙利人对“WM”阵型进行了深入的研究，并针对其三后卫防守阵型创造了四前锋的打法，进而取代了“WM”阵型。1958 年，巴西对四前锋打法进行了深入研究，并针对其防守弱点，创造了“四二四”阵型，这在极大程度上推动了足球技战术的发展。1974 年，荷兰人吸取前人的足球技战术经验，创造了全攻全守的整体打法，从而使足球运动进入了全面型时代。

1885 年，英国率先成立了职业足球俱乐部，而后世界各国纷纷效仿英国，成立足球职业俱乐部。20 世纪初，英国足协制定了一套较为完整的职业足球运动员注册、转会规章制度。20 世纪初，英国足球运动的发展对世界足球运动发展有着积极影响，其可谓是世界足球运动发展的风向标，20 世纪中叶欧洲各国、南美洲部分国家也纷纷效仿英国，推动足球运动的职业化发展，在这样的社会环境下，有关足球职业化的章程制度也日益完善。随着足球运动在全球的盛行，20 世纪 70 年代至 80 年代，世界足球运动朝职业化方向发展。在全球足球运动的影响下，20 世纪 90 年代，亚洲各国也开始实行足球职业化。

目前，世界上职业联赛开展最好的是欧洲，而在欧洲开展最好、水平最高的联赛是英格兰足球超级联赛、西班牙足球甲级联赛、德国足球甲级联赛、意大利足球甲级联赛、法国足球甲级联赛，号称欧洲五大联赛。

（二）我国现代足球运动开展情况

中华人民共和国成立后，由于体育事业受到了国家的高度重视，因此足球运动的发展拥有了很好的社会环境。1951 年我国首次举办了全国足球赛。1955 年中国足球协会成立。从 1956 年起我国足球运动实行甲、乙级联赛制度，同时还实行运动员、裁判员等级制度。此外，还举办过全国足球锦标赛、全国青少年足球锦标赛等，自 1978 年起，恢复了国家甲、乙级联赛双循环升降级制度，建立了国家成年队联赛和青少年队联赛各级相对稳定、系统的赛制。1992 年是我国足球发展的一个重要关头，这一年6月，中国足协在北京红山口召开全国足球会议，并指出足球必须搞上去，足球体制必须改革。从此，我国足球逐渐走上职业化道路，经过近20年的发展，我国的职业足球也形成了一定的体系，我国的足球比赛包括中国足球协会超级联赛、中国足球协会甲级联赛、全国女子足球锦标赛和全国女子足球联赛等。

1996年，中国女子足球队在第26届奥运会上获得亚军，1999年在第3届世界女子足球锦标赛的冠军赛中输给了美国。2002年，我国男子足球队首次打入世界杯决赛阶段的比赛，实现了足球冲出亚洲、走向世界的美好愿望。但近些年来，中国足球进入了低谷，无论是男足还是女足，无论成年队还是青少年队，在国际赛场上都难以有所作为，中国足球的水平还有待提高。相信在国家的重视和球迷们的支持下，随着我国足球联赛的健康发展，中国足球的水平一定会不断提升。

二、足联组织机构与重要比赛

（一）国际足联组织机构与重要比赛

19世纪后期，足球运动在欧洲和拉丁美洲得到迅速发展，在这样的环境下，成立一个国际性的足球组织显得尤为必要，并以此来规范、组织国家间足球比赛活动，为此，在1904年成立了国际足球协会联合会，简称国际足联，它是奥林匹克委员会的一个单项体育组织。在国际足联刚刚成立时，英国拒绝参加其筹办、成立活动，直至1905年英国足协才正式宣布加入国际足联。随后，世界上其他国家也纷纷加入世界足联，如苏格兰、北爱尔兰等。

国际足联成立的目的是协调各国足协间的关系，并在此基础上推动国际足球运动的发展。当下，越来越多的国家加入国际足联，其成员有209个，为此它是会员数量最多的国际单项体育组织之一。

1. 国际足联的组织机构

国际足球联合会，由比利时、法国、丹麦、瑞典、荷兰、瑞士和西班牙（皇家马德里足球俱乐部代表西班牙，西班牙皇家足球协会到1913年才成立）倡议，它于1904年5月21日在法国巴黎成立，目前有211名成员，是国际单项体育联合会的成员。

国际足联在欧洲、亚洲、非洲、中美洲和北美洲，以及加勒比、南美洲和大洋洲设有六个区域组织，其总部于1932年由法国巴黎移至瑞士苏黎世。工作用语为英、法、西班牙和德语，如有语言冲突时，以英语为准。足球是全球第一大运动，世界杯是全人类共同的节日。借助这种全球影响力，国际足联也成为最富有、最有权势的国际体育组织。国际足联将有一名主席（任期四年，可连任），八名副主席，其中两名来自欧洲，亚洲、非洲、南美洲、北美和中美洲以及加勒比地区各一人，此外，还有一名来自俄罗斯，另一位来自英国（四个协会）。

2. 国际足联组织的重要比赛

前文中，我们已经阐述了有关足球的重要赛事活动，那么在国际足联组织机构中，又有哪些具体的足球比赛呢？下面，本书将针对国际足联组织举办的重要足球比赛进行详细阐述：

（1）世界杯足球赛

世界杯即国际足联世界杯，它是现阶段规格最高、水平最高的足球比赛，与奥运会并称为世界体育两大顶级赛事。每隔四年举办一次世界杯赛事，凡是国际足联组织中的会员国家都可以参加比赛。1904年5月21日，第一任国际足联主席罗贝尔·盖兰提出了举办世界杯的想法，他也是第一个提出这种想法的人，然后他让他的秘书长希尔施曼起草了举办世界杯赛事的文件。1927年6月5日，国际足联会议在芬兰赫尔辛召开，最终决定举办世界杯赛事。1930年第一届世界杯在乌拉圭拉开帷幕，截至2019年，巴西是获得世界杯冠军次数最多的国家，共计5次，同时在第三次夺得世界杯后永久保留了世界杯——雷米特金杯，现阶段的世界杯奖杯叫作大力神杯。

从赛程上来看，世界杯共分为两个阶段：一是预选赛，二是决赛。预选赛阶段，该阶段共分为6个赛区，分别为欧洲、南美洲、亚洲、非洲、北美洲、大洋洲。每个赛区结合本赛区的实际情况制定相应的预选赛规则，而报名参加世界杯的国家则需要参加本赛区的预选赛，并争取进入世界杯决赛的名额。

世界杯决赛一共32个名额，在这些名额中有一个名额是世界杯决赛举办国，而剩余的名额则需要参赛国家通过预选赛争取，一般情况下会根据赛区的不同设置不同的决赛名额。2002年，国际足联对世界杯决赛预选赛制度进行了修订，规定上一届世界杯冠军依然要参加预选赛，所以在此之后只有世界杯决赛所在地的国家可以直接进入决赛圈 32 强的比赛。

世界杯决赛举办国必须是国际足联的会员国。想要举办世界杯决赛的国家需要向国际足联提出举办申请，也可以是两个国家联合申请，然后通过国际足联内部会员国投票的方式最终选出结果。拿到世界杯决赛名额的国家将会到世界杯主办国进行足球比赛，争夺世界杯冠军。通常情况下，国际足联会将进入决赛的 32 支队伍随机分成 8 组，一个小组共 4 支球队，分组往往采用抽签的方式。小组中的队伍通过积分赛进行排名，同时小组赛积分前两名的队伍晋级 16 强比赛。进入 16 强的参赛队伍不再进行抽签分组，而是通过既定比赛章程进入淘汰赛，直至最后产生冠军。

（2）奥运会足球赛

第一届奥运会至第四届奥运会，足球运动仅仅是一个表演性项目，直至第五届奥运会时，足球才正式成为比赛项目。在第八届奥运会时，南美洲第一次加入奥运会足球比赛，在这个时期每个国家只能派出一直球队参加比赛。经过多年的发展，第十七届奥运会上参加足球赛事的队伍明显增加。

受奥运会足球比赛规则的限制——不允许职业运动员参加奥运会足球比赛，这一时期的奥运会足球比赛水平较低。国际奥委会与国际足联针对这一情况曾做出多项决定。国际奥委会在 1960 年第十七届奥运会上明确规定凡是参加过世界杯比赛的足球运动员均不得参加本届奥运会足球比赛。1972 年，国际奥委会经过商议最终决定中止实施关于参加过世界杯比赛的队员不得参加奥运会足球比赛的规定。1978 年在国际足联代表大会上，对欧洲和南美洲参加过世界杯比赛的足球运动员进行了约束，不允许他们参加奥运会足球比赛。1983 年国际足联与奥委会再次对奥运会足球比赛的参赛规则进行了规定，专业运动员及参加过世界杯的足球运动员均不可以参加 1984 年第二十三届奥运会足球比赛。1984 年国际足联对奥运会足球比赛参赛资格进行了修订，强调除了上述欧洲和南美洲参加过世界杯比赛的运动员不得参加奥运会之外，之后不在区分职业和非职业，但是奥运会足球比赛对参赛人的年龄有了限制，使其成为世界足球 4 个级别比赛中的一个。1993 年国际足联再次对奥运会足球比赛参赛资格进行了修订，允许每个参赛队伍中有 3 个超过 28 岁的职业运动员。在此之后，奥运会足球比赛的水平得到了明显的提升，参加奥运会足球比赛决赛的队伍共计 16 支。随着足球运动的发展，1996 年女子足球正式在奥运会上亮相。

（3）欧洲与南美洲的重要比赛

从足球运动水平上来看，现阶段欧洲和南美洲的水平较高，同时在这些地区有着丰富多彩的足球赛事，具体如下：

①欧洲足球锦标赛。欧洲足球锦标赛又被称为欧洲杯、欧锦赛。该赛事是由欧洲足联举办，它是欧洲最高级别的国家级足球联赛，每四年举办一次。第一届欧洲杯举办于 1960 年，截至目前，共举办 16 届。欧洲杯和世界杯的赛程基本相同，同样分为预选赛和决赛两个阶段，除本届东道主可以直接进入决赛之外，其他参赛队伍需要通过预选赛获得决赛名额。欧锦赛创办之初，决赛阶段只有 4 支球队；1980 年增至 8 支球队；1996 年增加到 16 支球队。2008 年 9 月 26 日欧洲足联宣布，从 2016 年起，决赛阶段参赛队伍扩大到 24 支。

②欧洲冠军联赛欧洲冠军联赛简称欧冠，是欧洲足联主办的年度足球比赛，代表了欧洲俱乐部足球最高水平。其前身是在 1955—1956 赛季创建的欧洲俱乐部冠军杯。1992—1993 赛季，欧洲足联对这项比赛的赛制和名称进行了修改，正式更名为欧洲冠军联赛。

（二）中国足球运动的组织管理机构和重要比赛

1. 中国足球运动的组织管理机构

中国足球协会是领导中国足球运动的组织管理机构，下设综合部、外事部、联赛部、女子部和技术部等职能部门。

2. 中国足球运动的重要比赛

（1）男子

中国足球协会超级联赛（包括中超联赛和中超联赛杯赛）、中国足球协会甲级联赛、中国足球协会乙级联赛、中国足球协会杯赛、全运会足球比赛和全国青年足球联赛等。

（2）女子

全国女子足球锦标赛、全国女子足球联赛、全国女子青年足球联赛、中国女子足球超级联赛和全运会女子足球赛等。

三、现代足球运动的特点

（一）现代足球的特点

1. 球队的集体协作性

在现代足球比赛中，足球队员的思想、行动要保持高度一致，无论是进攻还是防守，队员之间要有超强的集体协作意识，从而最大程度上发挥团队的竞技实力。

2. 个人能力的综合性

（1）个人能力是足球队整体实力的基础

在现代足球比赛中，虽然球队是以一个整体形式表现实力，但球队的整体实力是建立在队员个人能力基础之上的，球员的个人能力是足球队整体实力的坚实基础。

（2）个人能力要与集体技战术有机结合

队员个人能力必须与球队的集体技战术有机结合，通过队友之间的相互协同，促使个人能力得到淋漓尽致的发挥，使球队表现出“1+1>2”的整体竞技能力。

（3）个性特征和全面的技战术特点的有机结合

队员独特的个性使他们的技能具有鲜明特点，特征鲜明的个人竞技能力是球员在场上战胜对手的“推进器”。现代足球运动要求运动员必须具有全面的技战术特点，这样才能适应全攻全守的现代足球打法。全面与个性的有机结合是现代足球对运动员竞技能力结构的要求。

3. 对抗的复杂性

足球运动是一项竞争非常激烈的同场对抗性项目。比赛中，从单人之间的对抗到局部两三人之间的对抗再到整体对抗，从无球对抗到有球对抗，从地面对抗到空中对抗，从身体对抗到心理对抗，来自队友、对手、环境的压力都可能作用到一次简单的“对抗”中，这表明了足球运动对抗的激烈与复杂。

4. 技战术体能的专项性

现代足球运动员的技战术能力和体能更加表现出专项化的特征。现代足球比赛具有快速、对抗激烈、体能消耗大、恢复期限短等竞技特点，因而足球运动员的技战术能力和体能极具专项性。

5. 比赛情境的不可重复性

足球比赛的情境难以再现，更无法真实地还原比赛情境，因此在现代足球比赛中，对运动员的随机应变、快速反应、创新思维有着极高的要求。

（二）现代足球比赛的特点

1. 快速准确

在现代足球比赛中，运动员从个人技术动作的完成、奔跑移动的速度、战术思维决策、局部两三人之间的配合到球队的整体攻守转换速度都体现出“快速”的特征。同时，在快速中，队员的个人技术动作、战术思维决策、队员之间局部战术配合思维及整体攻守战术思维的完成都必须准确无误。

2. 对抗激烈

在现代足球运动中，加强对足球的控制是取得比赛胜利的关键，为此在比赛过程中，双方球员都尽最大努力全方位控制比赛节奏，这也就无法避免双方球员之间发生冲撞、争抢等对抗。随着现代足球运动的发展，这种对抗也愈发激烈。据相关数据统计，一个优秀的足球队伍在一场比赛中，处于对抗条件下运用技术占总数的 50% 以上，这充分说明了现代足球比赛的对抗程度越来越激烈。

3. 时空狭小

在现代足球比赛中，比赛双方围绕着球权在狭小空间中展开控制与反控制。加之现代战术意识的增强、体能训练水平的提高，奔跑速度越来越快，奔跑距离越来越长，留给队员完成技术动作和战术决策的时间越来越短，空间越来越小，难度越来越大。

4. 攻防频繁

在现代足球比赛中，比赛节奏也逐渐加快，双方的攻守转换也变得更加频繁。在一场足球比赛中，比赛双方的攻守转换大约 300 次，一般情况下，一场足球比赛的纯比赛时间大约为 60 分钟，由此计算不难发现一场足球比赛中 1 分钟可以产生 5 次的攻防转换，这在无形中说明现代足球比赛攻防频繁的特点。

第三节　现代足球运动的发展趋势

一、足球攻守矛盾的斗争促进了足球竞技水平的不断提高

在现代足球运动发展的百余年历史中，攻守矛盾的不断斗争始终是促进足球竞技水平提高的重要原因，进攻与防守这一对矛盾，既相互制约又相互促进。当进攻被防守遏制时，促使了进攻的发展与变化，同样在进攻发生变化的同时，也促使防守技战术要及时适应进攻的改变。

二、全攻全守总体型打法是发展的必然趋势

自20世纪70年代全攻全守总体型打法诞生以来，世界足球运动沿着这个方向不断发展。注重攻守平衡，力争在局部区域造成以多攻少或者以多防少的优势局面，这是总体性打法所追求的目标。

三、速度越来越快，攻守对抗越来越激烈

世界优秀足球队在一场比赛中，完成技术动作900余次，其中有1/2以上的技战术动作是通过对抗形式实现的，这充分表明现代足球比赛日趋朝着高速度、强对抗的方向发展。为了实现对球的控制，双方的球员必须对对手、球场的特定区域，以及比赛的时间和空间实施全方位的控制，这样比赛中的对抗形式就越来越多，球队对时间和空间的限制与弥补更为严密，比赛越来越激烈。

四、各种技术流派相互学习、取长补短，不断完善和融合

在现代足球运动发展的百余年历史中，逐渐形成了欧洲派、南美派和欧洲拉丁派三大技术流派。虽然流派的形成与民族气质、地理环境、身体特征、文化背景等因素有着紧密关系，但也不是一成不变、牢固稳定的。随着现代足球运动的不断发展，各流派间相互学习、取长补短，使各自流派的技术打法不断完善，与其他流派相互融合，流派之间的差别逐步缩小，但各流派的技术风格还具有一定的特征。

五、运动员的竞技能力全面发展

现代足球朝着全面、快速、娴熟、简练、强对抗的方向发展，这对运动员竞技能力的全面性提出了更高的要求。运动员都身负攻守双重任务，因此必须具备进攻和防守的技能才能适应比赛的需要。所以，现代足球运动要求运动员在掌握全面技术的基础上，根据个人的特点和位置需要发展专长技术，同时在体能、智能、心理能力方面有更高的发展水平。

第五章　足球基本技术与训练

足球技术训练是足球运动员熟练掌握足球技术的重要手段，也是进行足球战术训练的基础。本章主要从足球技术训练的原则与要求、足球无球技术训练、足球有球技术训练以及基本足球技术这几个方面对足球技术训练进行分析和研究。

第一节　足球技术训练的原则与要求

一、足球技术训练的原则

在足球运动中，最重要和起决定性作用的是技术。技术是一切阵型与战术取得成效的基础，实战中发挥技术的能力就是实力。在足球训练工作中要突出技术训练的重要性，足球运动员技术训练应遵循以下原则：

（一）直观性原则

1. 训练目的应明确、针对性强

直观性原则在一定程度上决定了足球训练要有明确的训练目的，以此来提升训练的针对性。在足球技术训练过程中，我们要结合学生的实际情况、某一技术动作的特点，运用直观的训练手段，如针对学生运球时总是低头看球的问题，教师在教学中可以先模仿学生的错误动作，然后再传授学生正确的技术动作要领，从而让学生在正确和错误技术动作中悟出动作要领。

2. 合理运用各种直观训练手段

在足球训练中，教练员应合理运用各种直观训练手段，以促使运动员更快了解和掌握各项技术动作。足球技术训练的直观训练手段不仅有示范、语言提示，教师还可以借助其他直观训练手段，如幻灯片、图表、电影、录像等，通过这些直观的训练手段，学生可以在短时间内对某一技术动作产生较大的印象，从而掌握技术动作的特征及动作的时间空间特征。

3. 训练手段应符合学生的自身特点和思维习惯

在足球训练时，教练员训练应根据队员的年龄、运动经历长短等实际情况加以区别。对于理解能力较差或运动经历较短、水平较低的队员应多采用示范、图像等直观的手段；对于具有一定运动经历、水平较高的队员可多采用形象化语言提示。

各种直觉训练手段必须调动团队成员积极思考，并能在教学中运用分析、比较、提问等方法，启发学生在教学中的思维活动。

（二）实战性原则

1. 对抗性

激烈的对抗是足球比赛的核心，技术训练如果失去对抗性，也就失去了其应有的实用价值。对抗的程度可根据运动员对技术掌握的熟练程度及适应程度等逐步加大。

2. 接近比赛状态的训练

长期艰苦的训练是运动员在足球比赛中取得胜利的重要保障，但是训练与比赛二者不能相互替代。训练要取得成效，必须力求在接近比赛状况下进行技术练习，如争顶头球、抢球或铲球、直接射门等技术训练，都应在局部接近比赛状态下进行训练，以适应实战的要求。

（三）综合性原则

1. 技术与技术组合训练

在足球训练和比赛中，足球运动员不能只运用单个技术动作，而应综合运用各种足球技术，才能更好地促进技术的提高。所以在足球训练中，应根据比赛中经常出现的情况，将诸多技术组合起来安排训练。

2. 技术与速度结合训练

技术与速度结合是足球运动战术训练时应重视的训练要点。随着足球比赛向高速度、强对抗方向发展，赛场上给予运动员完成技战术动作的时间越来越短、空间越来越小，时间与空间的利用与争夺是足球技术发展的趋势。足球运动员在高速奔跑中完成技术的能力（质量）和完成技术动作的速率，其主要决定因素是技术与速度的结合。在足球训练中，狠抓技术与速度的结合显得尤为重要。

3. 技术与身体素质同步训练

良好的身体素质是足球运动员充分发挥技术水平的重要支撑，身体素质对足球技术的发挥有着十分重要的作用。为此在对足球运动员进行技术训练时，务必将技术训练与身体素质训练结合在一起。在足球技术训练过程中，合理安排训练时间、训练强度，教师不仅要关注运动员足球技术动作的掌握情况，同时也要促进运动员足球技术与身体素质的同步提升。

二、足球技术训练的要求

足球运动员在训练过程中需要注意以下几个方面的要求：

（一）技术动作应简练、快速、实用、有效

足球技术训练应力求简练、快速、实用、有效。足球技术训练中应重点训练较为实用的技术动作，不断提高足球运动员技术动作的准确率，以利于足球运动员能够顺利达到足球技术训练的理想效果。

（二）技术动作应结合实战进行

足球运动员在进行足球技术动作训练时，还需要与实战相结合。赛场上激烈的比赛不仅有利于提高足球运动员的技战术水平，而且还能够锻炼足球运动员的心理素质，经过长时间比赛的磨炼，足球运动员在赛场上的实战能力也会不断提升。

（三）进行适当的心理训练

足球运动员应培养自己从心理上能胜任要求的能力，加强心理素质训练。一般情况下来讲，心理训练方法主要有以下几种：放松训练、自我暗示训练、模拟训练、集中注意力训练等。对足球运动员进行一定量的心理训练，可以有效提升足球运动员在比赛场上的心理素质，增强他们对比赛的信心。

对足球技术训练总的要求是简练、快速和实用，能够与实战相结合，并将技术练习中的错误减少到最低限度。提高心理素质是完成比赛任务的重要保证。

第二节 基本足球技术

一、踢球

（一）脚内侧踢球

1. 特点

脚内侧是人们在踢球时最常用的部位之一，相对于脚的其他部位，脚内侧的触球面积较大，为此在踢球时可以更好地控制球的方向和力度，所以脚内侧踢球经常被用于短距离传球和射门。

2. 动作要领

①踢定位球。直线助跑，将支撑脚放在球的一侧，膝关节微微弯曲，脚趾朝向踢球的方向。踢球的腿要以髋关节为轴心，并由后向前摆动发力，膝踝关节外展，脚尖稍翘，利用脚的内侧冲准来球，当膝关节摆动至接近足球上方时，加快小腿的摆动速度。在踢球脚接触足球的瞬间，脚后跟要向前顶，稳定脚型，并用脚的内侧踢球的中部。

②踢地滚球。在踢地滚球时要充分考虑足球的速度、方向，同时还要充分考虑摆腿的时间。此外，在提地滚球时还要及时注意支撑脚位置的选择，从而保证踢球腿可以顺利地摆动与发力。

③踢弧线球。小腿摆动踢球时略呈弧线，注意使用踢球脚的内侧蹭踢足球的侧面，从而使足球旋转飞出。

④踢空中球。踢空中球需要注意以下几个要领：一是抬起大腿，小腿拖后，然后借助小腿的加速前摆踢球，二是结合来球的速度及时调整抬腿的高度和摆腿的时间，三是结合出球的目标来调整击球的位置。

⑤踢反弹球。运动员要根据足球的落点迅速移动到适当的踢球位置，当到达最佳踢球位置之后，支撑脚的站位与足球落点的位置与踢定位球的动作要领一致，此外踢球腿的摆动也与踢定位球的动作要领一致。在做好以上动作准备之后，在足球落地的瞬间，用踢球脚的内侧击中足球的中部。

3. 易犯错误

①踢球腿的膝踝关节的外展力度有所欠缺，此外击球的脚型没有稳定好、脚型不对，踢球脚的脚趾没有勾翘，从而影响了击球的效果。

②踢球腿直腿摆击球，导致击球力度大打折扣。

③支撑脚的位置不佳，过于靠后，在击球之后运动员无法很好地稳定脚型，从而导致出球不顺畅。

4. 纠正方法

①通过分解动作练习方法，加强动作要领的掌握，抑或是采用固定球练习的方式。

②在练习的过程中，注重传授运动员支撑脚最后一步跨出距离的动作要领，最大限度地提升腿后摆的舒展度，放松膝关节。

③在踢定位球的时候，要明确支撑脚支撑点的位置，并借助敲击的方式来固定脚型。

（二）脚背正面踢球

1. 特点

脚背正面踢球主要具有以下几个方面的特点：踢球脚的摆动幅度比较大；摆腿动作速度快、顺畅，便于发力；出球线路和功能比较单一，一般用于远距离发球或大力射门。

2. 动作要领

①踢定位球。直线助跑，将支撑脚放在球的一侧，膝关节微微弯曲，脚趾朝向踢球的方向。在支撑腿向前跨出的同时，踢球腿的大腿要顺势向后摆，同时小腿微微后屈。踢球腿在前摆时，要充分借助髋关节，并将其作为轴心带动小腿向前摆动，当膝关节摆动至接近足球上方时，加快小腿的摆动速度，并绷直踢球脚的脚背，紧扣脚趾，借助脚背的正面将球击出。当踢出球之后，踢球腿顺势前摆、落地。

②踢反弹球。准确判断足球的落点以及反弹时间和角度，然后选择合适的支撑脚落脚位置，在球落地反弹的瞬间踢球腿的小腿加速前摆，并击中球的后中部。

③踢地滚球。选择合适的支撑脚落脚位置。在踢两侧地滚球时，运动员的脚

趾要正向来球方向，选择正确的击球位置，从而保证击球力度。在踢速度较快的地滚球时，运动员要借助摆踢力量及方向调整的方式来消除足球初始速度对出球后的影响。

④踢空中球。支撑脚的位置要选的稍微远一些，从而确保踢球腿可以顺利摆腿、发力，此外还要结合来球的高度和力度选择合适的踢球方法，如抽射、弹击、摆击等。

3. 易犯错误

①支撑脚的位置选择不恰当，导致踢球腿后摆发力不佳，最终影响击球效果。

②击球的瞬间踢球脚的脚型不稳定，脚尖出现上翘的现象，从而影响了出球的力度和方向。

③踢球腿的摆踢路线不直，身体出现后仰现象，此外踢球时膝关节也未能借势上扬，从而影响了出球的方向，导致球被踢高。

4. 纠正方法

①开展徒手模拟训练，注重对支撑脚位置选择的训练，同时还要利用分解动作、固定球训练的方式，加强运动员对动作要领的掌握。

②通过练习来不断固定运动员的脚型，并在此基础上稳定运动员的急求位置。此外，还要注重传授运动员支撑脚最后一步跨出距离的动作要领，最大限度地提升腿后摆的舒展度，放松膝关节。

③在踢定位球的时候，要对运动员强调使用中等以下的力量来击球，合理控制击球点，并借助敲击的方式来固定脚型，使踢出的球低、平、直。

（三）脚背内侧踢球

1. 特点

脚背内侧踢球具有以下几个方面的特点：摆踢动作顺畅，踢球的幅度较大；踢球脚触球的面积比较大；出球平稳有力；性能、路线丰富，一般常用于中远距离传球或射门。

2. 动作要领

①踢定位球。采用斜线助跑的方式，一般情况下助跑的角度与出球方向呈45度角，支撑脚往往放在球的侧后方，脚趾朝向出球的方向，膝关节微微弯曲，双

眼看球，在踢球过程中将身体的重心放在支撑脚的一侧。当支撑脚落脚的同时，踢球腿要以髋关节为轴心，借助大腿的力量带动小腿由外后向前内摆动，摆动路线呈弧线，同时膝踝关节稍外旋。当膝关节摆动至接近足球内侧上方时，加快小腿的摆动速度，击球后膝关节向前顶送，并绷直踢球脚的脚背，紧扣脚趾，借助脚背的内侧触击球的后中下部，将球击出。当踢出球之后，踢球腿顺势前摆、落地。

②踢地滚球。注意调整身体与出球方向的角度关系，从而确保踢球腿可以有效摆踢、发力。

③搓踢过顶球：踢球脚的脚背呈略平的姿势，将踢球脚的脚背插入球的底部，并做出踢的动作，在击球之后踢球脚不跟随球做前摆动作。

④转身踢球。助跑的最后一步是轻微的跳跃。支撑脚的脚趾和膝盖尽量向球的方向转动。击球点应该在球的侧前部，并利用腰部的扭转来辅助摆踢动作。

⑤踢内弧线球。运动员需要将击球点放在球的后外侧，当接触到球的瞬间，踝关节内旋发力，脚趾勾翘，从而使球呈内旋弧形的方式运行。

3. 易犯错误

①支撑脚的位置选择不恰当，脚趾没有对准出球的方向，从而影响了摆踢动作的有效完成。

②在击球的瞬间，膝关节未能向前顶送，而是向内拐，从而使出球呈侧内旋方式运行。

③踢球腿的后摆动作过于紧张，从而影响了前摆的速度，最终导致击球力度不足。

④在踢球时出现支撑脚过于靠后的现象，在击球的瞬间身体过于后仰，导致出球偏高。

4. 纠正方法

①加强助跑后模拟踢球动作练习，在练习中着重体验支撑脚的位置，同时也要注意身体的协调配合训练。

②在技术动作练习过程中，加强对支撑脚最后一步跨出距离的练习，最大限度地提升摆腿的伸展度，同时膝关节向前顶，并顺势做前摆动作。

③在练习踢内弧线球时，要强调击球的正确位置，在确保踢球脚翘起的同时，沿着出球方向做前摆动作。

二、接球

（一）脚部接球

1. 脚内侧接球

（1）特点

脚内侧接球的使用范围比较广泛，此外这种接球方式也比较平稳，具有较高的可靠性。除此之外，脚内侧接球还具有灵活多变的特点。

（2）动作要领

①接地滚球。首先要正确判断来球的方向和速度，及时调整身体的姿势，确保身体正面面向来球。其次要观察周围的环境，选择合适的支撑脚位置，膝盖稍稍弯曲。接球脚根据来球的具体情况做出相应的提起动作，膝关节和踝关节保持外旋的姿势，然后将脚内侧对准来球。在接触到球的瞬间，接球脚要顺势向后迎撤或变向接球，从而将球控制在合理的位置。

②接反弹球。选择合适的支撑腿位置，与此同时身体要及时跟上，准备接球的小腿要与地面形成一定的夹角，并做出向下压推的动作，膝关节要领先，小腿留在后面。

③接空中球。合理选择支撑脚的位置，并结合来球的具体情况来确定接球动作的方向。准备接球的腿要弯曲抬起，然后结合具体需要采用迎撤、切挡等动作。在接到球之后，运动员要立刻将球控制住，抑或是控制在下一个动作的准备之中。

（3）易犯错误

①对接球的时间和位置判断不佳，从而影响后续一系列动作的实施。

②接球腿的膝关节和踝关节的外展程度不够，从而影响了触球的角度，进而导致控球不稳定。

③运动员在做迎撤动作时的时机选择不好，从而降低了该动作的缓冲效果。

④在做压推、拨转接球动作时，身体重心的跟进速度较慢，从而使接球和控球动作之间脱节。

⑤接球腿接球时比较僵硬，为此增加了球的控制难度。

（4）纠正方法

①利用分解动作练习和无球练习方式来提升技术动作的协调性。

②在技术动作练习过程中，重点训练运动员的反应速度和起步动作，抢占最佳的接球位置，让运动员更好地了解主动接球的意义。

③在接地滚球时，要明确支撑脚的位置，同时在练习中要由慢到快地迎撤接球，逐渐提升迎撤接球动作的缓冲效果。

④借助手接反弹球的练习方式来掌握接球的最佳时机，即球离开地面的瞬间。

⑤接空中球时，要保证正确的技术动作，并在此基础上放松接球腿的髋关节，提升身体的整体协调性。

2. 脚背正面接球

（1）特点

脚背正面接球的部位应是系鞋带的部位。它的特点是迎撤动作自由，关节自由度高，接球稳定，但变化少，主要用于接下落球。

动作要领：运动员的身体正冲来球，并判断来球的速度和路线，然后支撑脚保持稳定状态，用接球脚的脚背正面去迎接来球，在接到球的瞬间做迎撤下放动作，同时运动员的膝关节、踝关节要保持放松状态，从而增加缓冲效果。

欲将球接于体前或体侧时，接球脚跟稍提，触球刹那踝关节适度紧张，通过触球面角度的调整，控制出球方向。欲将球接至身后时，接球脚脚尖要勾翘，踝关节适度紧张，接球刹那引撤速度要快，身体随之转动，控制出球方向。

（2）易犯错误

①在接球时，接球腿的膝关节和踝关节过于紧张，从而导致动作僵硬，缓冲效果不佳。

②在接球时，迎撤的时机和速度把控的不是很好，为此不能很好地控制来球。

③不能很好地判断来球，为此对接球的位置判断不够准确。

（3）纠正方法。

①进行无球模仿练习，或队员自抛自接或队员间进行手抛球的接球练习，体会技术动作。

②进行无球的身体协调性练习，使膝、踝关节在练习中充分放松。

（二）胸部接球

1. 特点

一般情况下，胸部接球主要有以下几个特点：触球面积大，触球点高。通常情况下，胸部接球方法主要是用来接胸部以上的空中球。

2. 动作要领

①挺胸式接球。要判断来球的落点，选择适当的接球位置，在接球时，身体要面向来球，两腿保持自然开立的姿势，膝关节微微弯曲，两臂自然地放在身体的两侧，上体稍微后仰并与来球形成一定的角度。在接触到球的瞬间，胸部要主动向前挺送，从而使来球落在身体的前方。一般来讲，挺胸式接球的形式还有跳起、蹲跪和挺胸式接传球。跳起和蹲跪的技术要领同挺胸式接球一样，只是在接球前做跳起或蹲跪的动作，而挺胸式接传球是在其原有的基础上，在胸部触球刹那，突然改变挺送的方向，将球顺势传给自己的同伴。

②缩胸式接球。这种胸部接球方式主要用于接与胸处于同一水平线上的平直球，缩胸式接球与挺胸式接球的动作要领有所区别，在即将接球的瞬间，运动员的双臂自然后张，将胸打开，在接触到球的瞬间，收腹、缩胸，以此来缓解来球的力量，并使球落在身体的前方。

胸部接球的触球点高，接球后下落反弹。因此，做完胸部动作后，需及时将球控在脚下。如果要将球接向身体两侧时，在触球的刹那要突然转动身体，带动球变向。

3. 易犯错误

①无法正确判断来球的落点，为此不能选择合适的接球位置，最终导致整个接球动作无法顺利完成。

②在用胸部接球时，运动员的收挺时机掌握得不是很好，为此接球时的缓冲效果不是很理想。

③在挺胸接球时，运动员上体的倾斜角度控制得不是很好，为此球的反弹弧度、落地位置不太理想。

4. 纠正方法

①利用双人配合训练的方式进行练习，其中一个人抛球，而另一个人用胸部接球，以此来正确把握接球位置，处理好人和球之间的关系。

②采用分解动作练习方法，锻炼运动员的收挺动作技术，使其上体和下体得到协调配合。

③利用自抛自接的训练方法，让运动员掌握上体接球时与来球的角度，同时掌握接球时的收挺动作要领、收挺动作时机等。

（三）头部接球

1. 特点

头部接球技术的特点是接触球的点较高（用头部的前额接球），实用性较强，适用于接有一定弧度的高球。

2. 动作要领

①接下落高球。使身体正面面向来球，同时选择合适的支撑脚位置，并固定好支撑脚的位置。在即将接到球时，上体适当向后倾斜，但是不要倾斜过度，保持好身体姿势之后，用前额对准来球。在接到球的瞬间，稍微弯曲下肢，并做一定的下蹲动作，同时颈部也要适当的放松，从而有效缓冲来球的力量，从而使来球落于体前。如果用头部接一些力度较小的来球时，也可以采用头垫接的方法，这种方法只需要运动员在接球时做到头部和颈部放松即可，在使用这种头部接球方法时，运动员可以在球落地前对球进行处理，也可以在球落地之后将球控制在脚下。

②接球后传给同伴。这一动作要求运动员的身体正面面向来球，同时选择好合适的支撑脚位置。需要注意的是，当即将接触来球时，这种接球方式不需要向后倾斜上体，保持原有姿势即可，在接触到球的瞬间，借助转体摆头点击的方式将球传给己方人员。运动员在使用做这一动作时，可以结合来球的速度、力量采用合理的缓冲方式。

3. 易犯错误

①在接球时，运动员的动作比较僵硬，头部接球的位置不恰当，接球缓冲效果不佳。

②在准备接球前，接球位置选择不恰当，出现靠前或靠后的问题，导致接球效果不佳。

4. 纠正方法

①利用个人自抛自接的方法练习，体会接球的最佳时机和最佳部位。

②借助头部颠球的训练方法，掌握头部缓冲技巧。

三、运球

（一）脚背正面运球

1. 特点

脚背正面运球主要是借助直线推拨的方式，为此具有速度快的特点，但是这种运球方式的路线比较单一。通常情况下，这种运球方式主要被运用在前方纵深距离较长的情况下。

2. 动作要领

脚背正面运球在运球的过程中要始终保持身体放松，同时上体微微向前倾斜，步幅较小。在运球过程中双臂自然弯曲摆动，当运球脚提起时，其膝关节保持弯曲的同时，脚跟提起、脚背绷紧、脚尖向下，在脚落地前用脚的背部推拨球，使其向前运动。

3. 易犯错误

①运球脚在接触到球的瞬间，脚型不够稳定，无法很好地控制球的力量和方向。

②在运球过程中，膝关节和踝关节过于僵硬，将推拨动作做成了捅击动作，无法有效控制球。

③支撑脚与球的距离不合适，距离球较远，在推球之后出现重心后滞的现象，人球分离。

4. 纠正方法

①利用慢速运球的练习方法，固定触球脚的稳定性。经过不断反复的练习来体会运球的动作要领。在练习过程中尽量缩小步幅，固定脚踝，有效控制蹬、摆的用力方向。

②将运球速度放慢，并按照蹬、摆、推拨的顺序做一次完整的动作，在完成之后向前慢跑两步，然后再按照动作顺序做反复练习，并从中体会动作要领。

（二）脚背内侧运球

1. 特点

脚背内侧运球的方法动作幅度比较大，但是控球比较稳。虽然这种运球方法不能快速提升运球速度，却可以很好地改变运球的方向，为此这种运球方式往往被用于掩护性运球或运球变向的情况下。这种运球方法是目前足球比赛中运用最多的运球方法。

2. 动作要领

在运球过程中，身体要进入放松的状态，支撑脚放在球的一侧，身体的重心稍微偏向支撑脚一侧。运球脚的膝关节微屈，脚尖撇向外侧，用脚背内侧部位推拨球的中后部位。在推拨球之后，运球脚要及时落地支撑。

3. 易犯错误

①在运球过程中，运动员的身体重心过高，抑或是身体侧倾程度不够，最终影响运球的方向。

②在接触球的瞬间，脚型保持不够稳定，影响运球效果。

4. 纠正方法

①借助固定球练习方法，明确支撑脚的位置，然后通过反复练习的方法体会运球中身体前移的动作要领。

②可采用放慢运球速度的练习方法，巩固脚型，同时在练习过程中重视运球脚推拨动作的顺序，从中体会运球的有效方法。

（三）脚背外侧运球

1. 特点

脚背外侧运球可以很好地改变球的运行方向，同时也可以最大限度地发挥奔跑的速度。此外，脚背外侧运球还可以起到保护球的作用。总之，脚背外侧运球具有较高的灵活性和可变性，其形式不仅可以是直线运球，也可以是曲线运球和变向运球。

2. 动作要领

在运球过程中，身体要尽可能地放松，上体微微向前倾斜，跑动过程中双臂自然弯曲、摆动，步幅较小。当运球脚提起时，运球脚的膝关微微弯曲，脚尖向内侧旋转，在运球脚即将落地时，用运球脚的外侧推拨球。

①直线运球。在跑动过程中，步幅要小，身体自然前倾。当运球脚抬起时，其膝关节要微微弯曲，同时脚趾内转，脚尖与地面垂直，用运球脚的脚背触击球的后中部，当触球之后人的身体重心随即跟上。

②曲线运球。在保持上述基本动作要求的基础上，触球作用的方向应偏离球心，从而使球呈弧线路线运行。

③变向运球。在运球过程中，运动员要结合变向角度的大小及时调整支撑脚的位置和触球的部分和力度，同时还要确保蹬、摆、推拨等动作的协调。

3. 易犯错误

①运球时，运球脚的膝关节未能有效弯曲，导致运球推拨力量失控。

②膝关节和踝关节过于僵硬，降低运球效果。

③身体的重心过高，最终影响身体重心的跟进。

4. 纠正方法

①在训练过程中明确支撑脚的位置，同时也要确定触球脚的部位，然后采用步行练习方法，领悟动作要领。

②在练习的过程中，可以改变运球的方向，同时要特别强调运球推拨的动作顺序。

第三节 足球无球技术训练

无球技术是指运动员在比赛中不控制球时所采用的合理行动和动作。在足球比赛中，运动员绝大部分时间处于无球状态，这时就需要通过观察和判断场上的情势合理采用无球技术，使自己始终处于进攻或防守的有利局面。

一、跳跃训练

在足球训练中，运动员经常会采用以下几种训练方法进行练习：

①足球运动员采取背向教练员坐或蹲的姿势，当教练员从背后掷出球后，足球运动员立即追赶球。

②采取头、脚、左侧身、右侧身等姿势朝向起跑方向的俯卧姿势做好准备，看到教练员视觉信号后，迅速起动疾跑 25～30 米。训练的间歇时间由原来的 5 分钟逐渐递减为 30 秒，每次缩短时间为 10 秒。

③足球运动员在看到教练员发出的视觉信号后，开始做面向、背向、侧向起跑方向的滚翻动作，疾跑距离为 25～30 米，训练间歇时间由原来的 5 分钟逐渐

递减为 30 秒，每次缩短时间为 10 秒。

④足球运动员进行 25～30 米的沙地、泥泞地的疾跑训练。

⑤进行站立式上坡跑训练或 25～30 米的斜坡跑训练。足球运动员在起动时应以教练员发出的视觉信号为准。间歇时间应逐渐递减。

⑥足球运动员在队长带领下，进行 5×10 米的模仿跑训练。训练的间歇时间为 180 秒。

⑦足球运动员在 300～500 米的场地上进行变速跑训练，并根据教练员的指示不断进行变速训练。

⑧足球运动员在 15 米 ×15 米的场地上进行一人追、一人摆脱的游戏训练。训练以两人每隔 6 分钟实行交换跑的方式进行。

⑨足球运动员进行 30 米的绕立杆跑训练，立杆最短不低于 1.5 米，训练的间距为 1.5～2.5 米。立杆自前向后的间距应逐渐缩短。

二、变向变速训练

①足球运动员进行 15 米全力跑训练，并训练在一个固定目标急停。

②足球运动员看教练员手势在 10～20 米内实行突然起动训练，并进行向左和向右转身 90° 或 180° 、360° 的下蹲训练以及跳跃等训练。

③足球运动员依据教练员手势在 20 米 ×20 米场内做与教练员手势方向相反的全力跑训练。

④两名足球运动员背向足球墙呈坐或俯卧、仰卧、下蹲等姿势，然后足球运动员在听到教练员将球踢向足球墙的响声后立即进行起动追球训练。

⑤在中圈内，一名足球运动员跟随另一名运动员做突然起动、起跳、急停以及卧倒等训练。

⑥足球运动员全力做沿 3 米长的正方形边线进行绕圈跑的训练。

⑦足球运动员做 30 米的“折返跑”训练。可以根据两人竞赛的形式进行训练，还可以采取定时、定间歇的训练形式。

⑧两名足球运动员做绕立柱追逐跑的训练。训练的距离为 50 米，间距为 2.5 米作立柱。

三、起跳训练

①足球运动员进行“蛙跳”的追逐训练。

②足球运动员采取定距离或定时的“袋鼠跳”训练，定距为50～80米；定时为120～180秒。

③足球运动员做跑动中连续顶吊球的训练。跑道长为30～50米，每隔5米则悬挂一个吊球。

④足球运动员做体操凳“跛脚跑”的训练，4～5个体操凳呈直线连接。在跑动过程中，要求足球运动员一脚踏在体操凳上，而另一脚要求踏在地面上。

⑤足球运动员进行150～200次的体操凳上下跳或跨越跳训练，共练习3—5组，训练的间歇时间为5～10分钟。

⑥足球运动员在体操桌上进行30～50次的双脚连续跳训练。起跳训练的时间不宜过长，起跳训练最好是放在运动员处于兴奋性高潮期进行，同时还应做好安全防护工作。

四、假动作训练

①在训练场的中圈内可无规则设置8～12根立杆，足球运动员在中圈内进行快速曲线跑的训练。

②足球运动员进行两脚交替跨跳的训练。在训练场上画一条1～1.5米的折线，并在拐弯处画一圆圈，足球运动员尽量做左右两脚交替跳入圈内前进的训练。在跨跳时，足球运动员应尽量保持低重心，起跳的角度尽量要小。

③足球运动员间隔3～4米进行排列，处在队的足球运动员尽力进行全速自后向前并从两名队员中间穿插跑过的训练。

④足球运动员在罚球区半场内进行一人追逐三人的训练。被追逐的足球运动员利用各种假动作进行躲闪，但是不能跑到训练场地外，被抓到的足球运动员接着担任起追逐的任务。

第四节　足球有球技术训练

一、接球技术训练

接球训练应采用适合现代足球发展的训练方法，从青少年开始就要通过训练方法设置难题，逐步发展增强运动员接球前的观察和选择传球目标的意识与能力，使足球运动员在活动、快速、对抗以及接近实战的情况下，提高各种接球技术运用的能力和水平。

1. 抛接球训练

对运动员进行分组练习，两人一组，面对面相隔 5 米站立，其中一个人用手抛球，而另一个人则用身体的各个部分，如头部、胸部、大腿等练习空中球的接球动作，在练习过程中可以结合实际情况不断增加距离和抛球力度，增加练习难度。

2. 跑动中传接球训练

采用两人一组的练习方式，小组中的人在一定的活动范围内跑动练习。在练习的过程中，要求小组成员采用多种形式的接球方式，其中传球人员也可以结合实际情况采用多种性质的传球，如双方距离较近时可以传递地滚球，双方距离较远时可以传空中球，从而提升运动员的接球能力。

3. 3 人一组接球转身训练

在练习接球技术时，也可以采用三人一组的训练方式：三个人并排站位，由一端的 A 传递给中间的 B，B 在接到球后传递给另一端的 C，C 在接到球后再传递给中间的 B，B 接球后传递给 A，如此反复练习。在练习过程中，三人的位置可以轮换，按照这样的方式练习各种接球技术动作。

二、踢球技术训练

1. 对墙踢定位球训练

对墙踢定位球（图 5-4-1）这种训练方法就要求练习者面对墙壁进行踢球技术训练，在练习开始时，练习人员距离墙体的距离不要太远，大约 5 米的距离最佳。然后练习各种踢球动作技术，在练习时不要用力过大，当球反弹回来之后将球放回原位，进行再次练习，如此反复循环。当练习一段时间之后，可以适当加大人与墙体之间的距离，也可以加大踢球的力度。在训练过程中要注意体会踢球的整个过程，同时也要关注踢球的正确部位。

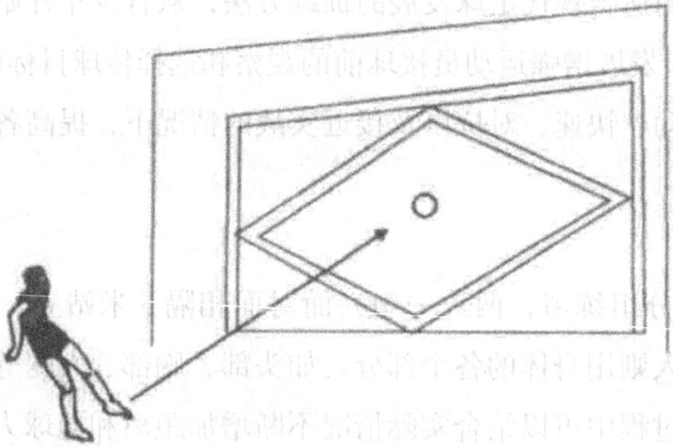

图 5-4-1　对墙踢定位球训练

2. 射大球门训练

在训练过程中，在球门之间树立两个小旗子，运动员站在罚球线区域踢定位球。在练习初期，不对运动员做过多的要求，只要球可以绕过两个旗子进入球门即可；当熟练之后可以进行精准练习，如规定进球区域。

3. 各种脚法的两人训练

在足球运动训练过程中，不管是什么样的训练内容，都可以运用两人训练的方式。比如，两人在训练踢定位球时，可以辅以接球练习，当连贯地进行踢活动球训练时，可以辅以不停顿的连续传球练习。

4. 踢地滚球训练

结合来球的速度、方向来调整自身身体的控制能力，与此同时，还要结合来球的具体情况选择支撑脚的位置。在练习踢地滚球时，可以练习来自不同方向的滚球。在练习过程中，可以不限制脚法的使用，也可以根据练习目的限定脚法的使用。

三、运球技术及其训练

1. 拨球训练

在一定范围内自由运球。听到哨声后，用一只脚作为支撑，另一只脚用脚背内侧或外侧将球绕支撑做圆周运球，进行圆形运球。两只脚依次训练。

2. 跑动中运球训练

分两组进行，两队队员相距 12～15 米相对站立，每人 1 球。一队的第一名队员直线运球向前跑，当到达场地对面的边线时，另一队的第一名队员开始反向运球。为增加训练的难度，可要求队员在练习中使用左右脚运球，或提高速度，或延长运球的距离等。

3. 拉球训练

在规定的范围内运球，以哨声为令，当听到哨声之后，一只脚作为支撑脚，另一只脚的前掌触击球的上方，并拉球绕支撑脚做圆周运动，一步步拉球。

4. 扣拨组合训练

每个人一个球沿着折线向前运球。运球中用右脚脚背内侧扣球，扣球后用右脚支撑，接着左脚脚背外侧立即向斜前方拨球；可继续运两步球（或不运球），然后右脚支撑，左脚脚背内侧向右斜前方扣球后呈左脚支撑，接着用右脚脚背外侧向斜前方推拨球，依次进行。

第六章 网球运动概述

网球运动孕育诞生于法国，逐渐成熟于英国，大量普及于美国，现盛行于全世界。网球运动是当今世界上最为流行的时尚运动之一，是仅次于足球的世界第二大运动项目。本章将从网球运动的起源，现代网球运动的发展概况及趋势，网球运动装备概述，网球运动基本知识教学这四个方面进行详细阐述。

第一节 网球运动的起源

一、孕育诞生于法国

一部分学者认为网球运动诞生于法国，其起源可以追溯至 12 世纪至 13 世纪。在当时，网球是一种法国神职人员用手掌击打的小球物体，以此来丰富日常生活。后来这种活动逐渐传入宫廷之中，并成为当时宫廷贵人所喜爱的消遣活动，当时人们将这种消遣游戏称之为 jeudepaume（法语，用手掌击球的意思），这也就是掌击游戏。英语 Tennis（网球）是从法语词 tenez（意思是“抓住”，它是运动时提醒对方注意的感叹词）演变而来。[①] 在最开始的时候，这种消遣游戏是在室内进行的，随着它的发展，后来逐渐发展为室外游戏，在一个空旷场地的中间拉起一根绳子，两个人分别站在绳子的两侧，然后用手击打一种裹着头发的布球。这种游戏与现代网球运动有很多的相似之处，为此人们将其看作是网球运动的雏形。

二、逐渐成熟于英国

14 世纪中叶，法国王储将这种游戏的球（外壳布制，内部填充毛发等物）赠送给英国国王亨利五世。英王颇感兴趣，下令在宫内建室内网球场，于是这种游

① 陶志翔．网球运动教程 [M]. 北京：北京体育大学出版社，2000.

戏便传入英国，英国人将这种游戏中所使用的球称之为“Tennis”。随着这种游戏在英国的发展，15 世纪时期，人们发明了专门用于这种游戏的拍板，而后又演变为羊皮制作的椭圆形球拍。此外，球场中间的绳子也被绳帘所取代，以便球从绳子下面穿过时可以被明显地发觉。到了 17 世纪初，场地中间的绳帘改成小方格网子，而球拍中间穿上了富有弹性的弦线，取代了用羊皮纸制作的拍面。从此，网球开始在英国盛行，成为英国上层社会的一种娱乐活动，所以网球运动又被称为“宫廷网球”和“皇家网球”，有“贵族运动”之雅称。

随着球拍的变化，球也随之发生改变。最初的球很柔软，主要由羊毛和麻制成。随着球拍的诞生以及网球运动的发展，人们又改良网球，用皮革充填细砂制成网球，这种球比较结实。网球的改良也在一定程度上刺激了球拍的改良，在后来又出现了穿线球拍，人们便使用一种用皮革、棉、麻缠在一起并在接缝处缝合起来的球，同时人们结合场地的实际情况，将球分成两种类型：白球和黑球。1845 年是网球运动发展史上的关键时期，在这一年人们发明了橡胶制成的网球，这给网球运动的发展创造了良好的环境。

1858 年，英国人哈利·格姆在美国伯明翰一位朋友的草地上建造了一个“网球场”，促进了早期网球游戏的开展。1872 年，他又创建莱明顿网球俱乐部，扩大了网球游戏的影响。1873 年，英国少校沃尔特·洛普顿·温菲尔德十分喜爱网球运动，同时他在羽毛球打法的基础上改良了网球打法，也正是由于这次的网球打法的改革，使其成为夏季草坪上的体育运动项目。正是在这样的社会环境下，草地网球正式诞生，并逐渐取代板球成为英国最为流行的室外活动。与此同时，沃尔特·洛普顿·温菲尔德少校于 1873 年出版了《草地网球》，该著作在极大程度上推动了草地网球运动的发展。

此后，网球便成为一项室内、户外都能进行的体育项目。1874 年，场地的大小和球网的高低得到进一步确定，并首次在英国举办了简易的草地网球比赛。温菲尔德对近代网球做出的巨大贡献，使他享有“近代网球之父”的美誉，并荣获了英国女王维多利亚勋章。在伦敦草地网球协会的走廊里，至今还摆放着他的半身雕像。

三、大量普及于美国

美国网球运动的开展也比较早，它是紧随英国网球运动的发展而发展。1874年，美国人玛丽·尤因·奥特布里奇在英国百慕大观看英国军官网球比赛之后，便被这项运动深深地吸引，于是她将网球运动的规则、器械设备带入美国纽约，并借助这些设备在美国纽约斯塔腾岛板球和棒球俱乐部的场地内建立了第一个网球场，从此之后美国的网球运动正式拉开序幕。在美国网球运动发展初期，主要是在美国的东部学校开展，随后才传入美国中部和西部。1881 年美国成立了第一个草地网球协会，自此美国网球运动迎来了发展的高峰，自 1881 年之后美国举办了一系列的网球比赛，其比赛形式也较多，有单打、有双打。二战期间，全世界的网球运动都处于停滞阶段，唯独美国网球运动不仅没有停滞不前，还迎来了发展的黄金时期，从此美国成为引领世界网球运动发展的国家。到目前为止，美国的网球运动依然处于世界领先地位。

四、现盛行于全世界

19 世纪 90 年代，网球运动进入了初步发展的阶段。在这个时期，网球运动是富人的运动，这主要是由于当时的富人有足够的经济条件，他们的家中草坪上一般都建有网球场，作为日常休闲和交际的场所。与此同时，一些国家逐渐成立网球协会，并定期举办网球比赛，如法国的法网、英国的温网、美国的美网等。

1884 年，在温布尔顿举办了首届女子网球单打冠军赛，共有 13 名女选手参加比赛，其中牧师的女儿玛蒂·沃森技压群芳一举夺冠。1891 年，法国第一次举办了男子单打、男子双打网球比赛，此次比赛也对参赛人员进行了限制，仅限于法国公民。在雅典举办的第一次奥运会上也设置了网球比赛项目，将男子单打和男子双打列为奥运会比赛项目，并且一连七届都将其作为正式比赛项目。1900 年，美国人戴维斯为增进网球运动员之间的友谊，捐赠了一只当时约值 800 美元的黄金衬里纯银大钵，命名“国际草地网球挑战杯”，我们习惯性地将其成为“戴维斯杯”。后来它也成为世界男子网坛声誉最高的团体锦标赛永久流动杯，每一年的网球冠军队伍的名字及队员的名字都会被刻在上面。1920 年，“戴维斯杯”上的名字刻满，戴维斯又捐赠了一个垫盒，随后又捐赠了两只托盘。

20世纪70年代之后，网球运动得到了较快的发展，从整体上来讲，主要是由以下几个原因造成的：第一，温布尔顿网球锦标赛上允许职业运动员参加，由此开创了职业网球巡回赛的先河。与此同时，还取消了职业网球运动员和业余网球运动员之间的界限，这在无形中增加了网球比赛的激烈程度，也在一定程度上提升了网球运动员的技术水平，极大程度上调动了人们参与网球运动的热情。第二，随着科技的发展及其在网球运动中的运用，不仅改善了网球运动场地和器械设施，同时也为培养一批优秀的网球运动员做出了贡献，进而推动了网球运动的发展。第三，国际网球联合会对于网球运动的推广和普及，使得网球运动成为体育产业的主力军。目前，全球从事网球运动员培养、网球人口普及、网球赛事推广等相关活动的从业人员多达几十万人。第四，著名体育运动品牌公司加大对网球相关产品的研发和投入，促进了网球运动在竞技、装备、训练等各个领域同步向前发展。

第二节　现代网球运动的发展概况及趋势

一、现代网球运动的发展概况

欧美地区网球的普及程度是其他任何项目所无法比拟的，如在美国、英国、法国、德国、瑞典、澳大利亚等一些网球强国中，人们对网球的热情与日俱增，修建的网球场星罗棋布，参与网球运动的人员很多。根据美国网球协会（United Stated Tennis Association，USTA）统计，美国有2700万人参与网球运动，每年总计约有6亿人次参与该运动，35岁以下的网球运动人口占比38%，英国伦敦的网球场数量就达到惊人的2170片，平均每4000人就拥有一片场地；意大利有3000多个网球俱乐部，会员达100万人，法国打网球的人更多，仅俱乐部的会员就有150万人。

现代网球在近一个多世纪的发展过程中，先后涌现了众多令世人仰慕的球星，他们为网球运动的进步与发展作出了巨大贡献。

（一）世界男子网坛

1933年，美国的威廉·塔特姆·蒂尔登的发球和快速进攻，把网球运动带入了新的发展时期。他拥有最齐全的“兵器库”，凶狠的发球和正手，对于旋转、战术以及心理学的运用在当时无出其右。蒂尔登甚至撰写过《草地网球艺术》以及《比赛打法及旋转球运动》等书，其中后者至今仍被视作经典。美国的杰出球员唐巴基以其攻击性极强的发球、快速移动、大力的抽球、准确的落点和敏捷的动作，形成了最早的攻守兼备的全面性打法，从而使他成为世界上第一个“大满贯”优胜者。

瑞典人比约恩·博格14岁时击败所有参加瑞典少年网球冠军赛的选手而扬名全国。双手握拍的他，擅长在底线和中场以正、反手提拉强烈上旋球控制全场，比赛时沉着冷静、意志顽强、每球必争。他著名的格言是：“不战胜，就战死。”博格不仅球艺高强，而且具备良好的体育道德，在赛场上素以举止文雅而著称。1974年，他获得法国罗兰·加洛斯公开赛和意大利公开赛冠军后开始在网坛崛起；1975年，他作为主力帮助瑞典队首次获得戴维斯杯；1976年，他首次获得温布尔顿锦标赛冠军，网球史上的“博格时代”从此开始。至1981年，他5次蝉联温布尔顿锦标赛冠军，并6次获得罗兰·加洛斯公开赛冠军。

进入20世纪80年代，随着网球运动的普及与提高，职业化进一步成熟与深化，网球新秀取代老球王，形成了一个球星很难长期独霸天下的局面。1981年，美国的麦肯罗击败了当时声名显赫的球王博格。第二年，这个有“坏孩子”之称的球星就败在名将康纳斯手下。1983年、1984年，麦青罗又重新夺回男子网球霸主地位。1985年—1987年，捷克斯洛伐克球员伊万·伦德尔技压群雄，多次被国际网球联合会列为世界头号种子选手。还有美国的库里埃、瑞典的埃德博格和维兰德、南斯拉夫的伊万尼塞维奇等，都是各领风骚的球员。到了20世纪90年代，又出现了许多新秀，如英国的鲁赛德斯基、澳大利亚的拉夫特、俄罗斯的卡费尔尼科夫、巴西的库尔滕等，他们都具备向老将挑战的实力。1985年，年仅17岁的鲍里斯·贝克尔获得全英“女王杯”网球赛冠军。同年，在温布尔顿网球赛男子单打比赛中，他一路过关斩将，夺得桂冠，成为温布尔顿4年历史上首位以非种子选手身份取得冠军的球员，也是最年轻的男子单打冠军，被誉为网球“神童”。在他的运动生涯中，2次获澳大利亚公开赛冠军、3次温布尔顿公开赛冠军、1次美国公开赛冠军。

16岁转为职业球员的桑普拉斯，1990年在美国网球公开赛上击败了麦肯罗，淘汰了伦德尔，最后又战胜了阿加西，成为美国网球公开赛百年史上最年轻的冠军。同时，他还带领美国队两度夺得戴维斯杯冠军，并连续6年成为职业网球联合会简称ATP单打年终世界排名第一，打破了伦德尔在20世纪80年代创造的总共270周占据世界排名第一的历史记录（后来费德勒于2012年7月16日以第287周男单世界排名第一打破该纪录）。他在ATP巡回赛生涯中，共夺得64项男单冠军（包括14项大满贯锦标和5次ATP年终赛）以及2项男双冠军，成为20世纪最成功的网球运动员和在世界最高水平的网球赛事中获得冠军次数最多的运动员。

美国的另一名职业球员阿加西于1992年首次荣登温布尔顿网球公开赛男子单打冠军宝座，随后分别于1994年和1995年在美国网球公开赛和澳大利亚网球公开赛上折桂，达到事业的顶峰。在1999年法国网球公开赛上，他一路过关斩将，以顽强的毅力终于登上冠军宝座。同年7月，他又闯进温布尔顿网球公开赛决赛，这使他再次登上ATP头号种子选手的宝座。2000年，阿加西时隔6年再度加冕澳网冠军，并在随后的3年中两度夺冠。1981年8月8日出生于瑞士巴塞尔的罗杰·费德勒，以全面稳定的技术、华丽积极的球风、绅士优雅的形象而著称，他常常被认为是网球史上最伟大的球员。费德勒拥有ATP史上连续单打排名世界第一最长周数的纪录（237周，2004年—2008年间），斩获20次大满贯男子单打冠军。2018年2月17日，费德勒晋级鹿特丹赛四强，随着本场比赛的胜利，费德勒再次重返世界第一的宝座，并成为网球历史上最年长的No.1。

拉菲尔·纳达尔，1986年6月3日出生于西班牙马略卡。纳达尔职业生涯中共计获得19次大满贯，其中12次为法网冠军、2次温网冠军、1次澳网冠军、4次美网冠军。此外，纳达尔还曾获得北京奥运会的单打冠军和里约热内卢奥运会的男子双打冠军。截至目前，纳达尔是现役球员全满贯得主之一，同时也是网球运动历史上金满贯得主之一。

在2008年的澳大利亚网球公开赛上，21岁的塞尔维亚男选手诺瓦克·德约科维奇一举夺得男子单打冠军，打破了多年来一直由费德勒和纳达尔称霸四大网球公开赛的局面，为年轻球员做出了榜样。2011年，德约科维奇荣获了澳网、温网、美网冠军，其综合竞技能力上升至世界第一。2016年，他在法网比赛中成功击败对手穆雷，拿下法网冠军，自此便集齐了四大满贯冠军头衔，荣获全满贯的荣誉。

2018 年 8 月，在辛辛那提获胜后，这位塞尔维亚人成就了当今男子网坛的一项壮举，集齐全部 9 个大师赛男单冠军，成为自男子大师系列赛 1991 年设立以来包揽全部冠军的第一人。

（二）世界女子网坛

澳大利亚女球员玛格丽特·考特是世界上第一个在同一个赛季里夺得四大满贯冠军的女性球员。1960 年至 1973 年先后摘得 24 个大满贯单打桂冠，成为举世瞩目的一代球皇。

进入 20 世纪 80 年代，有“铁金刚”之称的美籍捷克球员纳芙拉蒂诺娃，成为世界女子网坛一颗闪耀光辉的巨星。1982 年，她以凌厉的抽杀和稳健的防守在温布尔顿网球公开赛上击败了美国优秀球员克里斯·埃弗特·劳埃德，一举登上了“网坛皇后”的宝座。1978 年至 1990 年，她先后 7 次获得温布尔顿网球公开赛冠军。

20 世纪 90 年代以后，世界网坛风起云涌，新老球星竞相争雄，像格拉芙、桑切斯、辛吉斯、达文波特、皮尔斯等都有问鼎世界网球大赛冠军的实力，形成了群芳争艳的局面。施特菲·格拉芙，1969 年 6 月出生于一个德国的网球之家，4 岁就在父亲的指导下打网球。1987 年，她获得法国网球公开赛冠军，之后又夺得澳大利亚网球公开赛冠军。1988 年更是格拉芙的辉煌之年，她于同一年获得了四大网球公开赛冠军及奥运会冠军，实现了“金满贯”的骄人纪录。格拉芙采用男子式的力量型打法。在多年的网球征战中，她凭借自身的速度、力量以及节奏等优势创造了一套男子式的全攻战术，这为世界女子网球运动的发展做出了突出的贡献。塞雷娜·威廉姆斯被人们称之为小威，她是一名非裔美国球员，其身体素质十分优秀，她凭借出色的力量以及丰富的比赛竞技经验，称霸女子网坛多年，她是一名集力量、智慧、技术、心态于一体的完美型球员，职业生涯中共获得 23 个大满贯头衔，她在获得伦敦奥运会女子网球单打冠军之后，便成为世界上第二位获得女子单打金满贯的网球运动员。此外，小威也是当前唯一一个女子网球运动员实现单打、双打金满贯的球员。

玛利亚·莎拉波娃，1987 年 4 月 19 日出生于俄罗斯西伯利亚汉特曼西自治区尼尔根。2004 年，莎拉波娃在温网决赛中横扫小威，夺得职业生涯的首个大满贯冠军；2006 年 9 月 10 日，在美网女单决赛中战胜海宁，赢得了自己的第 2 个大满贯；2008 年，在澳网决赛中完胜伊万诺维奇，赢得了第 3 个大满贯；2012 年，在法网决赛中击落埃拉尼，完成职业生涯的“全满贯”；2014 年，第 2 次赢得法网冠军，也是第 5 个大满贯冠军。莎拉波娃以自己出众的天赋与精彩的表现向世人证明，俄罗斯女子网坛永远也不乏冠军争夺者。

（三）网球运动在世界各国的发展近况

现代网球运动从英国温布尔顿开始到现在已经有 100 多年的历史，这项运动的开展也从最初的几个国家发展到风靡全球。随着网球运动的技战术水平越来越高，竞赛规则不断完善，其职业化、商业化程度日益深化。而世界职业网坛依然发展不平均，尽管亚洲球员也拥有了一定的竞争能力，但欧、美球员依然占据主导地位。

欧洲一直都是网球运动全球化的中心，在短期内仍将保持领先地位。第一集团是西班牙、法国、捷克、意大利、俄罗斯等国。西班牙是欧洲地区网球运动发展最好的国家，拥有众多世界排名最前的职业网球运动员。近几年，西班牙球员在 ATP 世界排名前 50 的人数名列前茅，“红土天王”纳达尔更是西班牙人的骄傲。俄罗斯在网球运动全球化推广中举足轻重，“红粉军团”占据着女子职业网坛重要地位，男子球员也是世界男子网坛的常青树。此外，老牌网球强国澳大利亚、英国、德国、瑞典也都盛产优秀球员，虽然近几年来成绩有所下滑，但整体实力还是相当雄厚。

在 2019 年 12 月，ATP 和 WTA 的排名榜上，世界单打 50 强球员名单中，美国男、女球员分别占据 5 席和 7 席，牢牢占据世界职业网坛第二集团的位置。虽然，随着“美国大炮”罗迪克等老一批球员的退役，美国网球竞技水平有所下降，但拥有庞大网球运动人口基数的美国还是涌现出了大量的新人，并且威廉姆斯姐妹等球员的实力犹存。

近年来，南美球员的成长，让南美成为继欧洲、美国之后的第三集团。巴西、阿根廷、智利三国是出产优秀球员的摇篮，涌现过纳尔班迪安、库尔腾、冈萨雷斯等球员。

在亚洲地区，日本的网球运动推广率很高，网球人口占本国人口的 8% 以上，且拥有锦织圭、添田豪、杉山爱等球员。日本女球员大阪直美，继2018年获得美网冠军后，于2019年首度加冕澳网桂冠，实现了背靠背大满贯（指连续进入两个网球大满贯赛事决赛）的壮举，成为历史上第一位登顶单打世界第一的亚洲球员。泰国球员斯里查潘的职业生涯最高排名为世界第9。随着李娜两夺大满贯冠军，以及郑洁、晏紫、彭帅等在国际大赛上取得的优异成绩，中国女子军团在世界网坛也有了一席之地。被称为中国网球“小花”的众多后辈们通过近几年的不断锻炼，已经能够在高手如云的女子网坛崭露头角。

二、现代网球运动的发展趋势

现代网球运动经历了一个从贵族化到平民化的过程。在网球运动诞生之初，这项运动由神职人员开始，最终成为广大人民群众热爱的体育运动项目。在当时人们用一句谚语来形容网球运动——“英格兰的酒鬼如牛毛，法兰西的球手数不清”，从这句谚语中我们也不难发现，网球运动在逐渐平民化，这在很大程度上受网球运动自身的特征影响。12至13世纪，古典网球运动传入法国宫廷，当时它仅仅是一个休闲娱乐的游戏，法国国王路易十四世认为其有损贵族形象，为此遭受禁止，后来网球运动才得以解禁，并逐渐受上层贵族的喜爱。16至17世纪是法国和英国宫廷网球运动发展的兴盛时期。之后随着网球运动的发展，为网球职业化发展创造了良好的发展空间，参与网球运动的人数也日益增多。截至2021年5月，国际网球联合会的会员已经由1980年的69个发展到210个。在当今社会，网球早已不再是贵族运动，而是人人可以接触的运动。

第三节　网球运动装备概述

“工欲善其事，必先利其器”，舒适的网球装备既能在练习的过程中起到事半功倍的效果，又能在很大程度上预防损伤的发生，延长运动寿命。网球运动所需的装备主要包括球拍、球鞋、拍弦（即“网球线”）、球、服装、手胶等。各种装备品牌繁多，且质量性能差异较大。每一种网球装备都有它的独到之处，因而没有哪个品牌绝对好于其他品牌，在网球装备的选择上应遵循“适合自己的才是最好”的原则。

一、网球拍的选择

选择网球拍时用“AMSSEFCSL”标准进行判断是国际上比较通用的做法，这一标准的每个字母分别代表以下 9 个方面：

A——avoirdupois（重量），球拍的重量与挥拍的速度有直接的关系。过重的球拍会减缓运动员的挥拍速度，而过轻的球拍又很难应对强力的来球。从重量的角度来讲，我们在选择球拍时，应以比例感觉舒服为佳。一般情况下，力量和球性较好的男性运动员在选择球拍时，其重量不应超过 320 克，年轻女性的球拍重量应在 280—300 克，中老年人的球拍重量应在 300—320 克。

M——measure（握把尺寸）。握把尺寸就是大家常说的拍柄型号。球拍拍柄的型号是以拍柄底部以上 5 厘米处的周长确定的，通常单位是英寸 D。以 % 为一个标准单位，如 4% 叫作 1 号柄。选择合适的拍柄型号的方法是，自然握住拍柄，手指与手掌的空隙恰好能放入另一只手指。拍柄大小与身高无关，与手掌大小有关。跟重量一样，拍柄的大小也要以使用者自己觉得舒适为宜。

S——skin（外皮）。握把上的外皮是球拍与人体接触的部分，也就是常说的手胶。其缠绕在球拍拍柄上，起到吸汗、防滑的作用，同时还可以根据个人手掌的大小调节拍柄粗细。但较多、较厚的吸汗带在一定程度上会影响击球时的手感。手胶一般有两种：一种是用皮革或者人造革，另一种是人们通常所说的毛巾布。毛巾布吸水能力较强，但汗水流在毛巾布上容易结块。现在很少用皮革制成的手胶，虽然其防滑效果较好，但价格比较高。一般情况下，通常会选择人造革的手胶，既能很好地防滑，价格也比较适中。手胶在使用时需要留意，时常更换是保持打球最佳状态的好办法之一。

S——sweet-spot（甜区）。甜区（俗称“甜点”）是球拍击球时产生震动最小的一块区域。一般而言，大拍面的球拍甜区较大，小拍面的球拍甜区相对较小。甜区大的球拍击球时缺少速度，控制较差，适合女性、初学者及年长的球员；甜区较小的球拍球速快，打点好控制，适合中高级与年轻的球员。

E——equipoise（平衡）。同样重量的球拍，重量分布也有所差别，这就产生了俗称的“平衡点”。它的中心话题就是“头重”或“头轻”的问题。有的拍头较轻，有的则较重，使用者应该拿到自己手上挥拍试一下，这也是一个“因人而异”的话题。一般而言，头重的球拍适合底线抽击球的对打，头轻的球拍适合网球截击。正、反都用双手的球员也常用头轻的球拍。

F——form(形状)。每一支球拍的拍面形状都有它独特的设计理念。一般来说，拍面的形状主要有椭圆形、蛋圆形两种。形状的不同会对平衡点及甜区产生一定的影响。椭圆形拍面的甜区处于拍面中心；蛋圆形拍面的甜区则处于拍面后中心区，距离握手处较近。

C——construct（构造）。球拍的构造不同，使球拍之间存在不同的软硬度。球拍根据构造可以分为硬性球拍（sidetrack）和软性球拍（firecracker）。为加以区分，将球拍的软硬度分为1～10级，指数低（1～4级）是软性球拍，指数高（6～10级）为硬性球拍。前者控球性能较好，手感较差；后者弹性好、手感佳，但控球性能稍弱。硬度指数越高，表明球拍能提供更好的稳定性和更多的力量。但要注意的是，使用过高的指数、过硬的球拍会加重球员患网球肘的概率与症状。

通常情况下，球拍的磅数越高，球拍的弹性越低，但是对于挥拍速度较快的运动员来讲，便可以获得更好的控球效果。相反，球拍的磅数越低，在触击过程中球拍便可以产生更大的反弹力，为此其控球性能也会随之降低。一般来讲，我们在依据磅数选择球拍时要保证其磅数在55～60磅（1磅≈0.4536千克）力，磅数越低，拍弦的弹性越好，相应控球就较差。

I——linear（拍弦）。拍弦的材料、质地基本上分为两大类。一种是价格昂贵，弹性和柔韧性极佳的天然肠弦。一般情况下，天然肠弦主要是由动物的小肠制作而成，如猪小肠、牛小肠、羊小肠等。目前，网球球拍的拍弦主要是由羊小肠制作而成，为此又被称之为羊肠弦。另外，还有一种较为廉价的人工合成拍弦，它主要是有不同的弦位结构组成，我们又将其称之为“尼龙弦”。随着拍弦厂生产技术的提升，现在部分厂商所制作的人造复合线的性能直逼“羊肠弦”，为此人们又将其称之为“伪羊肠弦”。

现阶段，绝大多数的职业网球运动员都会选择使用天然肠弦，这主要是由于天然肠弦不仅有良好的击球感，拉力不容易下降，同时天然肠弦的弹性也十分好，即便是穿线的拉力十分大，但是其击球对运动员手的震动影响也不是很大。当然，天然肠弦也存在一定的不足之处：一是其造价费用极高，二是耐磨性较差，三是怕热，四是容易受潮变质。反观人造复合弦，其造价成本明显低于天然肠弦，为此大部分的网球业余爱好者将其作为首选。随着科学技术的不断发展，人造复合弦的种类也越来越多，这为网球业余爱好者提供了更多的选择机会。从具体上来讲，人工复合弦具有以下几个方面的优势：一是使用寿命长，二是不易受潮。当然它也有缺点，如弹性较差、伸缩性不好、不宜在寒冷的天气使用等。

一般情况下，我们购买到的拍弦上都刻有相应的品牌和数字，这些数字主要标识的是拍弦的型号，体现的是拍弦横截面的直径，并以此来表示拍弦的粗细。现阶段，市场上流行的拍弦型号主要有以下几种：15 号、16 号、17 号。通常情况下，型号数字越大，拍弦就越细，重量就越轻，此外，我们在一些拍弦上还会看到数字后面标有字母“L”，如“16L”等，其所表达的意思是比 16 型号的拍弦还要细，但是它比 17 型号的拍弦要粗。从拍弦的性能上来看，如果一个拍弦的材料、结构、拉力相同的情况下，越细的拍弦的击球球感就会越好，但是其耐用性较低。较粗的拍弦虽然耐用性较好，但是击球后球的飞行距离比较短，同时击球感也不是很好，运动员会有一种迟钝感。从整体上来讲，拍弦的选择要结合球员的个人喜好，如果力量不足，喜欢发球上网，那么就选择较细的拍弦。如果是底线相持型球员或喜欢主动发力的爆发型球员，就选择较粗的拍弦。

二、网球的选择

网球是以橡胶为内核，其外部采用的是一种统一的纺织材料包裹而成，颜色主要为白色或黄色。此外，网球的接缝处没有继线。一般情况下，网球的规格是一样的，其重量在 1.975 盎司至 2.095 盎司（59.4 ~ 56 克）。当前国际网联将网球的型号分为三种：第一，一型球。我们又将其称之为快速球，其大小与常用的网球大小相同，但是此类型网球的表面是由坚硬的橡胶制作而成，这种类型的网球主要运用在红土赛场上。第二，二型球。我们又将其称之为中速球，也就是我们在市场上常见的网球。第三，三型球。我们又将其称之为慢速球，其飞行速度相当于常用网球的 90%，这种类型的网球一般被运用在硬地球场或草地球场。

三、鞋袜、服装的选择

网球运动具有急起、急停、急速变向等特点，决定了网球鞋必须具备耐磨、防滑并拥有良好的支撑和弹性等特性。选购网球鞋要考虑球鞋的尺码、柔软性、弹性以及鞋底的材质等方面因素，要以穿得舒服、不影响来回跑动为宜。同时，还要考虑球场，一般在沙式球场打球，应选购摩擦系数较高的球鞋，这种球鞋的鞋底纹路较深，在硬地球场打球，则要选购鞋底纹路较浅的球鞋。网球服装从它诞生的那天起，就一直透射着浓郁的时代气息。在过去很长的一段时间里，白色一直被人们作为网球运动服装的标准颜色，它所代表的纯洁、高雅为网球运动树立了良好的形象。到了近代，网球运动员的白色长裤变成了短裤，女运动员的裙子也逐渐演变成了今天的网球短裙。今日的男子网球服装，图案美观、协调，突出了个性特征；女子网球短裙则得体，集妩媚与运动为一身。现代网球比赛中，其商业化特征虽日益明显，但国际网联对正规比赛服装上的广告数量和尺寸大小都有明确的规定。服装以大方、舒适为宜，而球袜能吸汗、舒适就行。

四、避震器等其他网球装备的选择

是否安装避震器视个人的喜好而定，规则中虽然没有规定避震器的大小，但有明确规定必须安装在球弦交叉组成的样式之外。

此外，常见的网球装备还有遮阳服、束发带、太阳眼镜和护具等，除了相应的功能外，多被运动员做装饰品来利用，也是一个地道的网球运动员所需要的“行头”。精良的装备可以在一定程度上加快初学者学球的进程，因此，建议初学者在条件允许的情况下，使用相对较好的产品。

第四节　网球运动基本知识教学

一、击球区

所谓的击球区，主要指的是运动员身体的一侧与球点之间的距离，我们也可以理解为运动员在击球时身体和手臂的位置。如果想要提升击球的稳定性，就需要运动员找到适合自己的最佳击球区，并最大程度上保证每次击球都在击球区。一般情况下，击球点会随击球目的的改变而改变，但是我们要最大限度地保证击球区不发生变化。从最根本上来讲，是要保证一个合适的距离让我们可以顺畅、有效地击球。假如我们不了解自己最佳的击球区，也不了解击球区的重要性，那么随着我们网球竞技水平的提升，暴露出来的问题也会逐渐增加，在面对激烈对抗比赛时也会更加的吃力。

二、步法

步法在网球运动中具有十分重要的作用，它不仅可以帮助运动员找到一个合适的击球位置，同时它也是运动员掌握各项网球技能的前提与基础。从具体上来讲，步法主要有以下五个方面的目的：第一，提升第一步移动的爆发力，快速向来球移动；第二，在保持身体动态平衡的基础上，快速向来球移动；第三，准确地移动到最佳击球位置；第四，最大限度地保持身体的姿势和静态平衡；第五，击球后迅速还原，为下次击球做准备。

从概念上理解这些目的，对步法的提高有一个非常大的帮助。许多人在讨论网球步法的时候只是注重该把脚放在什么地方，而并没有强调步法的目的。如果运动员能够明白步法的目的，他们就能够很容易地移动（如脚的位置等），并能够意识到自己的移动。通常没有教练员的引导这些也会很自然地发生。例如，如果运动员理解了最佳击球区，并且知道目的就是移动到合适的位置击球，你通常会看到他们大步向来球移动，但是在接来球时很少会有调整步法。移动的关键就是分腿垫步，尤其是分腿垫步的时机。在恰当的时机，分腿垫步可使身体保持平衡，一旦判断出来球方向就可以突然向来球移动。另外，分腿垫步也可以提升关键时机（球离开对手的球拍）的认知状态，有助于更准确地预测来球的性质。

当对手开始加速向前挥拍时，运动员就需要做分腿垫步的准备动作。与普通的观点并不相同的是，双脚并不是每次都同时落地，其最关键的地方是当球离开对手球拍时做分腿垫步动作可以确保此时处于腾空状态，在落地的时候正好可以判断来球的落点位置，此时距离来球较远的那只脚优先落地，而距离来球较近的那只脚在落地前开始转向，这样可以提升运动员的爆发力，从而快速向来球移动。

三、身体姿势

保持身体姿势的平衡是网球运动最基本的原理之一，从世界高水平网球运动员的比赛中，我们不难发现他们的动作十分优美，好像是在跳芭蕾舞。高水平网球运动员有较好的核心力量，为此他们在移动过程中可以很好地保持上体姿势，依靠下肢力量便可以完成许多的技术动作。对于高水平网球运动员而言，他们的双腿就好比一个减震器，所以他们在移动的过程中，我们几乎看不到他们头部上下移动的现象，这样便可以精准地判断来球的方向和落点，从而准确地击打球。此外网球运动员上体姿势的保持也可以确保其身体重心落在两脚之间。通常来讲，这些网球技术原理会使每项击球动作变得更加复杂，为此运动员需要在很小的时候进行练习，这样他们在 12～14 岁的时候便可以掌握其基本原理，在掌握了网球基本原理的基础上，他们在以后的训练中只需要花费一定的时间练习击球动作细节、网球技战术即可。如果一个运动员在 15～17 岁时，依然没有掌握这些基本原理，那么他日后会很难提升自己的竞技水平。

四、头部姿态

要保证稳定、有效的击球区，必须使头部保持一个稳定的姿势。瑞士男子职业网球运动员费德勒就是一个很好的例子，他在击球时和击球后瞬间总是保持头部和下巴面向一侧。很多其他高水平运动员也有这一特点。击球时和击球后瞬间保持头部的位置和“稳定”，可以增加击球的稳定性，消除多余的移动，并且有助于运动员在心理上更专注于击球。我们总是可以看到有此运动员在球拍穿过击球区时抬起头并且注视球。这与他们的思维有关，比如“我希望球打在界内”，或者“我不想使击球失败”。击球时和击球后瞬间注视击球区，保持头部相对静止的运动员，他们在压力下击球会更稳定。这就是为什么对于不同水平的运动员来说，保持头部姿势稳定的一个重要原因。

五、随挥动作

在随挥动作结束之后，既可以在肩上部做绕肩运动，也可以在身体的另一侧，其具体情况要结合击球目的。当运动员处于底线较远的位置，并试图使双方回到均势，此时运动员的随挥动作将会与其他情况有所不同。

六、发球和截击

（一）发球

在学习世界级发球动作时，在不同年龄段应有不同的教学策略。在教较小运动员高级发球动作时确实会存在一些危险。例如，不应教非常小的运动员如何发侧上旋发球，因为这样会让他们对发球击球点有一个误解。

一般情况下，大部分青少年网球运动员在发球的时候，他们将球放在了身体的后方，而不是身体的前面，这样的发球问题在后期是很难更正的，同时长期采用这样的发球姿势，也会在无形中增加运动员背部发生损伤的概率。因此，运动员要养成一个良好的发球动作，并掌握正确的击球点。

想要实现以上目的，就需运动员在发球时确保双脚不离开地面（在现实中虽然他们的双脚会转动，但是脚尖并没有离开地面）。在练习过程中建议采用简单的站位方式，如双脚站在同一条线上。在做发球动作时，要保证动作平稳、手臂动作简单、击球点在身体前方。虽然在实际练习中部分网球教练员认为这十分的简单，但是这也是练习发球的关键。

如果网球运动员不能做好站位动作，在以后的训练、比赛中，他们将会遇到更大的麻烦。教练员在教授运动员这些基本的基础动作时，应从简单的蹬地动作开始，并且前腿落地、后腿向后抬起来保持身体平衡。当运动员掌握这些基本的击球动作之后，便可以发出具有一定旋转度的球，然后通过反复的循环训练之后，再教授运动员侧上旋发球。

（二）截击

应努力提高运动员的截击技术，截球动作的关键是简洁，其最主要的是向来球方向移动，在保持身体平衡的同时减小身体的后摆动作，从而更好地控制击球时球拍的方向。关于反手截球技术，那些使用双手的运动员务必要学会使用单手。当准备截球时要做好充分的准备动作，用手扶住拍颈，并借助左手引拍。

七、基础战术

我们常常错误地认为：打网球应先学技术，再学战术，其实不然。战术和技术应在刚开始打网球的时候同时学习，以使训练的基础技术与赢得一场特定比赛时使用的技术基本相同。比如，我们站在后场，并且被迫向后退，那么就要学会如何回球，以便从这一分开始双方回到均势。这就是基础战术。回斜线球就要比回直线球的成功率高，这也是基础战术。学会当来球位于自己的击球区时，通过直线回球直接得分。这都是运动员在青少年阶段要学习的东西，在青少年时期，还要学会“阅读”对手。即在场上怎么击球，怎样判断场上形势，然后击败对手。怎样调动对手露出空档，什么时候发动进攻，什么时候向来球上步发动进攻。基本战术原理的培养可以使运动员更从容地面对比赛时的压力和挑战。

第七章 网球运动基本技术与训练

要想学会网球技术，就需要加强对网球基本技术的训练，本章将从网球运动基本技术教学；网球运动基本战术教学；网球运动基本规则教学这三个方面对网球运动基本技术与训练进行详细阐述。

第一节 网球运动基本技术教学

一、移动技术

在网球运动中，移动技术是其他各项网球运动技术的基础，其他网球运动技术的实施都是建立在网球移动技术基础之上的。

（一）滑步

面对球网，两脚向左或向右平行移动。向左移动时，先蹬右脚，再蹬左脚，两脚腾空后，先右后左，依次迅速落地；向右移动时，动作相同，方向相反。

（二）走步

1. 交叉步

向右移动时，两脚掌向右转动，左脚先向右前方跨一步，交叉于右脚前，同时向右转体迈右脚，再迈左脚。向左移动时，方法与向右移动时相同，方向相反（图 7-1-1）。交叉步经常用于网球运动员在底线正反手击球中。

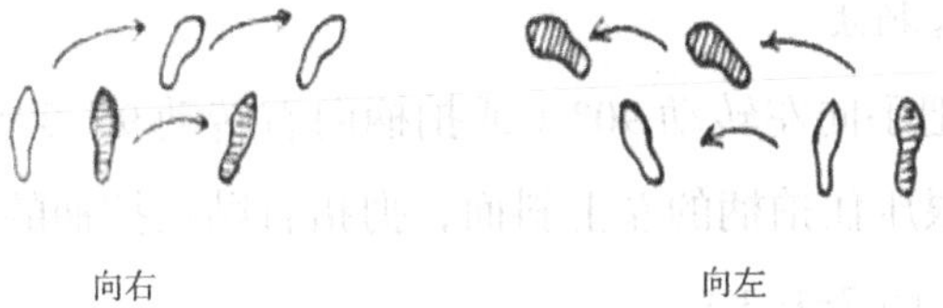

图 7-1-1 交叉步

2. 跨踏步

两脚左右交换支撑跳动或向前快速运动时，突然的一个急停，双脚同时以前脚掌着地，与肩同宽，脚跟稍提起，上体稍前倾，重心在双脚之间偏前处。

（三）跑步

跑步时一脚蹬地起动，另一脚迅速向前跟上，两脚交替进行，两臂配合摆动，不要过早做击球动作的准备，直到接近球时才尽力去击球，跑步特点是移动速度快，便于随时改变方向。

二、握拍技术

（一）东方式握拍法

1. 东方式正手握拍法

拍面与地面垂直，手握拍柄好像与人握手一样。准确地说，用握拍手的虎口对正拍柄右上侧棱，手掌根与拍柄右斜面紧贴，拇指垫握住拍柄的左垂直面，食指稍离中指压住拍柄右垂直面，五指握紧拍柄（图 7-1-2）。

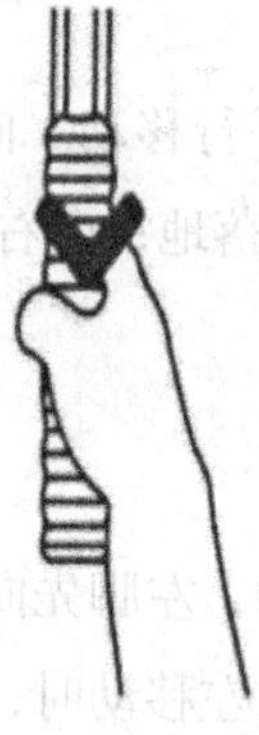

图 7-1-2　东方式正手握拍法

2. 东方式反手握拍法

从正手握拍法把手向左转动 90°（或拍柄向右转动 90 度），虎口对正拍柄左侧棱面上即用手掌根压住拍柄的左上斜面，拇指直贴在拍柄的左垂直面上，食指压住拍柄右上斜面（图 7-1-3）。

图 7-1-3 东方式反手握拍法

（二）西方式握拍法

西方式握拍法的正反手击球都使用网拍同一个面。用这种握法，在打反弹球时，正手能打出强劲的上旋球，反手多打斜球。特别适合打跳球和齐腰高球，但对截击球和低球，特别是反手近网球，极不方便（图 7-1-4）。

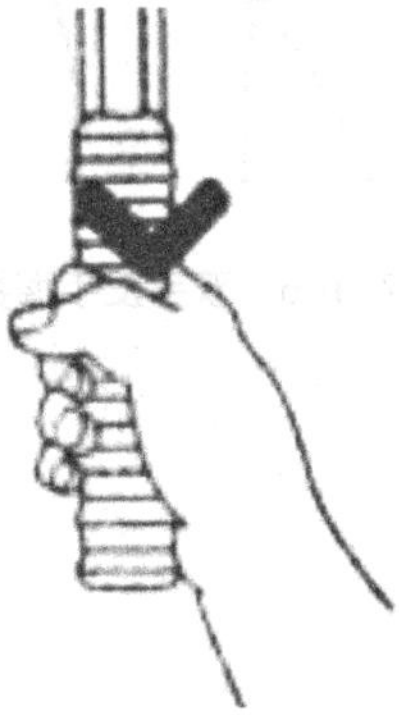

图 7-1-4 西方式握拍法

1. 西方式正手握拍法

拍面与地面平行，用手从拍上面抓住拍柄。手掌根贴在拍柄右下斜面，拇指和食指都不前伸。拇指压在拍柄上部小平面，食指下关节握住拍柄的右下斜面。

2. 西方式反手握拍法

虎口“V”字形向右转动，对准拍柄右垂直面，掌根贴往右下斜面。与拍柄底部齐平。拍面翻转，用与正拍击球时同一拍面击球。

（三）双手握拍法

1. 双手正手握拍法

右手为东方式握拍法，握在拍柄的后（上）方，左手为东方式反手握拍法，握住拍柄的前（下）方。

2. 双手反手握拍法

双手反手握拍法即右手以反手东方式握法，左手以正手东方式握法，左手紧贴右手上方（图 7-1-5）。适合初学者使用。

图 7-1-5　双手反手握拍法

三、发球技术

（一）发球技术环节

1. 握拍法

发球时通常采用东方式反手或者大陆式握拍的方法。需要注意的是，采用东方式握拍在右区而且是用正常动作发球的话，球在出手后很有可能会偏向外角一侧，要想使拍面偏向内角就必须向内转手腕，而经常做这个动作不仅非常别扭，而且还容易受伤，所以网球运动员最好不要选用这种握拍方法。

2. 站位

发球时的站位非常重要，通常来说，合理的站位应该做到：全身放松，双脚自然分开，身体自然前倾，侧身站在端线外中点旁（单打），左肩对着左边网柱，面向右边网柱，两脚分开约与肩宽，左脚与端线约呈45°角，右脚约与端线平行，重心在左脚上。左手持球，右手握拍，拍头指向前方。

3. 抛球

抛球时，用拇指、食指和中指第一二关节将球平稳托住，掌心向上，整个手臂伸直向上托送，利用手臂向上惯性使球平稳地离开手指，避免屈腕屈肘动作，尽量让球垂直向上。需要注意的是，发平击球时，应先将球抛在身体偏右前上方；发切削球时，抛球较平击球再稍靠右一些；发旋转球时，抛球较平击球稍靠左一些。

一般来说，抛球高度的控制，手握球拍充分向上伸直时，球拍的顶部再稍高一些，但是由于此高度限定了挥拍击球所用的时间，所以抛多高才合适要视个人情况而定。

4. 引拍

球拍从前方开始往下、向后上方摆起，当握拍手摆至肩高时，转体展肩弯臂，使拍头垂于背后如“搔背”状，两膝前弓，身体后仰，眼睛注视着球。

5. 挥拍击球

当运动员用左手抛球时，右手握拍继续向上摆起。需要注意的是，要确保右臂的肘关节放松，同时在挥拍击球时也可以借助身体和右肩的转动使右手手臂画出一道完美的绕圈，当球在下落的过程中，右手快速挥拍击球，此时运动员的左脚用力向上蹬起，从而使手臂和身体得到最大程度的伸展。当身体向前上方伸展击球时，肩手臂已经回转，双肩与球网平行。挥拍击球时，持拍手手腕带动前臂有一个旋内的“鞭打”动作，这就是发球发力的关键动作，也是其他诸如蹬腿、重心前移、转体和挥拍等力量集聚的总和。

6. 随挥

击球后，身体向场内倾斜，继续保持完整的随挥动作，球拍随惯性挥至身体的左下方，重心前移，右脚率先越过底线区域落地，并迅速调整好位置，准备接对方来球。

（二）平击发球

右手持拍，侧对球网站立，前脚与端线约呈45°指向右侧网柱，身体重心放于左脚，左手托住球拍的拍颈，手臂放松，稍微弯曲并保持在胸部的高度。双臂同时稍下放，在其最低点抛球，手臂与击球手臂分开，但以不同的速度向上摆动；在眼睛的高度将球抛出，击球臂向后向下，向上引拍，身体重心移至右腿上；当手臂伸展到最高点时，身体重心放于左腿，髋关节前移以降低身体重心；左腿支撑身体向前、向上运动。击球肩膀转向前面，前臂旋内，充分向前，向上伸展击球臂在最高点击球，击球时拍面几乎垂直地面。击球后右前臂继续向外转动，球拍随挥至身体的左侧左臂，在体前协调配合作相反运动。

四、接发球技术

接发球技术是网球运动技术中一项非常重要的技术，是根据发球的速度、路线和落点，根据接发球的战术，而采用的正手反手挑高球放短球等击球方法。随着发球技术的不断提高，接发球的重要性越来越突出。只有掌握好接发球技术，才能打破对方发球优势争取比赛主动权。

（一）接发球技术环节

1. 握拍方法

网球接发球教学过程中学生可根据自己的握拍习惯选择相应的握拍方法。一般来说，在网球接发球中，大多数发球员都会将球发向接球员的反手，除非接球员反手击球明显优于正手击球，因此采用东方式反握方式握拍为宜。如果对手打来正手球，从反握换成正握也比较容易。

2. 基本站位

基本站位应位于端线附近，在有效发球最大角度的分角线上或略偏于反手位置，接近于单打边线处，前后的位置应根据对手发球方式和力量大小来确定，力求在接发球时能前移击球。

3. 准备姿势

两脚平行站位，比肩略宽，右手持拍者一般右脚稍前，两膝微屈，上体稍前倾，脚跟提起，将球拍置于体前。当对方抛球时，重心上升，两脚快速交替跳动，在对手球拍触球的一瞬间，做一个小“跨踏步”，以达到快速起动的目的。

4. 击球方法

在网球运动中，击球时应根据来球情况合理还击球，对不同的球做不同的处理。

5. 落点控制

落点是运动员在还击球之前要观察对方行动时必须考虑的问题，选择好接发球落点，以便于控制对手发球后的抢攻。还击球之前要观察对方行动，对自己的回球路线和落点要有所考虑。

6. 随挥动作

由于网球击球用力大，因此在球拍触球后手臂有一个随挥的动作，运动员在比赛中不要限制击球后的跟进动作，尽量加长球拍接触球的时间，球拍应先跟着球出去，然后做充分的随挥动作。一般情况下，后摆动作小，随挥也小，后摆动作大，随挥也大。

（二）接发平网高度的来球

看准来球，用正常的打法还击，球与拍面接触的一刹那要准确控制拍面角度，针对对手站位情况确定球的飞进方向与落点。

（三）接发高过肩的球

看准来球，积极上步，立足于早打。击球时锁住肩关节，固定手腕，身体重心明显下压，借助于转体，手臂大力挥击。

五、击球技术

（一）击球技术环节

1. 正手击球的技术

（1）准备姿势

做好准备姿势，左手扶住拍颈，拍面与地面垂直，拍头指向对方，注意对方来球，做好击球准备。

（2）后摆引拍

当判断来球需要用正拍回击时，向右转动双脚，左脚随即抬起并向右前方上步（与端线呈 45° 夹角），右脚向右转 90° 与底线平行，同时转肩转髋带动右手向后摆动引拍。引拍时，持拍的手臂放松直线向后拉拍，拍头高于手腕，身体重心移向右脚，拉拍结束时，左肩对网，球拍指向球场后端的挡网，拍柄底部正对球网，尽量保持侧身迎击球，左手一定要随着侧身转体而指向前面的来球。其动作要求迅速、协调，并根据来球情况，适度弯曲膝关节。

（3）挥拍击球

在击球时应充分借助身体的转动，此外在击球时也要确保双腿用力蹬地，将肩关节作为发力的轴心，固定手腕动作，用大臂带动小臂沿着来球的方向挥拍。通常情况下，击球点的位置在左脚右侧前方与腰部齐高的位置。如果在击球时，来球较高，那么运动员就需要及时向后移动，选择合适的击球位置，反之，来球较低，运动员就需要及时向前移动、屈膝，从而让球的高度与腰同高。

（4）随挥跟进

当球与球拍接触之后，球拍沿着球飞行的方向继续送出，此时身体的重心移动至左脚，身体转向球网，球拍的顶端部分在惯力的作用下挥动至左肩的前上方，此时肘关节向前，用左手扶住拍颈随挥跟进结束，立即恢复到准备姿势。

2. 反手击球的技术

（1）准备姿势

反手击球的准备姿势与正手击球相同。

（2）后摆引拍

当发现来球朝自己的反手方向飞来时，运动员应快速转变为右手握拍的姿势，并向左侧转动肩膀和髋部，且将球拍向左后方摆动，在球拍后摆的过程中，运动员的肘关节要自然放松，球拍的顶端稍稍翘起，同时指向后方。与此同时，运动员的右脚向左前方上步，并保持右肩或右背部对准球网的姿势，此时身体的重心在左脚，在做以上动作时，要确保各个动作间的协调连贯。

（3）挥拍击球

挥拍击球指的是球拍由后向前上方挥出球拍，在挥动过程中要确保手臂的自然弯曲，击球点一般在右脚的左前方。在击球时，球拍应当与右脚在同一条直线上，且高度在膝关节和腰部之间。当球与球拍接触的瞬间，握球拍的手要绷紧，确保球拍面与地面垂直，并击中球拍的中部。

（4）随挥跟进

在击球后，球拍顺着球飞行的方向继续向前送出，此时运动员的身体重心放在右脚上，挥动动作停止在运动员的右肩上方，头指向前方，为了保持身体的平衡，此时左手要稍微向上提起，然后身体逐渐转向球网恢复准备姿势。

（二）正手击球技术

1. 正手击上旋球

面对球网，两脚自然开立，重心稍前移，落在前脚掌上，左手扶住拍颈，注意对方来球。当来球时，迅速向后引拍，向来球方向迈出前脚，侧对球网，屈膝降低重心，向前挥拍时重心移向前脚，在前脚右侧前方击球，拍面稍后仰，球拍从下向上、向前擦击球的后上部，击球后要有完整随挥动作，重心全部落在前脚上，球拍挥到左前上方。

2. 正手击下旋球

对来球进行正确的判断，从而提前做出准备。当球触地弹起后，在球上升的过程中击打球。在击球时，后摆动作要小，其动作和网前正拍截击动作的拉拍，拍面略开，沿着球拍向前挥动，在击打到球的瞬间，球拍和地面呈垂直状态。这种击球方法的击球点往往在身体的侧前方，同时在击球的过程中身体的重心应跟随球拍的运动而运动。

3. 正手击平击球

举起球拍，收身；大幅度后仰上体；在高处扑球；将球拍挥至身体正前方；结束时将右肘举到头上。

4. 正手击侧旋球

击球时，球拍由后部向内侧平行挥动（通常也称“滑击”），摩擦球中后部，使之产生由外向内的旋转。

（三）反手击球技术

1. 反手击上旋球

做好准备姿势，当来球飞向反手方向时，迅速变换握拍方式成为东方式反拍握法，同时立即向左转体转肩，带动球拍向后，上身侧对击球点，右肩的方向几乎对着将到来的球，右脚同时向左前方跨步，左手扶住拍颈帮助右手将拍拉向身体左后方。这时持拍手臂的肘部保持适当弯曲，靠近身体，拍柄基本平行于地面。重心移向左脚，左膝微屈。在迎球过程中，球拍由低向高挥动，击球点在身体左前方，高度在腰间，略低于正手击球时的高度。拍触球时手腕固定握紧球拍，锁住时关节拍面垂直或稍后仰（60°～75°）用转体和转肩的力量使重心前移至右脚，击球中部附近部位。反手击球指掌关节对正的方向就是球飞进的方向，随挥动作也要向这个方向。击球时右臂呈外展动作，网拍和手臂都要充分伸展。使网拍的打势结束在身体的右前上方，然后迅速还原并准备下一次击球。

2. 反手击平击球

当对方来球飞向反拍时，要立刻转肩、转体并引拍。同时右脚向左前方跨出，扶拍颈的左手帮助右手换握成反手握拍并将拍拉向身体的左后方，重心移向左脚，左脚掌转至与端线平，右肩或右背对着球网，拍面与地面垂直，球拍触球时。手腕绷紧，挥拍击球的路线是从后向前上方比较平缓的挥击，左臂自然展开。保持身体的平衡，击球后，球拍应随着惯性挥至右肩上方，做完完整的随挥动作后，恢复成准备姿势。反手平击球球速最快，球的飞行路线比较平直，球落地后的前冲力量也较大，但准确性不高，容易下网或出界。

3. 反手击下旋球

击与肩同高或与头同高的反手球时，采用削球或击球前收拍的高度要稍高于击球点，拍头向上，手腕直起，拍面稍后仰，拍子前挥，与球后下部接触，使球带下旋。

4. 双手反手击球

双手反手击球的关键是直线向后拉拍，早点儿收拍。靠扇转动使手背后拉，将拍拉至手腕的高度，手腕要固定，手臂要放松，平伸向后右脚要向边线方向跨出一步，两膝稍屈，使身体形成侧身对网，右肩前探，拍头稍低于击球点，用手腕和手臂从低向高向前挥拍，身体重心前移，眼睛始终看球。保持低头姿势，击球点比单手握拍要靠近身体或稍后一些，击球时双手紧握球拍，最理想的击球高度是与腰齐，对于还击不同高度的来球，要用身体重心的高低来调节，不能用球拍头的高低来调节。拍头一定要随着球飞离的轨迹出去。然后迅速还原，并准备下一次击球。

第二节　网球运动基本战术教学

一、网球单打战术

（一）发球战术

1. 上网发球

大力平击发球和上旋发球后上网。但大力平击发球后，对方回球快，而且身体不易掌握平衡，常常来不及上网，故利用上旋发球上网的居多。

2. 右区发球

站位靠近中点第一发球一般采用平击大力发球，发向对手右发球区中线附近，迫使对手用反手接发球。如果第一发球失误，则第二发球一般采用侧旋发球，发球速度相对慢一些，避免失误，发向对手右发球区边线附近，利用侧旋迫使对手离开场区接球，使对手只能打出轻软的球。发球时注意结合比赛优先考虑发球落点顺序。

3. 左区发球

站在左区发球时，应站在离中点 1～1.5 米处发球，第一发球一般应发对手的左边线附近，即对手的反拍边，让对手用反手来接球。如图 7-2-1 所示，图中的第 2 和第 3 落点，一般在第一发球时可以将大约 1/4 的发球机会选择于这两个落点。如果能以强烈的上旋球发到这个落点，将给对方构成很大威胁。具体应根据对方的站位及反手接球能力的强弱程度来决定。当对方为了应付反手接发球，远离中点线站位偏于左角时，这时应用快速的大力平击球发到中点线附近的第 2 落点，往往能使对方奔救不及而直接得分。左区发球的第 3 落点对接球方来说是一种追身球，发球如果具备相当的速度和力量也常常能使对方措手不及。

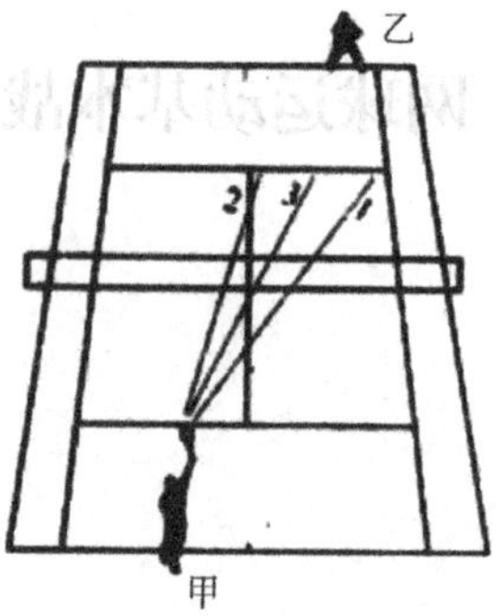

图 7-2-1 左区发球

4. 发平击球

抛球位置及击球点在身体的右前方，用力蹬地，让身体充分伸展，利用手腕力量在最高点用力击球。

平分发球区（右区）发平击球时，以右手持拍者为例，站在靠近中心处。所瞄准的目标也是中心线。从这个位置上发球，球飞行距高最短，球可以从球网最低处通过，保证发球的成功率较高，有效地打到发球区后使得对手后撤。在先发球区（左区）发平击球时，以右手持拍者为例，取位于中心线附近瞄准的目标也是中心线。与平分时一样发球可以从网子最低的位置上通过，此时球虽然是发到对手的正手，但是从中心方向接回的球很难打出角度，有利于自己防守。

（二）接发球战术

1. 接平击球

针对没有横向变化的快速平击球，可站在稍靠后的位置上接球。考虑设法将对手逼到底线附近打深球。

针对底线型的发球者，当球速很快时，及时将球拍面对准来球，利用球速将球接回对方，不必大力挥拍，只将拍面对准球即可。

针对上网型的发球者，应利用对方的球速将球打到其脚下，注意沉着地挥拍，击球时应注意挥拍力量和方向。

2. 接切削球

针对落地后弹起向右向拐弯的切削球，当对方从平分区（右区）发球时，应靠向边线取位，当对方在占先区（左区）发球时应稍靠中线取位。

针对向边线方向拐弯的切削球，最理想的是打对角线球。因为自己接球时已经成为追出场外的情形。如果回击一般线路球，本方已构成的空当给对方造成很好的进攻机会，只有打大斜角才能有时间调整身体的姿势。

针对上网型的发球者，接向边线拐向的切削球往往比预想的还要（向边线方向）靠外。因此，为还回原来的位置，应打大对角线球，尽量打压底对角线球，为打穿越球创造条件。

针对底线型的发球者。当对方的切削球很强劲时，应及早向前踏步迎截，在球尚未有大的方向改变前击球，并且尽可能打深的对角线球。

3. 接旋转球

比赛中平分时，可稍靠中间取位：占先时可靠近边线取位。针对又高又远的旋转球，应尽可能向前踏步，在球尚未弹高之前击球。通常发旋转球的人大多数会上网因此，接发球务必要朝其脚下攻击，阻止其上网截击。

针对底线型发球，如来球弹得又高又远又带有旋转，应及时在球弹起前接球。针对上网。发球，来球有横向变化，且落地后弹得又高又远。旋转很强的球在空中的滞留时间多。若用反手侧以双手接球，即使球弹起很高，也可用双手在高点猛烈地抽击。

（三）上网战术

发球上网是上网型打法者利用发球的力量旋转角度进行主动进攻先发制人，然后上网抢攻的一项主要战术，是上网型打法者在比赛中的主要得分手段。

一般来说，运动员在发急速旋转球后，将球击向底线中间区域时，对方接反弹至底线外或反弹至边线外的球。对方击被动的过渡球时，应及时上网。比赛中，网前的位置应根据个人掌握网前击球的技术情况，自己移动的速度，来球的高度、来球的角度等因素来确定。距网 2～2.5 米为宜。离网较近，攻击的角度大，截击球机会多，控制面积大，移动距离较短，同时还可使回球的路线短，从而取得主动权。

1. 一般情况上网战术

①用延缓上网法（反常上网法）威胁对手。

②从中场使用大力的准确击球或球在上升时击球，控制局面，威胁对方。

③随球上网。

④上网，令对手措手不及。

⑤击球后朝对手弱的一侧随球上网。

2. 中场上网战术

①击高球：始终将球击向对手弱的一侧。

②随球上网：先打一直线，随球上网，朝空当截击。

③随球上网时一般不要打斜线。

④如果你挑一高球，对手不用高球扣杀，你上网，但当心对手挑高球。

⑤如果你打出深而高的球，等候对手的反应，对手回球时，上去封住直线超身球。

⑥如果你击出一轻吊球，对手上来救球，你上网封死角度。

3. 网前上网战术

①齐腰高的球，用最佳截击打空当。

②近网低球，用低截球打中路或打一角度刁钻的轻吊截击球。

③防备对手的超身球或挑高球。

④高的慢速球，用空中截击或高压击向空当。

⑤很高很深的球，球弹起后扣杀中路并上网截击。

⑥很高的中场球，用空中高压打空当。

（四）网前截击战术

1. 站位

网前截击球的基本站位应该是取位与对手可能回球的范围之内的正中间。首先根据自己的进攻路线和球的深度，来预测对手返回来球的可能范围；然后朝着这个范围的正中央移动取位。

为了能做到正确取位，最重要的是确认自己所击出的球应落在对方场中的位置，看清楚对手的跑动位置和击球姿势，并由此来预测对方回球的情况来决定自己的站位。截击取位时靠近有球一侧，一般的，随球上网应是朝着自己击球的方向跑进，然后在对方可能回球的范围的正中间处做一个垫步，两脚分开，身体重心落在两脚之间呈准备姿势（拍子尽量前伸），随时准备出拍截击。此时虽然站到了基本位置上，但如果对手向一边移动，自己也一定要相应地随着变化。向对手移动的方向移动。因此。截击前所取的基本位置不一定就是最后的截击位置，还要根据场上的具体情况、对手的打法和习惯等。在预判的基础上，再从自己所在的基本位置上移动到最佳位置上去截击对方的球。

2. 缩小防守范围

网前战术强调尽可能地靠近球网，主要有两个原因：首先，截击时封网的角度小使截击的攻击性增强且成功率高；其次，加快了比赛的节奏，不给对方喘息的机会，造成其失误。

通常情况下，如果上网及时快速，那么对手可能回球的范围会变窄，相反，底线相持时，对方可能回球的范围对自己防守范围来说就会变宽。即截击时，越靠近球网，对对手的压迫就会越大，有利于掌握比赛的主动性。

二、网球双打战术

（一）双打发球战术

1. 双打发球配合

在网球双打比赛中，队友之间的发球配合应注意两个方面的内容：一方面，发球前一定要让同伴了解自己发球的落点以便同伴做好抢网的准备；另一方面，注重一发成功率。落点以内角和中路居多迫使对手无法击出大角度的回球。为同伴网前截击得分创造有利条件。

2. 双打发球

双打发球落点要深，如果发球有足够深度，就能控制对手冲到网前截击。第一个发球应采用大力发球，发球后随球上网，这时动作要迅速，先冲前三四步，然后停下来准备第一次截击。

（二）双打接发球战术

1. 网球双打接发球配合要点

①接发球的同时主动进攻，向前逼近，给发球者造成心理压力，从而转被动为主动，瓦解发球方的优势。

②接发球最好应选择打斜线球，如果发球方抢网很凶的话，可通过打直线抑制对手抢网。

③如果发觉对手已形成双上网的阵势，最佳选择就是将球击向对手中路的脚下。这是让上网方最不舒服的地方。

2. 双打接发球

对方发球时，接发球的同伴一般站在发球线附近。接发球者回球的情况将直接影响同伴的动作。如果接球队员能有效地接过发球，并且能够上网，这时两个人都应同时上网；如果接发球回击的球力量较弱，这时接球队员的同伴就应立即退到端线附近，不要停在原地。对发过来的球不能做有力的回击，就要到端线附近防御。如果两人同在后场站位时，应保持使球落在中间地带，以减小对手回球的角度。

（三）双打抽击球战术

抽击球是双打比赛不可缺少的技术。为了使比赛对自己有利，应及时变化抽击球。使对方失去好机会。

1. 把对方调到网前

用抽击球进攻的方法是把球按来时的路线用适当的旋转低球抽回去，目的是把对方调到网前。这种情况下不用太担心对方的进攻，耐心反击。

2. 抓住时机挑高球

在打了两三个抽击后，在适当的时机挑高球，迫使对方失误。采取与抽击球一样的身体姿势，不要让对方从姿势上提前预判自己的企图。采用抽击球的身体姿势击各种球。

3. 尽量少用边角球

在网球比赛中，打抽击球时最好少用边角球，因为前场的同伴必须当心对方的直线球，造成进攻的困难，同时对手也容易打出边角球。值得提出的是，适当地变化抽击球可以让对方失去击球扣杀的时机。

第三节　网球运动基本规则教学

一、场地与器材

（一）场地

一般情况下，正规的网球场地有具体的尺寸要求：单打场地的长度为 23.77 米，宽度为 8.23 米；双打场地的长度为 23.77 米，宽度为 10.97 米，如图 7-3-1 所示。

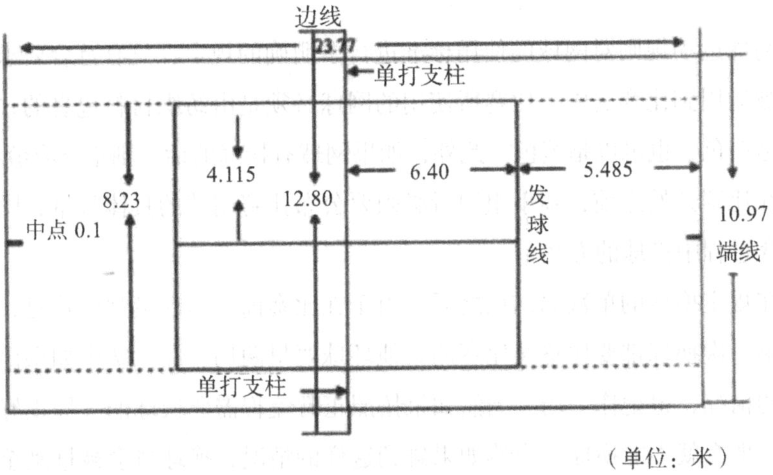

图 7-3-1　网球场示意图

在场地的中央有一个球网将场地一分为二，球网两端的高度为 1.07 米，中间的高度为 0.914 米。场地中央的球网不仅可以填充网柱中间的空间，同时也防止网球从球网中间穿过。此外，借助中心带对球网进行了加固，使其在比赛中可以保持紧绷的状态。

一般情况下，网绳或钢丝绳的最大直径为 0.8 厘米，中心带的最大宽度为 5 厘米。此外球网两侧垂直向下的网带宽度应当保持在 5～6.35 厘米。

在网球场地的两端均设有界限，我们将其称为底线，同时在场地的两侧也设有界限，我们将其称之为边线。以球网为起始点，分别向两侧底线延伸 6.40 米，并在此处画线，这便是发球线，发球线与网线平行。球网与发球线中间的区域被一道垂直于二者的线平均分成两部分，被分割成的两部分被称之为发球区。两端的底线都被一条长度为 10 厘米的中心标志一分为二，一般情况下中心标志会画在场地内，并与单打线平行，发球中线和中心标志的宽度为 5 厘米。

网球场地的线条宽度也有明确的规定，除了底线的最大宽度为 10 厘米之外，场地中其他线条的宽度在 2.5～5 厘米。

目前，网球运动的规则明确规定应严格按照场地线的外沿为标准，场地中线的颜色要采用同一种颜色，同时其颜色还要与场地环境有明显的区别。

（二）球

网球运动规则对网球的使用标准进行了明确的规定，只有符合要求的网球才可以被运用到比赛之中。比赛所使用的网球必须是由纺织材料包裹的，球的颜色可以是白色，也可以是黄色。此外，如果网球有接缝的话，则不能有缝线。

在比赛开始之前，赛事组织者必须要公布比赛用球的具体数量，同时也要说明比赛过程中换球的方案。

在规定换球的单数局结束之后。由于在比赛前，运动员都会热身，为此比赛中的第一次换球都要比整场比赛的其他环球要早两局。在比赛中如果出现平局决胜局的情况，也记作一局。当然如果按照正常流程需要换球的一局正好是平局决胜局，那么就不能换球，当然如果碰到这样的情况，换球将会被推延至下一盘的第二局开始前，抑或是按照下面的方法进行。

（三）球拍

（1）球拍的击球面

它主要指的是拍弦组成的一种式样，不管击球面的大小如何，必须是平坦的。拍框中拍弦交叉的部分应当是相互交错的，与此同时，拍弦组成的式样一定要保持一致，特别是中间的拍弦密度不能小于其他区域的拍弦密度。此外，球拍在设计时要保证球拍两面的击球效果一致。球拍框、拍柄上不能有任何的附属物品和装置，当然有必要使用功能的附属物和装置除外，如防滑、防震动等。

（2）球拍尺寸

一般情况下，球拍的总长度（含拍柄）切勿超过 73.7 厘米，球拍的总宽度不要超过 31.7 厘米。击球平面的总长度应保持在 39.4 厘米以内，同时击球面的总宽度要保持在 29.2 厘米以内。

（3）球拍框

球拍框上的任何部位，都不能有可以改变球拍形状及重力分布的装置，也不能有可以影响、改变球拍性能的装置。

除此之外，在比赛过程中，运动员的球拍上不能有任何可以进行提示、交流的指示装置。

（四）永久固定物

如果在一个双打网和单打支柱的场地上开展网球单打比赛，那么场地中的单打支柱意外的球网部分应当属于场地上的永久固定物，我们不能将其归为网柱或球网的一部分。

二、计分

（一）一局中的计分

1. 常规局

在一个常规局的比赛中，报分时应首先报发球运动员的比分计分如下：

无得分——0

第一分——15

第二分——30

第三分——10

第四分—— 一局比赛结束

在比赛中，如果运动员或队伍都获得了三分，那么他们此时的比分为“平分”。在这种情况下，一方的运动员或队伍再获得一分，那么其比分便是“占先”，此时“占先”的运动员或队伍再取得一分，他便获得了此次比赛的胜利。如果一方在另一方“占先”的情况下获得一分，那么双方比分为“平分”。由此可以看出，在“平分”的情况下，如果一方队员或队伍连续获得两分便取得此局的胜利。

2. 平局决胜局

通常情况下，在平局决胜局中采用的是 0、1、2、3 的计分方式。在网球比赛中，首先获得 7 分且比对手净胜 2 分的运动员或队伍获胜。如果在比赛中遇到平局决胜局时，双方必须要继续进行，并最终角逐出胜负。在平局决胜局中，由轮到发球的运动员发第一个球，然后由另一方发两个球，然后再换第一个运动员发两个球，在此之后每个运动员轮流发两个球，直至决出胜负。在平局决胜局中首先发球的运动员 / 队应当在下一盘的第一局开始时首先接发球。

（二）一盘中的计分

1. 长盘制

优先获得 6 局胜利并净胜对手 2 分的运动员或队伍获得这一盘的胜利。如果进入比赛僵持阶段，双方就需要比赛至一方净胜 2 局为止。

2. 平局决胜制

优先获得 6 局胜利，并净胜对手 2 分的运动员或队伍获得这一盘的胜利。如果比赛进入 6 ： 6 的局面，双方则进入平局决胜局。

（三）一场比赛的计分

一场比赛的计分方式可以采用三局两胜制，即其中一方运动员或队伍优先获得两盘比赛胜利，便获得此场比赛的最终胜利。当然也可以采用五局三胜，即优先赢得三局胜利的运动员或队伍获得此场比赛的最终胜利。

三、发球员和接发球员

运动员 / 队应当分别相对站于球网两侧。

发球员：比赛中发出第一分球的选手。

接发球员：回击第一分发球的选手。

在每一局的开始，运动员都需要在右区端线处发球，当得一分或失一分之后，便换到左区端线处发球。在发球时，球需要越过中间的网线，并落在对方场地区域之中或边线上。运动员在发球时，不能通过助跑、行走的方式改变发球的站立位置，也就是说运动员在发球时必须要在规定的位置上，不能踏入其他区域。

四、发球

（一）场地和发球的选择

一般来讲，在准备活动阶段会借助掷币的方式来确定场地的选择权和第一分发球权。从具体上来讲，掷币获胜的运动员或队伍可以有以下几种选择：

①如果在比赛的第一局选择发球员或接发球员的权利，那么另一方则可以选择第一局比赛的场地。

②如果在比赛的第一局比赛的场地，那么另一方则可以获得第一局选择发球员或接发球员的权利。

（二）有效发球

运动员在开始发球时，双脚应当立刻站在底线的后面，也就是远离球网的那一侧。然后发球人员用手将球抛出，并在球触地之前用球拍将球击出，不管最终是否击打到球，都会判定为发球动作完成。对于那些只有一只手臂的运动员来讲，发球时可以允许他们借助球拍抛球，进而完成发球动作。

在发球时，发球员需要在接发球员准备好的情况下发球。当然不管怎么样，接发球员应当按照发球员合理的发球节奏进行比赛，所以在发球员准备发球时，接发球员要在合理的时间内做好接发球准备。一般情况下来讲，当接发球员做出试图回击来球的动作时，就会被认定为做好了接发球的准备。在比赛中如果有证据证明接发球员未做好接发球准备，而发球员已经将球发出，则可以判定这个发球为失误。

（三）第二次发球

如果发球员出现第一次发球失误之后，那么发球员应立刻返回发球失误的同一半区后面的规定位置再次发球，除非发球失误的这次发球是从错误的半区发出的。

（四）发球程序

网球比赛中，发球程序安排具体如下：

在常规比赛中，每一局开始，发球员都应从右半区发球，然后采用交替区域发球的方式进行左右区域互换。

当进入平局决胜局时，第一分发球也应从右半区开始，然后同样按照左右区交替互换的方式发球。另外，发出的球在接发球员回击球之前应当落在对角方向的发球区内。

（五）发球次序

在每一次的常规局结束之后，上一局的发球员应转换为接发球员，即二者角色进行互换。

（六）发球失误

凡有下列情况之一则视为一次发球失误：

①发球员违反了发球规则和发球的程序。

②发球员试图击球时未能击中。

③发出的球在触地前碰到了水久固定物单打支柱或网柱。

④当发出的球触碰到发球员或其同伴，抑或是发出的球触碰到发球员或其同伴所佩戴的任何物品。

（七）发球无效

所谓的发球无效，主要指的是发出的球在触网之后落在对方的发球区，此外如果接发球员未做好准备时所发出的球同样是发球无效。对于发球无效的应当重新发球。

（八）交换发球

在第一局比赛结束之后，发球员和接发球员的角色要进行互换，而且在以后的每局中都要进行接发球互换，直至比赛结束。

（九）重发球

通常情况下出现以下情况会重新发球：

第一，当发出的球发出后触碰到了球网、中心带、网带之后又落在了有效发球区域，则需要重新发球。又或者发出的球触碰到了球网、中心带、网带之后触碰到了接发球员或其队员，抑或是触碰到接发球员或队员的随身携带物品。

第二，当球在发出之后，接发球员并未做好接球的准备。需要注意的是，重发球不会被计入分数，发球员应当重新发球，但是并不会取消其发球失误。

五、接发球

在常规局结束之后，上一局的发球员和接发球员的角色需要进行互换。

一般情况下，双打比赛中接发球的顺序主要有以下几种：

在第一局中接发球员队伍中要决定出哪一名队员接第一分的发球。

在第二局开始前，另一方队伍也要选出哪一名队员接该局的第一分发球。先接第一分发球的同伴应当接本局的第二分发球，在比赛中按照这样的顺序进行比赛，直至比赛结束。

六、双打比赛

（一）双打发球次序

在每一盘第一局的发球方选出第一分的发球人员，而对方则在第二局中选出第一分的发球员。在第三局中的发球员则是第一局中发球队伍的另一名球员，而第四局的发球员则是第二局中发球队伍的另一名球员。按照这样的顺序进行发球，直至比赛结束。

（二）双打接球次序

先接球的一方应在第一局开始之初选定队伍中哪个球员接第一分球，确定之后，该球员将在这盘的单数局中接发球。另一个队伍则是在第二局开始的时候决定队伍中哪一名球员接发球，在确定之后，该球员将在这盘的双数局中接发球。而他们的同伴应在每局中轮流接球，按照这样的顺序进行发球，直至比赛结束。

（三）双打还击

在接发球之后，双方可以由任意一个球员击来球。在比赛中，如果一方中已经有一名球员击打球，而另一名球员再次击打球，则判定对方得分。

第八章　排球运动的起源与发展

随着我们健身意识的逐渐增强，我们对各种运动项目的学习和了解也在一步步地增进。20世纪初经济全球化，各个国家和地区的运动都在互相渗透与传播，西方不少运动就传到中国来，排球就是其中之一，本章主要内容为排球运动的起源与发展，分为三部分内容，分别为排球运动的发展史、排球运动的特征及主要赛事、排球运动的发展趋势。

第一节　排球运动的发展史

一、排球运动的起源

排球运动诞生于1895年的美国，是由美国马萨诸塞州霍利沃克城的基督教青年会干事威廉·摩根首创的。

在19世纪末期，橄榄球与篮球在美国比较流行，但是这些项目本身比较紧张刺激，更为适合青年人参与其中，并不适合大多数中老年人，于是，摩根通过探索研究之后，创造出了一种较为和缓且在活动量上较为适宜的运动方式，确保能够更好地满足老年人的需要，在网球场上将球网架在一定的高度之上，并且让人们使用篮球内胆隔网来回拍打，使得篮球内胆能够在空中飞来飞去，而这正是排球运动的雏形。值得注意的是，在实践之后，摩根发现篮球内胆太轻并不容易控制，但是篮球与足球又太重，很容易使参与者的手指或手腕受到伤害，所以他找到了当时在美国比较有名的制作体育用品的公司，设计出了一种使用软牛皮包制的球，这种球不但不会使手指受伤，也不会因为重量过轻一打就跑。于是，与现代排球相近的外表为皮质、内胆为橡皮胆的球诞生了，这种球圆周为25至27英寸，重量为9盎司至12盎司，并且，现代足球在大小与重量上也是由此演变而来的。之后，摩根将这种游戏式的活动称作“mitonte”，就是“小网子”的意思。1896年，在美国马萨诸塞州斯普林菲尔德基督教青年会体育指导大会上进行了第一次排球表演赛。在当时，春田市的哈尔斯戴特博士观看比赛之后发现，这种球的打法与网球有一定的相似，所以建议将其命名为“ballboy”，就是“空中截球”的意思。并且，还得到了摩根及表演者的赞同。从此，bally被使用到现在。

在1897年7月，美国体育杂志对排球比赛的打法以及简单的规则进行了公开介绍，于是，排球运动逐渐被人熟知并发展起来。在最开始的时候，排球比赛并没有对人数进行严格规定。比赛开始之前，双方可以对人数进行临时商定，只需确保人数对等即可。另外，因为排球比赛受到了各界人士的欢迎，所以这项运动也很快受到了美国的各教会、学校、协会的重视，最终也被列为美国的军事体育项目之一。

二、排球运动的发展

世界排球运动在发展过程中主要经历了三个阶段，分别为从娱乐排球向竞技排球过渡阶段、竞技排球迅速发展阶段、竞技排球的多元化和娱乐排球的再兴起阶段。

（一）从娱乐排球向竞技排球过渡阶段

排球运动诞生之初是为了中老年人进行身体锻炼，是一种娱乐性的游戏活动，在运动过程中，人们通过对球进行隔网拍打的方式相互嬉戏，确保球不会落地来获得乐趣。最开始的时候并不存在技术，双方需要争取用手一次性将球击过网，就算一次并不能将球击过网，也会有同伴再击。值得注意的是，在游戏的过程中，人们通过实践发现，一次击球过网并不一定是最有效的击球方式，某些时候，从近网的地方或者是跳起击球过网能够获得更好的获胜机会，由此诞生了多次击球的打法，以便寻找到最佳的击球时机或者为技术更好的同伴创造出得分的机会，于是便逐渐形成了集体配合战术的雏形。在不断发展过程中，人们又意识到某一方无休止地进行击球在规则上并不合理，所以便有了每一方击球最多三次必须过网的规定。由此，曾经单一的拍击动作逐渐分化为传球与扣球两种技术，更是因为极具攻击性质的扣球技术的出现，使得更多的年轻人有足够的兴趣参与其中，也使得曾经单纯以娱乐游戏为目的的排球运动多了一些激烈对抗的色彩。到后来，为了应对扣球，又产生了拦网技术。在发球方面也开始使用能够增加力的侧面大力上手球，于是，排球运动本身产生了质的飞跃。伴随着排球运动本身竞技性与对抗性的增强，人们也开始逐渐重视比赛规则。

在 1921 年至 1938 年，排球运动的规则发生了很多次的修改与完善，在当时，排球运动的四大基本技术为发球、传球、扣球、拦网。并且，人们在对各种技术进行运用的同时，也逐渐形成了有意识、有目的、有组织的战术上的配合，队员之间也出现了明显的位置分工。在 20 世纪 30 年代末期至 20 世纪 40 年代，排球运动在战术上得到了进一步的升级，为了应对集体拦网以及扣球与吊球结合的打法，诞生了拦网保护战术系统，在这一发展阶段中，排球运动逐渐从曾经的娱乐游戏排球转向竞技排球，并且在国际比赛中并没有形成统一的竞赛规则、竞赛制度、竞赛组织。

（二）竞技排球的迅猛发展

1945 年之后，部分国家逐渐成立了排球协会，而越来越多的人也开始希望国际上能够有一个统一的组织进行国际的排球竞赛与交流的开展，于是，在 1946 年，经过法国、捷克、斯洛伐克，波兰的倡议成立了国际排球联合会，在 1947 年国际排联正式在巴黎成立，有 14 个国家的排协负责人出席了会议，会议选举法国的保尔·黎伯为第一任主席。此次大会制定了国际排联宪章，成立了技术委员会、竞赛委员会和裁判委员会，之后正式出版了通用的排球竞赛规则。值得注意的是，国际排联的成立，正式标志着排球运动进入了竞技排球的新阶段。

国际排联成立后，组织了一系列国际大赛，如第 1 届欧洲男子（1948 年）、女子（1949 年）排球锦标赛，第 1 届世界男子（1949 年）、女子（1952 年）排球锦标赛，第 1 届世界杯男子（1965 年）、女子（1973 年）排球赛，第 1 届世界青年男、女（1977 年）排球锦标赛和奥运会男、女（1964 年）排球赛。这些国际比赛以后每隔 4 年举行一次，一直延续至今。此外，国际排联下属的各洲联合会也定期举办洲锦标赛、洲运动会排球赛、洲青年排球锦标赛等。通过各种大型比赛以及广泛的国际交往，使得排球运动在技术与战术方面获得了长足的发展。

20 世纪 60 年代至 20 世纪 70 年代初是排球的技术与战术发展较为迅猛的时

期，并且世界排坛也逐渐呈现出不同的流派各显特色、不同的风格先后称雄的局面。

在 1965 年，国际排联对部分旧有规则进行了修改，已经可以允许手进行过网拦网，由此，使得日后怎样突破拦网并提高网上控空权一跃成为比赛能否获得胜利的关键，在这一时期，男子排球出现了四大流派的对峙，在技术与战术的打法上逐步走向繁荣。

在这段时间，排球运动本身能够展现出自身魅力的手段，就是通过激烈的对抗性以及高度的技巧性，之后，在 1977 年，国际排联又再次对规则进行了修改，规定拦网触手之后，仍旧可以击球三次，而这一规则也使得组织进攻获得了更多的机会，进一步增加了攻防的激烈程度。在 20 世纪 70 年代后期，中国男排首次创新了各种空间系列打法，而中国女排则发明了单脚背飞技术，波兰男排则创造了后排进攻战术，由此，使得排球运动进攻战术配合逐步从曾经的二维空间发展到后来的三维空间，并且从平面配合发展到立体配合的新阶段。值得注意的是，在这一阶段中，美洲的培训运动也获得了十分迅猛的发展，古巴的男排、女排以及美国的女排发展迅速，并进入了世界强队的队列中。伴随着后来国际交往的不断增多，各种流派之间也不断在吸收各自的长处补全自身的短处，欧洲的个排球队伍通过吸收亚洲的快攻打法，逐步向强攻加快攻、力量加技巧的方向发展。亚洲的各个排球队伍则在进一步发展自身快变战术的同时，也更为重视提高运动员的高度，以便增加进攻威力。总的来说，20 世纪 70 年代是竞技排球战术发展最为迅猛，也最为突出的时代，在这一时期各种快变战术被发明创造，使得竞技排球运动更加丰富多彩。

（三）竞技排球的多元化和娱乐排球的再兴起

1. 竞技排球的多元化

进入 20 世纪 80 年代之后，竞技排球逐步走向成熟。在当时，只要在技术与战术的某一环节超群的队伍就能够问鼎冠军的时代已经难以复现。在 1981 年至 1986 年期间，中国女排之所以能够连续五次获得冠军，正是因为拥有一支全面型的球队，攻防全面、战术多变、以快制高，正是这种技术与战术的打法存在，使得中国能够在世界排球运动发展史中留下辉煌的篇章。而在这一时期，美国的男排也通过创造性地使用沙滩排球中二人接发球的战术，成功发明了摆动进攻战术，并且在进行比赛的过程中，队员们还通过使用跳发球与后排进攻技术，使得前排的快变战术与后排的强攻进行有机结合，从而形成了纵深立体进攻战术，并且需要注意的是，因为这些队员本身拥有着较高的文化素养，更加擅长进行改革创新，而且防守积极，作风顽强，所以在日后接连获得了四次世界冠军。由此，我们就能够明白，中国女排与美国女排的成功，正式标志着排球运动在技术与战术观念上的革命正式开始，排球运动也进入了全攻全守的新时期。需要注意的是这里所说的全攻全守，并不是个人攻防技术的称谓，而是指整体上进行全方位的攻与全方位的守，从理念上彻底打破了传统的进攻模式，意味着进攻的手段从发球与拦网开始。西欧男排继美国男排崛起后，在职业联赛的交流中进一步发展了美国男排的攻防体系，使跳发球和纵深立体进攻战术发展到运用自如，且很少失误的程度，尤其是意大利、荷兰等国，跳发球空中飞行时间仅为 0.5 秒，且拦网的成功率很高，因此进攻已不再是第三次击球的专利了。

全攻表明进攻的变化不再被局限于网前的二维空间之内，而是包括整个场地在内的三维空间。值得注意的是，意大利与荷兰等国的男排不但有高快结合的前排进攻，并且基于前排进攻的配合，从二传出手到扣球只需要 0.8 秒的背平快与后排进攻，就能够形成高与快结合，前与后结合的全方位进攻的局面。

全守则表明需要进行全方位的防守，其中，要做到的是技术动作的全方位。因为进攻水平在不断地提高，所以曾经单纯依靠手与手臂击球的动作很难防守住扣球。为了确保攻守之间的平衡，并且在积极鼓励防守技术发展的同时又不会对进攻技术加以消极的限制，所以，自从 1984 年开始，国际排联逐渐从规则上对运动员第一次击球时连接犯规的尺度进行了放宽，在 1992 年，将曾经合法的触球部位，从髋关节修改为膝关节之上，而在 1994 年，又将膝关节以上改为身体的任意部分都可触球，由此诞生了手、脚、身全方位的防守动作，有效扩大了人的防守面积，也进一步提高了人的防守质量。在 1999 年的时候，规则上又增加了后排自由防守队员。其次，体现在当代防守观念的转变上，简单来说，就是由预判的“出击防守”代替了固定位置的“等待防守”。其中，“高位防守”的取位十分需要运动员具有高水平的判断、反应及控制球的能力。除此之外，需要注意的是，全方位的防守还主要体现在针对对手的进攻特点上，需要及时进行拦网的调整与防守的配合，不再囿于原有的防守阵型模式，开始兼顾防守效果和防守后的反攻进行布阵。

在20世纪90年代，意大利与荷兰的男排通过极其迅猛的发展，迅速在国际上确立了自身领先的地位，而这也正式标志着竞技排球已然进入社会化与职业化的时代。正是因为排球运动逐步走向职业化，从而使得排球运动本身在技术与战术水平上进入了新的阶段。而意大利排球的水平之所以能够突飞猛进，主要是因为职业俱乐部的实施，而这之中，受益最大的就是男排。在1988年之前的所有世界大赛中，意大利男排只有四次进入了前八名，而在1988年之后，每次都能够进入大赛的前八名，其中4次荣登冠军宝座，4次获亚军，意大利女排也获得了2002年世界锦标赛冠军。在女排方面，古巴女排在高举高打的同时，加快了进攻的速度，并克服了情绪波动的弱点，在20世纪90年代独领风骚，从1989年—2000年先后夺得8次世界冠军。

在进入21世纪之后，世界排坛在格局上发生了根本性的变化，主要表现在女子排球方面，古巴女排逐渐走下神坛，不再具有绝对的实力，主要呈现出中国、俄罗斯、意大利、巴西、美国的女排多强林立的局面。2008年北京奥运会成功以巴西女排的加冕落幕，但这场比赛并没有彻底改变世界女排的格局，其中存在的细微变化十分耐人寻味。美洲三强成功晋级半决赛，巴西与美国更是接连实现飞跃。与此同时，欧洲列强却集体受挫，甚至于多年以来第一次无一进入四强，亚洲方面始终依靠中国女排苦苦支撑。在2012年伦敦奥运会的女排比赛中，巴西女排成功卫冕，而美国连续两届奥运会屈居亚军之位，日本在28年之后重新获得铜牌，韩国队也在36年之后重新进入四强，居于第四位。而中国、多米尼加、意大利、俄罗斯共同获得第五名。2014年世界最新排名，美国与巴西包揽前二，中国在获得世界锦标赛亚军后，相应地提升至第3位。值得注意的是，在男子排球方面，巴西队异军突起，自雷纳多执教巴西男排以来，巴西队在2003年—2007年期间，连续五次获得世界排球联赛的冠军，并且获得了2002年与2006年的世界锦标赛的冠军，2003年与2007年的世界杯的冠军以及2004年奥运会的冠军、2008年奥运会的亚军。美国、意大利、俄罗斯男排依旧保持第一集团的实力。但是第二集团的男排队伍也在不断扩大。俄罗斯在2012年的伦敦奥运会男排比赛中时隔32年再次获得金牌，巴西则是连续两届奥运会都是亚军，意大利在时隔8年之后再次进入三强，获得铜牌，保加利亚创造了32年以来奥运会最佳成绩，担任第4名，阿根廷、德国、波兰和美国4队并列第5名，澳大利亚和塞尔维亚并列第9，英国和突尼斯并列第11位。2014年世界最新排名，巴西与俄罗斯包揽前二，中国位居第17位。

2. 娱乐排球的再兴起

在最开始的时候，排球运动本身是作为一种娱乐游戏活动存在的，但在后来的发展过程中，排球运动本身所具备的娱乐性逐渐降低，并最终被竞技性取代。自从20世纪80年代以来，竞技排球本身的技术与战术都发生了质的变化，而且全方位的攻与防也更能够增加比赛的观赏性。值得注意的是，伴随着现代经济的飞速发展，人们对于物质文化的消费需求也在不断提高，而当前人们消除自身疲劳的最为有效的办法就是健身娱乐，并且人们在观看比赛的过程中，不但能够获得心情上的愉悦，还会对参与其中产生兴趣。但是因为排球运动本身具有高度的技巧性，所以使得很多想要参与其中的人乘兴而来，败兴而归。所以，越来越多的人希望能够有一种所有人都能够参与其中的排球运动形式出现，由此，人们开始对排球运动本身的球的性能以及比赛规则进行了恰当的修改，于是，全球性的娱乐排球便诞生了。尽管国际排联在竞技排球中进行了一系列的改革，而且也因此吸引到了更多的观众，但并不能因此使得更多的人参与到竞技排球运动中，而这会严重影响人们对这一运动的喜爱，所以国际排联才对那些更适合大众开展的排球运动形式进行了支持与重视。在20世纪90年代，国际排联正式将沙滩排球列入了整体发展规划当中，同时也正式成立了沙滩排球委员会，并且在1993年出版的第一部沙滩排球正式竞赛规则，而在1996年，沙滩排球也成了亚特兰大奥运会的正式比赛项目。到目前为止，对软式排球以及迷你排球都曾组织过世界性的青少年比赛，而近年来，国际排联又选择将四人制排球作为大众排球运动进行推广，以便更好地扩大排球活动人口，有效促进大众健身运动的和谐发展。总的来说，娱乐排球本身的再度兴盛，也标志着现代排球运动走向了竞技排球与娱乐排球共存的新时代。

第二节　排球运动的特征及主要赛事

一、排球运动的特征

（一）排球运动的技术特征

1. 发球技术高点化、速度化、弧度低平化

在现代的排球比赛中，大力跳发球因为自身高点、力大、旋转能力强的特点在表现上与后排远网扣球相似，而这样会对发球效果产生极大的影响，甚至会出现接发球困难的情况。并且，最重要的是，现阶段有相关规定，发球触网进入对方场区继续比赛，使发球的弧度逐渐减小。

2. 垫球技术的多样化、合理化、实用化

伴随着世界排坛在发球技术与进攻战术方面的不断发展，在接发球或接扣球环节，对垫球技术有更加高规格的要求。在垫球的质量上，尽力做到弧度低、速度快、失误少、到位多。为了确保能够为进攻奠定基础，在接扣球方面，运动员就需要做到及时反应，并且起动快、卡位好，除此之外，还需要能够使用多种多样的高难防守动作和手法，向左、前、右三条线路以及上、中、下三个部位进行顽强的防守。

3. 传球技术速度化、低平化

通过对近年来世界男、女排各强队的二传技战术进行研究，能够明显发现，在技术上表现得十分娴熟，在动作上更为隐蔽，并且还有着应变能力强、传球速度快等特点。其中，格外需要注意的是，部分高水平的二传手还能够做到定点传、升点传、降点传以及使用单双手的跳传技术升高击球点。另外，不管二传手在什么时候传给前排或后排的球，传球弧度都是从曾经传高弧度球向传中低弧度球发展，这么做的主要目的是有效缩短球在空中飞行的时长，进而有效加快攻击的节奏，从而能够更加有效地突破拦网。

4. 扣球技术力量化，简练实效化

在世界排坛中，扣球手所具备的最为显著的特征是自身身体条件以及专项素质拥有优越性。在对扣球技巧的使用上，能够将直线与斜线结合、重扣与轻打结

合、长线与短线结合、定点与跑动结合，强攻与快攻结合、顺飞与逆飞结合、前排与后排结合等。

（二）排球运动的战术特征

1. 进攻战术在三维空间双面向活点立体化

在现代，排球进攻战术主要是双面向三维空间的立体进攻，就比如三维空间差结合位置差、三维时间差结合位置差、三维空间差结合时间差的立体进攻等。值得注意的是，这些进攻战术本质上都属于双活点的快攻牵制，由平面到立体，并且进攻点多、战术变化灵活性大、牵制力强、杀伤率高、对一传压力大、组攻范围大等。

2. 自由防守人灵活专人化

自由防守队员指的是在每队中唯一一位能够自由上下场的防守人，值得注意的是，一位优秀的自由人有着非常高的一传到位率。在拦网配合方面，自由人能够与前排的拦网队员进行有效配合。在前排拦斜线的时候，自由人需要站在后排中间的位置，而在拦直线的时候，自由人则需要站在后排斜线的位置上，并且通过自身精湛的能力以及经验达到起球效果，有效鼓舞本队士气，从而为全队创造胜机。

3. “快速多变”成为战术的主要特征

在现如今的排坛，若想掌握比赛场上的主动权，就需要快速多变的进攻、快速多变的调整、快速多变的配合、快速主动积极的防守。而且，这种“快速多变”不但包括了队员的行动，也包括了整体队伍的战术行动。其中，队员的行动主要是指队员个体所进行的进攻与防守的变化，整体队伍的战术行动主要是指整队所有队员之间所进行的进攻与防守配合的战术变化。现如今，若想要在比赛中获得胜利，就必须借助快速且多变的战术配合。

二、排球运动的主要赛事

（一）世界排球大赛

1. 世界锦标赛

世界锦标赛是世界上最早、规模最大的一项赛事。1949 年，第 1 届世界男子排球锦标赛在布拉格举行。1952 年，世界女子排球锦标赛在莫斯科举行。以后每隔 4 年举行一次，与奥运会排球赛穿插进行。截至 2014 年，男排举行了 18 届，女排举行了 17 届。世界锦标赛不受洲际队数限制，各国各地区都可以申请参加，但从 1986 年起，国际推联限定参加世界锦标赛的队数最多不能超过 16 支。参赛队的确定方法是东道国代表队和上届锦标赛的前 7 名为直接参赛队，其余的队自五大洲锦标赛的冠军队（如果洲冠军队已获直接参赛资格，则按名次顺序递补）。另外 3 个名额则在国际排联组织的资格赛中产生。女排仍是 16 个参赛队，其参赛资格也在预赛中产生。

2. 世界杯赛

世界杯赛原为欧、亚、美三大洲的排球赛，1984 年，国际排联将此项比赛扩大成世界性比赛，并称其为世界杯赛。1965 年，在华沙举行了第 1 届男排世界杯赛；1978 年，在蒙得维的亚举行了第 1 届女排世界杯赛。以后每隔 4 年举行一次。经国际排联批准，从 1977 年开始，举办的地点固定在日本。世界杯赛的参赛队最多不超过 12 支，一般由东道国代表队、上届冠军队和各洲锦标赛的前两名构成。

3. 奥运会排球赛、沙滩排球赛、残奥会坐式排球赛

1964 年，在日本东京举行的第 18 届奥运会上，排球比赛被正式列为奥运会比赛项目。奥运会排球赛的参赛队一般男子为 12～16 支队，女子为 8～12 支队，具备参赛资格的是东道国队、上一届的冠军队、上一届世界杯冠军队和五大洲锦标赛的冠军队。沙滩排球在 1996 年的亚特兰大，也就是第 26 届奥运会上被列为正式比赛项目，男、女各 24 支队参加比赛，每队两名运动员，每个协会最多两个队（男、女各一个队）。1980 年在莫斯科举行的第 6 届残奥会上，男子坐式排球第一次成为正式比赛项目；2004 年在雅典举行的第 12 届残奥会上，首次将女子坐式排球列为正式比赛项目，中国队夺得冠军。

4. 世界男排联赛和世界女排大奖赛

世界男排联赛和世界女排大奖赛都是国际排联举办的商业性大赛。世界男排联赛始于 1990 年，以后每年举行一次，该项比赛采用主客场制。世界女排大奖赛始于 1998 年，以后也是每年举行一次，该项比赛采用巡回赛的方法进行。以上两种比赛因为商业色彩很浓，所以凡申请参赛的队，都要通过国际排联规定

的“专门硬件”资格的审查，即：申请报名参赛队的主场所在地必须具备能容纳5000人以上观众的体育馆，而且场地内必须具备新闻通信设施；主场所在地必须具有能通过卫星向世界转播和向全国转播的电视台，并能保证每天提供有关比赛的电视节目，同时还必须保证能向国际排联提供每场比赛的录像。主场所在地必须设有国际机场，或是距国际机场两小时以内路程的地方。除此之外，申报参赛队还必须向国际排联交纳50万美金的报名费。因此，这两项比赛每年的参赛资格及参赛队数的多少，都是赛前由同际排联组织专门机构进行研究后商定的。

（二）国内大型排球比赛

1. 全国运动会排球赛

1959年，在北京举办了第1届全国运动会排球赛，已举办过12届，是我国最重要的排球赛事。

2. 全国青年运动会排球赛

全国青年运动会前身是全国城市运动会。1988年，在山东举办了第1届全国城市运动会排球赛，至今已举办过7届，是培养排球后备力量的赛事。为了与青年奥林匹克运动会接轨，更加突出培养体育运动后备人才的目标，在2013年11月，全国城市运动会被正式更名为全国青年运动会，并于2015年10月在福建正式举行第1届全国青年运动会。

3. 全国排球联赛（主客场制）

全国排球联赛首次举办于1996年，是我国目前为止影响最大且水平最高的排球赛事，能够参与比赛中的运动队分别为各个省市、解放军以及俱乐部的顶级球队。

第三节　排球运动的发展趋势

一、攻守更加平衡

通过对排球的发展历史进行研究，我们能够发现，在很长一段时间里，排球一直处于攻强守弱的状态，而国际排联为了扭转这一局面，也对排球规则进行了多次重要的修改，就比如对每球得分制的使用、自由人的出现以及发球区的扩大等等，值得注意的是，这些变革不但能够有效促进排球技术与战术的创新，还能够有效充实排球运动的内涵，使得排球运动的表现形式更为丰富。另外，排球运动在技术与战术上的不断丰富与发展，与排球运动本身的竞赛规则不断的修改与完善之间有着紧密的关联。除此之外，我们还需要重视以下两个方面的问题：其一是在排球运动中，除了发球与扣探头球之外，排球的所有进攻都是从接球与防守开始的，若是没有一个良好的接球与防守作为基础，所有的进攻都难以实现；其二是每球得分制，要求运动员应当具备更加全面、准确且有效的攻防技术，对于运动员来说，进攻与防守应当是相互依存，相互制约的。

通过对世界排球技术与战术的发展历史进行研究，我们能够明显发现，进攻与防守的对抗始终存在。就比如正是因为扣球技术的产生，才直接导致了拦网技术的出现。勾手飘球技术的发明，也使得垫球技术得到了发展，等等。进攻与防守战术本身既存在对抗又相互联系，相互制约却又相互促进，而这也更能够有效促进排球运动在技术与战术方面得到发展。进攻技术与战术的提高，能够有效促进防守的技术与战术的进步，同样的，防守在技术与战术方面的加强，也能够有效促进进攻技术与战术的发展，最终形成了排球在技术与战术发展过程中呈现出的螺旋式递进的特征。

二、技战术更全面

在排球运动中，带有规律性的问题主要是要求运动员在技术方面应当足够全面，不但能够进攻，也能够善于防守。在进攻方面，不但能够做到强攻，也能够做到快攻，而且不但能够做到前排攻，也能够做到后排攻，确保前后排能够融为一体。在进行战术制定的过程中，需要根据运动员本身所具备的特长的不同进行不同的组合，从而使得战术更具个性化，也能够发挥整体的优势。

伴随着运动员本身身高与弹跳力的增长，对于后排扣球技术的应用也越来越普遍，甚至于直接成为现阶段的高水平排球比赛中所使用的主要进攻手段。运动员本人凭借自身身高以及弹跳力强、爆发力好等优势，使得跳发球技术被大量应用到比赛当中，通过使用跳发平飘、跳发侧旋等形式的发球技术，真正做到了先发制人的目的。四号位平拉开结合二、三号位的跑动进攻战术，以及降低后攻的弧度，并有效增加反攻的进攻点等方式，都是为了能够争取到更多的时间，抢夺更多的空间，以便更好地突破对方拦网。若想要进攻速度不断加快，主要采用的手法是降低弧度，加快传球的速度等。

世界男排的集体配合，战术发展得越来越丰富，且有了新的发展，其中，四号位平拉开、三号位远网快球、远网短平快已经得到了普遍应用。各个队伍越来越重视彼此之间的配合以及快攻战术，运动员也更为强调需要具备全面的战术且攻守兼备，快速灵活，能够控制失误，其中攻防优秀的队伍，直接代表着现阶段世界排球的最高水平。通过实践研究发现，若是技术不全面，就很难保证战术的组织与变化，其中，在排球运动中，全面主要是指能够在全攻全守的基础之上，有效突出自身的特长，将单项技术运用，从之前比较单调的打法逐步向着更为全面且多样化的方向发展。在现如今的排坛中，世界上的各个强队不但十分重视高度与速度，还将球队中所有运动员在技术方面是否全面以及整支队伍的串联技术是否合理且娴熟等看作是一支球队是否成熟的标志。若是在攻守方面不平衡，就很难获得比赛中的主动权，另外，若是不具备高度，就一定会削弱网上扣栏抗争的实力，另外，若是一支队伍中队员本身并不具备特长，那么这支队伍也一定没有足够突出的特点，并且，若是集体之间不存在紧密的配合，就很难发挥出个人的特长。除此之外，若是一支队伍不具备拼搏精神以及顽强的战斗作风，就很难获得最终的胜利。在 100 多年的发展与演变过程中，排球运动的战术体系在构建与发展中主要经历了“点—线—面—体”的演变过程，对战术的运用也逐渐变得合理、简练、实效。技术、战术、身体、心理层次的全面发展是现阶段排球运动的整体发展趋势，在未来，全面、高度、快速、多变将在更高层次上不断深化和发展。

三、职业化、商业化、大众化

在进入 20 世纪 90 年代之后，排球运动逐渐向着职业化、商业化、大众化的方向发展。值得注意的是，职业化本身就是排球运动的发展趋势，而且因为高额奖金的存在，也使得比赛能够更加精彩，同时在比赛过程中激烈的对抗也能够吸引到观众，从而创造出更大的经济效益。因为职业化与俱乐部制度的存在，使得一大批的优秀选手进入经济排球运动当中，而这也有效提升了排球比赛的激烈精彩程度，增强了排球运动本身的吸引力。随着传统媒体的介入，也使得排球运动本身的商业化趋势得到了加强，正是因为娱乐排球的盛行，使得排球运动逐步发展成为世界性的主要运动项目之一，而且值得注意的是，排球运动本身的竞赛形式也伴随着时间的发展更加多样，大众化趋势也更加明显。

第九章　排球运动技术与校园排球发展

排球运动是球类运动中一个重要的组成部分，本章将从排球运动基本技术，排球技术训练与意识培养，排球运动技术的发展，以学校运动队建设带动校园排球发展这四个方面来详细阐述排球运动的技术与校园排球发展。

第一节　排球运动基本技术

一、发球

（一）正面上手发球

正面上手发球，主要是指发球队员需要面对球网站立之后收腹转体，并在此过程中带动手臂加速挥动，最终在头的右前上方使用双手掌对球进行击打，使其成功过网。这种击球方法的击球点比较高，发球队员能够充分利用自身胸腹与上肢的爆发力的同时，使用手掌的推压动作使得排球最终上旋飞行，不容易打出界，所以这种发球方式有着十分强的攻击性与准确性。

1. 动作方法

（1）准备姿势

在开始的时候，进行姿势的准备，运动员需要面对球网双脚自然分开站立，确保左脚在前，与此同时，左手托球放在身体前方。

（2）抛球与引臂

在进行抛球的过程中，需要使用左手将球平稳地抛向自身右肩的前上方，使用合适的力度确保球被抛起的高度适中，与此同时，抬起右臂屈肘后引，确保肘与肩处于平行状态，上体要先稍微向右侧进行转动，之后抬头、挺胸、展开腹部，手掌也要自然展开。

（3）挥臂击球

通过蹬地的动作，使自身上体向左进行转动，与此同时收腹，由此带动手臂向前上方快速挥动。在右肩前上方伸至手臂的最高点的位置的时候，使用全掌击打球的后中下部。在进行击球的过程中，手指与手掌要张开，确保能与球吻合，并于此时使用手腕迅速做出推压的动作，从而确保击出的球能够呈上旋飞行状态。在击球动作完成之后，伴随着重心向前移，迅速入场。

2. 技术分析

（1）准备姿势和发球的取位

在进行准备姿势的时候，需要左脚置前，由此就能够更好地进行引臂和身体的自然右转。对于发球的取位，需要根据对方接发球布阵情况与攻击目标以及发球队员自身的特点决定，在端线后9米宽的区域内，既能够站在左右两侧，也能够站在中央发球。前后位距的确定，则需要依据个人发球特点和性能变化。

（2）抛球与引臂

在抛球的时候，需要通过手臂上抬、手掌平托上送的动作将球抛在身前30厘米处，最佳高度为球离手约1米。需要注意的是，球必须平稳上抛，绝对不可屈腕，否则会出现球体旋转以及偏离上抛垂直线的情况，最终导致击球不准。若是抛球过前，则会造成手臂推球而不易过网。抛球过后，就不能充分发挥转体收腹力量。抛球过高，就会很难掌握动作节奏和击球时机。抛球过低，就不能充分发挥击球的力量和提高击球点。右臂在后引的时候，需要有屈肘上抬的动作，尽力拉长胸腹和肩关节前侧的肌肉，从而有效增加工作距离和击球力量。

（3）挥臂击球

在进行挥臂动作的时候，要从两足蹬地开始发力，之后上体迅速向左侧旋转，与此同时进行收腹动作，并且以腰胸带动肩、肩带动上臂、上臂带动前臂、前臂带动手腕，最后将力量传送到手上。在进行击球的时候，前臂和手腕的动作要时刻保持稳定，绝对不可以随意地左右转动。而且，手腕推压动作的大小，则需要根据击球点的位置进行对应调整。若是击球点高或离身体近的时候，就需要使用较大的动作将手腕向前推压；击球偏前或较低时，手腕向前推压动作要稍小，以免击球出界或入网。

3. 技术要领

手托上，抛高 1 米，同时抬臂右旋体。转体收腹带挥臂，弧形鞭甩应加速。全掌击球中下部，手腕推压要积极，击出的球要加速上旋。

（二）正面下手发球

正面下手发球主要是指发球队员面对球网，手臂由后下方向前摆动，在体前腹部高度击球过网的发球方法。主要有以下特点：动作简单、容易掌握、准确性大。因为击球点低、球速慢、攻击性不强，所以这种发球方法十分适用于初学者。初学者学习这种技术后，能够更好地参与接发球练习和教学比赛中。

1. 动作方法

（1）准备姿势

面对球网，两脚前后开立，左脚在前，两膝弯曲，上体前倾，左手持球置于腹前。

（2）抛球

左手将球轻轻抛起于体前右侧，球离手约一球高度，与此同时，右臂伸直，以肩为轴向后摆。

（3）击球

右脚蹬地，使得自身的重心伴随着右臂由后向前摆动而逐渐前移，在腹前以掌根或鱼际部位击球后下部。击球之后，随击球动作重心前移，迅速进场比赛。

2. 技术分析

①击球手臂需要以肩为轴向后摆起，之后再以肩为轴直臂向前摆动，在击球前，手臂绝对不可出现屈肘动作，由此才能够有效加快挥臂速度与控制击球出手角度、路线，并更好地加强准确性和攻击性。

②手触球时，手指、手腕要紧张，手成勺形，以掌根部位击球。

3. 技术要领

左手抛球低出手，右臂摆动肩为轴。击球刹那不屈肘，掌根部位击准球。

二、垫球

（一）双手正面垫球

1. 动作方法

（1）垫轻球

①准备姿势。对于对面击打过来的球，需要使用半蹲或者稍蹲的准备姿势站立。

②垫球手型。运动员需要将自身的两手掌根相靠，并将两手手指进行重叠，手掌互握，两拇指呈平行状态向前，手腕下压，从而使得两前臂外翻呈一个平面。

③垫球动作。在排球飞到自身的腹部之前大约一臂距离的时候，需要将自己的双臂夹紧并向前伸，插入球下，与此同时，进行蹬地、跟腰、提肩、顶肘、压腕、抬臂等全身协调动作迎向来球，确保自身的身体重心能够伴随着击球的动作不断向前上方移动。

④击球点。保持在腹前高度。

⑤球触手臂部位和击球部位。使用前臂的手腕关节以上10厘米左右的两小臂桡骨内侧所构成的平面对球的后下部进行击打。

⑥击球后动作。在击球的瞬间，两臂要保持稳定，身体重心继续协调地向抬臂方向送球。在垫击动作结束之后，应当立刻放松双臂并完成下一动作的准备。

（2）垫中等力量球

准备姿势、击球点和手形与垫轻球相同。因为来球本身具有一定程度上的力量，所以手臂在迎击球动作的时候应当使用较慢的速度，并且有一定程度上的放松。在垫球的时候，主要依靠的是球本身的反弹力。击球时，要运用蹬地、跟腰、提肩、压腕、向前抬臂的动作击球的后下部。

（3）垫重球

采用半蹲或低蹲准备姿势，两臂放松置于腹前。在进行击球的时候，因为来球本身有着较大的速度与力量，并且触球之后，球体本身的反弹力也比较大，所以不能够主动地用力迎击来球，应当使用含胸收腹的动作。在此过程当中，手臂也要伴随着球进行合适的后撤，适当放松自身肌肉，以便对来球力量进行缓冲。并且还需要使用手臂与手腕的动作，对垫球的方向与角度进行有效控制，对击球的手型与部位进行选择的时候，应当根据来球的情况进行变动。若是击球点稍高，并且靠近身体，这时候也可以使用前臂垫球。若是击球点偏低，并且距离自身身体比较远的时候，就需要使用屈肘翘腕的动作将球垫在自身手腕部位的虎口位置。

2. 技术分析

①在进行准备姿势的时候，需要根据不同的实际情况进行不同的变化，一般而言，垫击一般的轻球，身体的重心可以稍微偏高，在接扣球与吊球的时候，则需要采用半蹲或低蹲的准备姿势，根据来球的高度与角度以及腿部力量的大小来决定两膝的弯曲程度以及重心的高低，需要确保不会影响快速启动，并在此前提之下对重心进行适当地降低，由此就能够更加快速地插入球下垫低球，也更方便进行高点挡球。

②正面双手垫球的击球点位置需要努力保持在腹前的高度，与身体的距离适中。由此就能够更好地进行力度的控制，也能够更好地对手臂角度的调节与垫出球的方向、落点进行调整。值得注意的是，若是来球高于腰部，可以使用高位正垫，在进行垫击球的时候，通过蹬地伸膝对身体的重心加以提高，甚至于还能够跳起在腹前用小臂垫出。

③常用的双手垫球手型有三种，分别是叠指式、抱拳式、互靠式：叠指式。将两只手掌的掌跟相靠，并将两手手指重叠，手掌互握，使得两手的拇指平行向前，将手腕下压，最终，两只前臂外翻呈一个平面。抱拳式。两只手抱拳互握，之后，两手的拇指需要平行向前，将两手的掌根与小臂一同外旋并紧靠，手腕下压，最终使得前臂形成垫击平面。互靠式。将两手的手腕紧靠，两手保持自然放松的状态，手腕下压，使得两前臂外翻，最终形成一个垫击平面。

以上三种垫球手型使用最为普遍的是叠纸式与抱拳式，并且也更容易被初学者掌握，无论是接发球，接扣球，还是接一般球，都能够使用。

3. 技术要领

两臂前伸插球下，两臂夹紧腕下压，蹬地跟腰前臂垫，击点尽量在腹前，撤臂缓冲接重球，轻球主动抬送臂。

（二）体侧双手垫球

在身体侧面用双手垫球的动作方法称为体侧双手垫球。当来球飞向体侧，队员来不及移动对正来球时，可采用体侧双手垫球。其特点是伸臂动作快，控制范围大，但不易控制垫球方向，准确性不如正面垫球。

1. 动作方法

右侧垫球时，先以左脚前脚掌内侧蹬地，右脚向右跨出一步，重心移至右脚，保持两膝弯曲，同时，两臂向右侧伸出，右臂高于左臂，左肩微向下倾斜。击球时，用左转体和收腹的动作，配合提肩抬臂，在身体右侧稍前的位置截住来球，用两前臂垫击球的后下部。左侧垫球时，以相反方向的动作击球。

2. 技术分析

体侧垫球的击球点应在体侧前方，双臂要抢先在体侧稍前的位置截击来球，不能当球飞到体侧时再摆臂去击球，这样容易造成球触手后向侧方飞出。垫球时，要注意调整和控制好两臂组成的垫击面，将球准确地垫向目标。

3. 技术要领

向侧跨步侧前伸臂，向内转体提肩击球。

三、传球

（一）正面传球

正面传球主要指的是面对目标进行传球，是传球中最基本的方法，也是掌握与运用其他各种传球技术的基础。

1. 动作方法

（1）准备姿势

使用稍蹲的准备姿势，上体稍微挺起，仰头看球，两手则自然抬起，屈肘，放松置于额前。

（2）迎球动作

当来球接近额前的时候，开始蹬地、伸膝、伸臂，手指微张从脸前向前上方迎出。全身各部位动作应协调一致。

（3）击球点

在额前上方约一球距离处。

（4）手型

手触球时，十指应自然张开并使得两手呈半球状，手腕稍后仰，以拇指内侧、食指全部、中指的二、三指节触球的后下部，无名指和小指在球两侧辅助控制球的方向。两拇指相对近似于“一”字形。

（5）用力方法

在迎球动作的基础上，在手和球即将接触前，手腕和手指要有前屈迎球的动作，在手与球接触的时候，各大关节还应当继续伸展，最后用手指、手腕的弹力将球击出。

2. 技术分析

（1）击球点

在最开始学习传球的时候，对于击球点的选择应始终保持在自身前额的正前上方，约一球的位置，由此就能够在对来球进行观察的时候分辨清楚手和传球的目标，更加方便对准球以及对传球的方向进行控制，而且全身也更容易进行协调用力。若是击球点与人的两肩始终保持相等的距离，就更能够保证传球的准确与稳定，而且因为肘关节本身存在有一定的弯曲度，所以更容易用力，更方便对传球的方向进行改变。

（2）手指、手腕的击球动作

手指与手腕的灵巧的击球动作不但是传球技术的难点，也直接关系到对控球能力进行进一步的提高。在对传球的质量的影响上，主要在于手指与手腕所进行屈伸动作的大小与紧张程度。在出球之前，手指与手腕应当配合其他的关节进行前屈的迎球动作，但动作不宜过大且需及时，相关动作顺序应当由手腕的前屈直接带动手指的前屈。在进行传球的时候，手指与手腕需要根据来球的速度以及传球的距离选择合适的紧张度进行保持，并且通常情况下，若是来球较轻，那么手指与手腕的迎球动作则需要比较柔和，来球较重时，手指与手腕需要紧张一些，也应更用力一些。

（3）全身协调用力

传球主要依靠伸臂和指腕的反弹力与蹬地的力量进行配合，将球传出。在传球的过程中，动作主要表现为从下肢蹬地到手指击球，这一过程由下而上需要保证连贯且协调。否则会对传球效果产生直接影响。所以说，初学者必须养成蹬地、展体、伸臂，用全身协调的伸展动作来击球的习惯，并在这一基础上不断提高手指、手腕的控球能力和技巧。

3. 技术要领

蹬地伸臂对正球，额前上方迎击球。触球手型成半球，指腕缓冲控制球。

（二）背传

一般我们将背对传球目标的传球称作背传。作为各种传球技术中的一种，背传广泛运用于比赛中。

1. 动作方法

（1）准备姿势

上体比正面传球时稍后仰，双手自然抬起置于额前。

（2）迎球动作

抬臂、挺胸、上体后屈。

（3）击球点

在头上方，比正面传球偏后。

（4）手型

与正面传球的手型相同，但是需要注意的是，在触球的时候，手腕需要稍微向后仰，使自身掌心向上，将拇指托在球的下方，对球的下部进行击打。

（5）用力方法

通过使用蹬腿、展体、抬臂、伸肘的动作以及手指、手腕的弹力，将球向后上方传出。

2. 技术分析

①在进行背传的时候，球员下肢蹬地的方向应当尽力与地面垂直，之后通过展体、挺胸以及抬头的动作，使得自身抬臂、伸肘与送肩的协调用力方向，尽力偏向后上方，所以背传的击球点需要始终保持在头上方的位置，由此便能够更加方便向后上方用力。

②与正面传球相比，背传是向着完全相反的方向传球，所以球员在进行传球的动作时，手腕需要始终保持后仰，并且自身的手指与手腕需要尽力向后上方进行抖动用力，而且拇指的用力程度要更大一些。

③因为背传时并不能看到传球的目标，所以在这之前应当仔细观察与判断传球的方向与距离，努力使得球员的背部能够正对传球的目标，并且在此过程中需要尽力培养队员的良好的方位感受。

3. 技术要领

上体稍直臂上拍，掌心向上腕后仰。背部对正目标处，协调传球后上方。

（三）侧传

身体侧对传球目标的传球称为侧传。侧传的准备姿势、手型以及迎球动作与正面传球相同，但是击球点更偏向于传出方向的一侧。在迎球的过程中，需要通过下肢蹬地的方式，将自身重心向上伸展，与此同时，上体与双臂要向传球方向的一侧伸展手臂，运动的幅度需要较大，伸展的速度也较快，通过双臂与上体侧屈的协调动作，最终将球传出。

第二节　排球技术训练与意识培养

一、排球意识的概念

排球意识是排球技术训练的主要内容。排球意识是一种心理活动，是指排球运动的技术动作、战术配合、比赛场景在运动员脑中的反映。排球意识这种心理活动是自觉产生的，要想获得这种意识，并且不出现什么偏差，就需要运动员将技术与战术结合起来，更主动地获取信息。运动员的排球意识在赛场的表现中会得到展现，也会影响球员在赛场上的发挥。

排球意识的培养不是一蹴而就的，而且也没有针对性强的训练对其进行提高。排球意识的培养是一个长期的过程，其培养形式不是教授式的，而是潜移默化的，实际上这种意识的培养要经过长期的熏陶。排球意识的培养需要建立在一定技术的教学基础上，起到指导技战术发挥的作用。只有以此为原则，将排球意识真正运用到技战术中去，才能使其发挥出更大的作用。

二、培养观察和思维能力

要想形成正确的排球意识，就应当培养观察和思维能力。人的心理和生理活动是对外来刺激的机能性反射，外来刺激都是通过感官系统获取的，有些是通过观察主动获取的，有些是无意识接收到的。在排球比赛中，对取得比赛胜利有帮助的信息大多数都是运动员通过积极主动的观察而获得的，这些信息作为运动员判断的材料存储在大脑中，任何技术动作和战术的运用都要建立在这些信息的基础上，快速和准确的判断决定着技战术应用是否能够达到预想的效果。可见，观察和思维能力在比赛中起着非常重要的作用。因此，观察和思维能力的培养在技战术的训练中是不可缺少的，也是相当关键的。在进行初级技术动作的训练时，观察和思维能力的培养就应该得到充分的重视。观察能力的培养要注意观察的范围和仔细程度，思维能力的培养要注意思维的广度和深度以及判断能力的准确度。观察的效果受到运动员视野范围的影响是比较直接也比较大的。运动员的视野越宽广，接收的信息量就越多。经过长期的训练，神经系统和大脑皮层接受刺激的次数越多，神经元的数量就会增长得越快，神经的密度和广度也会随之增加。对于形成准确的条件反射是十分有益的，也有助于提高反应和判断的速度，使大脑作出的判断更为准确。

扣球时，运动员需要对对方的场上情况作出判断，具体的判断内容包括对方的拦网球员和防守队员的位置，同时还要对己方队友的情况有所了解，最重要的是承担保护任务的球员的位置。进行防守时，运动员要通过观察，判断出对方的攻击点，以便及时进行拦网，这样也能及时后撤进行有效防守。

排球运动中，思维的深度是指运动员在场上不仅要看到场上局面的表象，还要通过表象认识到本质，对场上局势有一个较为准确的预测，并以此作为技战术发挥的基础，用相对适合当前的技战术组织进攻或防守。进攻时，能够洞察到对方的防守空虚之处；防守时，可以察觉出对方的进行意图，采用最合适的防守方式打破对方的进攻战术并进行防守反攻，取得场上的主动权。

三、掌握技术动作

掌握技术动作是培养和形成正确排球意识的重要环节。合理和正确地使用排球技术动作是执行战术的基础，每个技术动作都有它的动作标准，其应用范围也是有限定的。排球意识的形成离不开技术动作的掌握，为了使战术在比赛中真正发挥作用，就需要运动员在运用技术动作时能够取得良好的效果。可见，技术动作的学习和掌握是相当重要的一环。

排球意识不仅需要运动员有敏锐的观察和思维能力，还要有实际的应变能力，也就是思维的判断。采用合适的技术动作并能够准确完成，使技术动作获得应有的效果，真正成为战术中有效的一环。任何一个技术动作都有一定的标准和规范，只有动作相应地符合技术标准规范，才算得上是正确完成某个技术动作。掌握技术动作就是要达到以上目的，这是培养和形成排球意识的基础，也是排球训练中至关重要的。

排球比赛的竞争十分激烈，为应对场上千变万化的形势，需要灵活运用每一个技术动作。虽然技术动作有一定标准和规范，但动作结构和运用方式都不是固定的。运动员在场上运用技术动作时，因其所处的位置、所在的时间不同以及其他条件的制约，使得技术动作的运用方式和结构都会有所变化，这是必然的。比赛中，如果技术动作不按照实际情况做出适当的调整，那么技术动作可能就无法完成或者不能取得良好的效果。基本的技术动作需要熟练掌握，并且在实际比赛中做到灵活应用，使其具备一定的时效性，结合到战术中去解决临场发生的各类问题。

四、培养技术运用的应变能力

技术运用应当随机应变，这也是帮助运动员形成排球意识的重要途径。排球技术教学中最初进行的技术训练都是基本技术动作，运动员需要掌握动作规范以及完成动作标准，熟练掌握之后再应用到实际比赛当中去。教学的方式是由浅至深、由易到难的，运动员在比赛中要懂得如何使用已经学到的技术。使用技术时，需要有一定的灵活性，生搬硬套是不能够发挥技术的实际效果的。灵活应用技术的重点在于，根据场上的情况，合理地安排和发挥技术优势，做到随机应变，在不同的情况下将技术动作完成并取得良好的效果。

应变能力要求运动员打破既有规范和标准的束缚，有意识地调整技术动作的使用方式和结构。这并不意味着抛弃技术动作的规范和标准，实际情况恰恰相反，规范和标准是基础，即使依据实际情况进行调整，也需要在原有的基础上进行。技术动作的应用范围是有一定限制的，因此应变能力还包含着在具体的情况下选择使用何种技术动作才更合适的问题。合适的技术动作是指在场上的某个位置、某个时间的特定情况下，使用某种技术动作可以充分发挥当前的战术部署，使场上局面朝着对己方有利的方向发展，如可以扭转场上局面或者使己方的攻势更加猛烈。具体讲，可以马上得分或者使用某技术使己方获得比赛的最终胜利等。

学习基本技术动作的最终目的是将其应用到实际比赛中去，而非简单地掌握单个动作或组合技术动作。也就是说，学习和掌握的所有技术动作最终都要用到比赛中才能使其有意义。基础技术的学习旨在提高比赛中技术动作使用的应变能力，继而在实际应用中对排球运动的特点和本质获得更深刻的认识，同时又通过认识排球进一步提升应变能力，两者是一个相辅相成、相互促进的关系。认识排球的过程也是提高排球意识的过程，可见增强技术应用的应变能力是提高排球意识的主要途径。

为了达到使技术动作更好地应用到比赛中去的目的，训练内容中应当增加在对抗条件下进行的技术动作练习。当然，打好基础是必要的，在运动员熟练掌握了基本技术动作后，就应当加强运动员的对抗意识。对抗意识包括两方面的内容，一是可以自行创造对抗因素，二是善于利用对抗条件，这对于提升排球意识是很有用的。训练时，教练员应尽可能地将学习、训练和应变三者结合到一起，深化运动员的对抗意识。训练时通常采用以下方法：以进攻和防守为基础，运动员灵活运用各类战术和各种技术，以达到进攻和防守的目的。不论是攻击技术还是防守技术，它们是全队攻防战术的一部分，也是基础。两方队伍比赛，一方处于进攻状态，而另一方就会处于防守状态。在这种攻防对抗中，运动员必须借助于思维能力，发挥创造力，快速判断当前场上的情况，使用适合的技术动作使自己的行动利于战术的应用。场上技术运用应变能力的提高能够使运动员形成正确的排球意识。

五、掌握技术动作的各种变化

技术动作是变化多样的，其变化也是排球意识的体现。技术动作的运用要符合当时场上的情况，为了使技术发挥出更好的效果，技术动作就需要有一定的变化，这些变化主要体现在动作的幅度、速率、节奏、方向、路线和假动作上。技术动作的变化必须为己方的攻守对抗服务。比赛中的时间、空间和位置是非常重要的因素，运动员要利用这些因素，利用时间差、空间差和位置差调整技术动作，提高技术动作的有效性。

在现代排球运动中，防守盯人多以球为中心，技术水平高的进攻型运动员要想发挥进攻技术的优势，队伍几乎都会采用这种防守盯人手段。队友的防守配合是进攻队员发挥进攻技术的前提，在队友良好防守的前提下，进攻队员可以获得移位的机会，并在快速和连续的移动中借助防守队员牵制对手为自己制造的时间差，采用最有效的技术动作展开进攻。

六、学习排球理论

任何一项体育运动的技术都要以理论作为基础，排球运动也是一样。理论为技术的学习和掌握奠定了基础，同时理论也是培养运动员排球意识的条件。排球运动作为球类对抗运动项目，其技术性是很强的。要学习排球就要先认识排球，也就是要具备排球的基本知识。要学习排球技术，就要对排球技术的原理有一定的认识，很多技术上的细节掌握都是建立在技术原理基础上的。不论是排球基本知识，还是排球技术原理，它们都属于排球理论的一部分。排球理论中对所有具体技术都做了明确且全面的定义，包括技术的正确与错误的区分标准等，这些都对培养运动员的排球意识起到举足轻重的作用。有了理论作为基础，运动员知道如何纠正错误动作，如何使技术发挥得更为有效，使得运动员在参加非对抗性条件下的练习时能够有所依照，不断提高技术水平，并且促进运动员从基本技术的学习阶段快速过渡到技术的应用训练阶段，提高技术应变能力。

理论知识对于技术的提高也有指导性意义。运动员经过一段时间的训练后，技术水平会随着训练次数的增多而有相应的提升。参加的比赛多了，运动员的赛场经验也会越积越多。如果没有理论指导，运动员的技术和经验就不可能一直朝着好的方面发展。不仅初学者需要理论来指导技术的学习，技术达到一定水平的运动员更加需要理论来指导自身的进步。训练时，往往是教练员将理论知识融合到语言指导和动作分析中，帮助运动员体会动作要领、提高思维和判断能力，使技术水平能够获得更稳定的发展。

理论知识大多是在技术训练中由教练员传授给运动员的，理论结合实践才能取得更好的效果。理论知识的深化和积累对于排球技术的提高是有很大帮助的，运动员对排球运动理论认识得越全面越深刻，其技术水平便提高得越快。例如，运动员在了解了移动技术基本原理的基础上，掌握了防守的脚步动作和不同位置上应该采用的准备姿势，其防守技术一定会很扎实，在原有基础上提高防守技术水平也会很容易。

现代体育运动的进步离不开综合性科学知识，正是各学科的知识渗透到体育运动项目的教学中，才使体育运动的发展更加快速和科学，排球运动也因为吸收了其他学科的知识而得到了更好的发展。

在排球运动的发展中，起到推动发展作用的学科包括心理学、生理学和运动生物力学等。这些学科丰富了排球运动的理论基础，对于身体素质、心理素质以及技战术的提高都起到了促进作用。此外，学习语文和逻辑思维方面的知识对于理解排球理论、梳理和掌握知识、提高创造力和判断力都有很大的帮助，也有助于培养和形成排球意识。训练中，只注重提高身体素质和技战术水平是不够的，也要将科学文化知识列为重要的学习内容。

借助各个门类的科学知识提高运动和对抗能力的同时，还应树立正确的排球意识，顺应排球运动的国际化发展轨迹，跟上世界排球运动发展的步伐。

七、放松技术训练法

随着现代排球运动的不断发展，排球技术动作的训练内容也更加丰富多样，逐渐呈现出科学化、现代化、综合化的发展特点。在排球比赛中，无论从心理角度还是生理角度上看，排球运动员都处于一种身心十分紧张的状态。在日常训练中，通过单一的技术训练方式是无法缓解这种身心状态的，要对排球运动员进行一种综合性较强的科学训练技法，即“放松技术训练法”。放松技术训练法能够有效帮助排球运动员适应运动所带来的身心负荷，使神经系统与肌肉系统形成精密的配合与衔接，进而使排球运动员在比赛中发挥出最大限度的体能。相关的排球运动学家经过长时间的研究发现，比赛成绩与运动员的肌肉状态具有密切的联系，特别是排球比赛的后半段，这种作用的体现会愈发明显。其中，运动学、生理学、心理学是组成放松技术的主要内容。

从运动学特征与生理特征来看，运动员在排球比赛中能否发挥出应有的竞技水平，这与身体肌肉的状态有着密切的联系。肌肉通过有序的协调与放松，有效地促进了排球运动员体内的新陈代谢，进而使神经中枢系统也得以有条不紊地工作。对于排球运动员来说，猛烈的进攻与严密的防守就是排球运动取胜的核心，身体运动素质的水平决定了运动员进攻与防守的质量。迅速衔接的动作技术依赖于大脑的皮质运动，进而形成中枢兴奋与抑制的快速转换，使更多的肌肉纤维加入其中，充分调动肌肉的收缩效果，加快动作完成的频率。肌肉的放松对排球运动员提高身体的灵活性与柔韧性具有积极的作用，可以大大提高运动员发球、扣球、拦网的动作质量。为了有效加强排球运动员进行放松训练的效果，排球教练员通常会结合短跑项目的放松训练技术，让运动员充分放松全身的肌肉关节。具体的放松训练技术如下：

顺风跑：排球运动员借助风力跑动，锻炼全身肌肉在运动状态下的放松能力。

弹性跑：在弹性跑的训练中，排球运动员需充分体会踝关节用力蹬伸的节奏，并将其运用到排球比赛中的起跳腾空环节。

惯性跑：要求排球运动员在跑出最佳速度后，利用惯性做自然放松跑，保持肌肉的放松状态。

往返跑：要求排球运动员身体放松，熟练掌握往返跑技术。建议跑动距离控制在 50 米，进行五组左右的练习。

大步跑训练：要求排球运动员身体放松，在跑动中尽量抬高大腿，步伐频率适中，打开髋关节，注意姿势的协调统一。一般建议 70 米左右的跑动距离。

下坡跑：下坡跑的目的是体会肌肉放松的感觉，建议排球运动员选择适当坡度进行下坡跑。通常情况下，坡斜度在 39° 左右为最佳。

中速跑：排球运动员要根据自身情况进行中速跑训练，跑动距离没有严格规定，以 100 米以上、500 米以下的跑动距离为宜。

从心理特征方面来看，排球运动员的竞技状态主要受情绪、自信心以及注意力三方面的影响。其中，情绪对于排球运动员在赛场上的竞技表现有着巨大的影响。排球赛场上的氛围、观众、对手等客观因素都会导致排球运动员出现情绪波动的情况。这种情绪刺激是具有两面性的。当外界因素对运动员产生负面、消极的引导时，排球运动员就会在比赛中出现紧张、恐惧、怯场的情绪；如果外界因素对排球运动员进行正面、积极的引导时，他就会在比赛中产生兴奋、斗志昂扬的情绪。良好的情绪有助于运动员在比赛中发挥出最佳的竞技水平，而不良的情绪会刺激着排球运动员的大脑皮层，影响神经系统，进而破坏肌肉系统的灵活性与协调性，严重影响了排球运动员实力的发挥。因此，在平日的训练中，排球运动员要在运动心理医生的辅导下进行心理抗压性训练。运动心理医生可以故意对排球运动员制造一些心理干扰，让运动员在医生的心理疏导下学会自我心态及运动状态的调整，进而增强自身的运动心理素质。

在排球比赛中，自信心对于排球运动员来说是极为关键的。良好的自信可以帮助运动员在实际比赛中充分发挥出日常训练时的技术水平和战术技巧。如果排球运动员在比赛中缺乏自信心，认为对手的实力在自己之上，这样极易产生紧张、怯场等负面情绪，导致在比赛中发挥不出真实的技术水平，进而影响整个团队进攻与防守的战术配合，导致比赛最终失利。由此可见，自信心对于排球运动员乃至整个团队都是至关重要的。俗话说得好，“胜败乃兵家常事”，排球运动员在比赛中要保持一个平常心，客观准确地认识自己的水平与实力，时刻保持乐观与自信，在比赛中发挥出最真实的自我——那个值得人们拍手称赞的自己。

除此之外，注意力也是影响排球运动员比赛状态的重要因素。所谓注意力，就是指人内心对某一件事的集中程度。在排球赛场上，璀璨耀眼的灯光、热情高涨的观众、比赛中的突发情况等来自外界的干扰都会成为排球运动员内心波动、注意力不集中的“罪魁祸首”。作为一名出色的排球运动员，应具备在比赛中聚精会神的专业素质，将注意力全部集中在比赛项目上，这能够使其发挥最佳的竞技状态，让神经系统处于最佳状态，肌肉系统得到充分的协调放松，身体调整到排球比赛所需的最佳状态。如此才能让排球运动员在赛场上得以正常甚至是超常发挥出完美的技术动作，与队友进行完美的进攻和防守，争取获得比赛的最终胜利。

第三节　排球运动技术的发展

一、球风与流派

从第一届男子排球世锦赛开始，一直到第二十届奥运会中设立排球比赛项目，期间共经历了 20 多年的历史。在这段时期，世界上各个国家和地区的排球运动发展是不协调的。不仅表现在技战术水平上，而且还体现在打法特色上，这与各个国家和地区的本土环境和身体素质特点有关。在这二十多年间，国际上出现了特点比较突出的三种打法，它们分别是力量排球、技巧排球、高度排球。

力量排球的特点是：运动员的个子高、身体健壮、体能素质好、力量素质高、弹跳力非常突出；比赛时，常常采用力量强劲的扣杀打法，这也是力量型队伍取胜的必杀技。

技巧排球的特点是：不以身体素质作为取胜的筹码，比赛中善于运用技战术，打球和吊球的力量并不大，而是利用巧劲儿，将更多的精力用在技巧上

以上两种打法称霸世界排坛10几年，使用其他打法的队伍无法与他们相抗衡，直到高度排球打法的出现才打破了这种局面。高度排球的特点主要体现在“两高”上。其一，采用这种打法的队伍进行二传球时，球在空中离地相当高，与地面的高度可达到7米到8米；其二，扣球时，手的动作很慢，同时跳起的高度非常高，这是以运动员优秀的弹跳力为基础的，确保球可以准确地扣入对方场内。典型的高度排球劲旅是前民主德国男子排球队。

1964年，国际排联修改了排球规则。这次修改对拦网方式的改变是非常大的。这一改变使得针对扣球与拦网的技术对抗变得更加激烈，同时也导致国际排坛的格局发生了翻天覆地的变化，以往国际比赛中占据着极大优势的力量型或技巧型队伍开始走下坡路，采用高度型排球打法的劲旅成为排坛新宠。他们高举、高打、高拦网的打法一时间称霸世界排坛。典型的高度型劲旅前民主德国男子排球队在1969年和1970年的国际赛场上连续2年夺得世界冠军。

1972年以后，国际排坛又出现了新的气象。在第二十届奥运会的排球比赛中，采用配合打法的日本男子排球队击败了前民主德国队。这是配合型打法与高度型打法之间的较量，并以配合型打法取胜而告终。配合型打法的特点是：队员间的配合特别默契，技战术的发挥主要依靠团体的智慧，打法灵活多变，能够快速掌控场上的主动权。配合与协作是日本男排取胜的关键，日本男排的这次获胜是世界排坛里程碑式的事件，也是亚洲排球队首次夺得世界冠军，这给其他亚洲国家和地区的排球队以极大的鼓舞。与此同时，配合打法也登上了世界排坛的舞台。

在这段时期，世界各国和各地区的女子排球采用的打法主要有两种。一种是进攻型打法。这种打法以运动员的力量素质为基础，擅长进攻。另一种是防守型打法。这种打法以技巧性强的发球及坚不可摧的防守阵型为主要特点。日本女排

凭着防守型打法在1962年的奥运会上赢得了首枚世界金牌。日本女排取得这次胜利并不是偶然。此后，世界女排开始迈入进攻型和防守型打法的激烈对抗期，这也为世界女排增添了更多的活力。

排球运动发展到1972年，世界各国和各地区的排球劲旅不再拘泥于以前的陈旧打法，而是以更加开放的姿态吸取经验教训，学习先进的打法，结合各自的特点，将高度、力量、技巧、速度、配合等打法结合起来，吸收各家之长，改进自身弱点。基于此，原本泾渭分明的各家打法渐渐变得界线模糊，并且在日后的发展中逐渐融合。

此后，国际排坛出现了百花齐放的局面，各大球队的实力呈现出不相上下之势。在1974年的男子排球世锦赛和1976年的奥运会男排项目中，波兰男子排球队以其灵活多变的打法获得了冠军。20世纪的70年代是有史以来各大排球队伍竞争最为激烈的时期。这种形势一直延续到20世纪80年代到90年代，一支强大的排球队伍必须具备灵活且迅疾的打法、扎实完善的技战术、掌控场上局面的能力等，这些因素是取胜的关键。

这一时期，女排的打法也在发生着变化。中国女排采用全攻全守、快速反击的独特打法，在20世纪80年代连续五次站在世界排球大赛的巅峰位置上。此后，俄罗斯女排、古巴女排、巴西女排开始转变打法，采用攻守转换和高快结合的打法先后在世界大赛中夺冠。此后，以往单一进攻和单一防守的打法彻底从世界女排的赛场上消失了。

二、新式排球的兴起

由于排球运动是群众智慧的产物，从它发明开始一直具有很强的普及性。排球的群众参与性强，竞赛形式也因此变得更加多样化，这也体现出它贴近生活的特点。下文将介绍一些当今世界较为流行的新式排球种类：

（一）软式排球

软式排球是日本人发明的，日本排协将其定为娱乐性活动。该活动按照参赛队伍的组成形式大体上分为两种，分别是年龄组和家庭组。所用的球是用软性橡胶制成的，成人组用球重210克左右，周长78厘米左右，儿童组用球重150克左右，周长 66 厘米左右，所用场地为 13.40 × 6.10 米，网高 2 米。比赛在两支队伍中进行，每支队伍的人数为四人。

年龄组又分为三个级别组，按照年龄由老至少分别是金组、银组和铜组。金组的参赛者年龄最大，年龄超过 50 岁的男女均可参加；银组比赛要求参赛者的年龄在 40～49 岁；参加铜组比赛的队员要求年龄在 30—39 岁之间。年龄组的比赛所采用的赛制为三局两胜，最高分为 17 分。两方队员按顺时针顺序轮流发球，发球结束后的队员在场上自由选择位置。比赛规则允许所有参赛者进行拦网和网前扣球，但扣发球、拦发球及过网拦网是不允许的。

家庭组比赛在两个家庭中进行，每个家庭派 4 名代表参赛，包括父母二人和两名儿童。与年龄组不同的是，在家庭组比赛中，在后排的成人不能进入前场进行扣球或拦网。软式排球的群众性极强，对参赛者几乎没有限制，任何年龄和性别的人都可以参与进来，这是由软式排球的比赛形式和用球特点决定的。软式排球的尺寸大、球软而轻，很易于控制，对技术没有过高要求。该运动也不激烈，体质稍差的人也可以玩。软式排球是相当初级的排球比赛，学习起来非常简单，发球、传球、拦网等基础技术用起来也极简单，因此深受群众喜爱。基于这些优点，软式排球的传播速度非常快。现如今，世界各地都能看到进行软式排球运动的人。对于年轻人和老年人来说，软式排球是非常适合的强健身体、休闲娱乐的体育活动之一。

中国从 1995 年起开始开展软式排球运动，并在这一年第一次举行了软式排球比赛。次年，中国排球协会将发展软式排球纳入未来的排球运动发展计划中。

（二）沙滩排球

20 世纪 20 年代，美国人在发明了排球之后，又扩展出了一项更具群众性的运动，即沙滩排球。有了沙滩排球，每到夏天来临之时，总能看到在海滩上打沙滩排球的人们。沙滩这种独特的场地有着很多其他场地无法媲美的优势：沙滩不是平整的，会因为人在上面的活动而发生凸凹的变化；它具有松弛和柔软的特点，人摔在上面的时候不会感到疼；夏日的沙滩有着极佳的触感，皮肤直接接触它会感到非常舒适。此外，进行沙滩排球运动时还可享受阳光的沐浴，是追求健康肤色的人们最好的选择。在美国，沙滩排球的普及度甚至比传统的竞技排球还高，它是真正的大众运动。沙滩排球与冲浪、游泳一起成为海滩和海洋的三大运动。

人们在休闲娱乐的同时，又能够全身心地融入温暖的大自然之中，享受户外的自然趣味。

沙滩排球以其独特的运动形式受到广大群众的欢迎，并很快传播到美洲其他国家，如巴西和阿根廷等国，另外还有澳大利亚、新西兰及地中海沿岸的一些国家。沙滩排球发展初期，其娱乐性远远大于观赏性，主要是由规则不够规范和技战术水平还处于初级阶段造成的。后来，随着规则的不断完善以及技战术水平的提高，其观赏性也有了很大的提高。渐渐地，进行沙滩排球运动的人越来越多，随之出现了多种竞赛形式，如4人制、3人制、2人制等。

沙滩排球在美国的影响力是巨大的，并且是很多传统竞技排球运动员最初接触的排球形式。比如，美国排球运动员凯拉里，他小的时候就开始玩沙滩排球，是沙滩排球带他进入了排球的世界。凯拉里面对采访时曾经这样表示，他在排球领域的成功与沙滩排球有着莫大的关系。

1987年，巴西里约热内卢举行了首届世界沙滩排球锦标赛，共有七个国家的运动员参加了这次比赛，很多运动员因此走上了沙滩排球的职业化道路。该次比赛也是沙滩排球成为正式竞赛运动的标志。在1993年的奥林匹克代表大会上，通过了将沙滩排球列入奥运会正式竞赛项目的决议，这也使得沙滩排球项目朝着更加规范化和严谨化的方向发展。1996年，奥运会在亚特兰大举行，在沙滩排球的竞赛项目上，巴西队获得了冠军。我国开展沙滩排球的时间并不长，引入该项运动的时间大约是20世纪80年代末，也曾举行过几次小规模的比赛。沙滩排球在我国的发展初期，主要采用的赛制为4人制和2人制。因该运动在1993年成为奥运会正式比赛项目，我国才开始进行正式的全国沙滩排球比赛。1997年，我国派代表队参加了沙滩排球世锦赛。

在2000年的悉尼奥林匹克运动会上，我国奥运健儿迟蓉、熊姿参加了女子沙滩排球的比赛项目，并取得了该项目的第9名。那时的中国沙滩排球正处于起步发展期，与世界高水平阵营存在着一定的差距。不过我国体育健儿充分发挥坚持不懈、勇攀高峰的体育精神，通过对比赛经验不断地总结与积累，使自身的竞技水平得到了显著提升。在2001年的世界沙滩排球锦标赛上，迟蓉和熊姿这对沙排组合取得了第五名的佳绩，这是当时我国沙滩排球在世界最高级别的赛事中取得的最佳成绩。

我国沙滩排球在短时间内取得如此快速的进步，极大地鼓舞了我国发展沙滩排球的士气，加快了沙滩排球在国内大范围的普及与传播。在2006年的沙滩排球世界巡回赛波兰站中，我国沙滩排球选手吴根鹏与徐林胤获得了男子沙滩排球的季军，为中国沙排史再添辉煌战绩。同年的多哈亚运会上，我国沙排健儿更是神勇发挥，在男子、女子沙排项目中总共获得两金一银一铜，战绩突出。

在我国沙滩排球项目上，女子沙滩排球选手取得了更加光辉璀璨的成绩。在2008年的北京奥运会上，中国女子沙滩排球队谱写了新的历史篇章，王洁、田佳与张希、薛晨分别拿下了女子沙滩排球的银牌和铜牌，为祖国取得了荣耀。

随着沙滩排球健儿在国际赛场上频频取得振奋人心的荣誉，沙滩排球在我国民间得到了广泛传播与普及。特别是在沿海城市，沙滩排球已经成为人们海边娱乐的重要项目，成为人们强身健体的主要运动方式。沙滩排球能够得到众多民众的青睐与其运动的特点是有必然联系的。首先，沙滩排球在场地和运动设施的准备上相对简单，只要有沙滩和排球，就可以来一场激烈的沙排比赛。沙滩排球在动作要领与比赛规则的掌握上较为容易，并且受众群体相对较广，老少皆宜、不分性别和体质，因此该项运动具有良好的群众基础。其次，运动技术的综合性是沙滩排球受欢迎的又一主要原因。在进行沙滩排球比赛时，场上选手要不断变换位置、不停移动，既要参与防守拦网，又要插上前排采取进攻扣杀。这些综合性技术充分锻炼了选手身体各部分的肌肉与关节，让平日里忙于工作和学习的人们通过沙滩排球运动缓解疲劳、有益身心。

（三）气排球

气排球是我国人民发明的群众性排球运动。该项运动由内蒙古铁路局的退休老员工发明。1984年，呼和浩特铁路局济宁分局组织退休老员工进行体育活动，他们在排球场地上使用气球来进行击打游戏。气球很轻，稍稍用力就可能被打破，后来大家就想到用软塑球代替气球。那时候，老员工们打球没有规范的竞赛规则，只是像一种轻松的游戏一样。后来，大家出于爱好便商议指定了6人制的简易竞赛规则，并称这项活动为“气排球”。

1991年，“火车头”老年体育协会为气排球编写了正式的竞赛规则，同时又请专业的体育用品厂家制作了适于击打的气排球。次年，我国组织了老年人气排球学习班，同年又举行了第一届老年人气排球比赛，参加该次比赛的队伍共有13支，其中男子队7支、女子队6支。1993年，北京成立了火车头老年人气排球协会，并举行了第二届老年人气排球比赛。

气排球的重量在100～150克，材质为软塑料，比传统的标准比赛用排球要轻一倍；球的圆周长度在79～85厘米之间，比传统排球大；球体是黄色的；进行气排球的场地长12米，宽6米；男女比赛所用的球网高度是不同的，男子比赛的球网高2米，女子比赛的球网高1.8米；比赛为5人制；气排球的比赛规定与传统竞技排球很相似。进行气排球比赛时，不需要太高超的技巧，因为气排球的球速偏慢，而且控球方法比较简单。比赛中可以利用这一点来提高回球次数，借助回球次数的增多发挥出更多的击球技法。初学者很容易就能学会气排球，这项活动的群众性、趣味性和观赏性都是较高的。气排球是十分适合老年人、少年、儿童参与的一项运动。

第四节　以学校运动队建设带动校园排球发展

一、建设学校排球运动队的意义

（一）排球队的建立是普通高校体育文化发展的有机构成

校园体育文化本身是一种群体文化，其主要特征是校园精神主体为学生，主要内容为课外体育文化活动，主要活动空间为学校。校园文化本身是作为社会文化中的一部分存在的，它的形成和发展受到社会政治情况、竞技体育发展情况、社会文化以及校园精神教育等要素的影响。作为一种精神文化，校园体育文化体现着高校学生的精神风貌和精神追求，体现了高校师生积极向上的学习态度和工作态度，是一种宝贵的校园精神财富。校园体育文化代表了一种健康的文化氛围，象征着克服一切困难、勇往直前的决心和毅力，对学生的发展具有重要的影响。校园体育文化虽然具有非常积极、正面的影响，但是其形成必须依托校园体育的发展，并且需要对普通校园文化进行提炼和升华。

加强普通高校的体育文化建设，不仅是我国校园文化建设的重要手段，也是我国国民体育发展和普及的重要措施。校园体育的发展和校园体育文化的形成不仅能够有效地普及各种体育运动和健身项目，起到增强民族体质的作用，同时也可以有效地为我国竞技体育的发展提供充足的后备人才，为我国竞技体育的发展插上翅膀。排球运动作为三大球类运动项目之一，具有极强的竞技性和团队合作性，我国女排曾经辉煌的历史成就激励着国人，因此发展排球运动、普及校园排球具有深厚的历史基础和现实意义。高校校园排球队的成立主要有以下几个方面的作用：

第一，丰富学生的校园文化生活，使学生在紧张的生活和学习工作之余，能够通过排球运动来缓解身心的疲惫、缓解压力提升。

第二，以校园排球运动队来带动校园排球运动的开展，使这一运动在学生群体当中流行起来，进而通过学生将排球运动推广到全社会，带动排球运动在全社会范围的发展。

第三，校园排球队的成立，使学生对排球运动的认识更加深入，并且在激烈的排球比赛中对排球运动产生浓厚的兴趣，促进排球运动的发展，将竞技排球与群众排球联系起来。

（二）排球队伍建设是高校体育教育体系的重要组成部分

随着我国经济的发展，我国在体育领域取得了举世瞩目的成绩，在奥运会上屡创佳绩。在蒸蒸日上的体育事业影响下，我国校园体育迅速发展，各高校为了促进校园体育文化的繁荣，积极组织各种专业运动队，并积极参与区域性或者全国性的大学生体育竞赛当中。在体育专业院校，借助自身体育专业生的优势组建了不同级别的男女专业运动队，并涌现出了一批优秀的专业运动员。在 2003 年的新一轮基础教育课程改革方案中，排球、足球、篮球被并称为球类运动，并且也成为普通高等院校必修的体育课程之一，促进了排球运动在我国高校的开展与普及，为我国的排球运动发展作出了卓越的贡献。

我国各级专业体育院校具有优秀的排球运动员选材库，同时高等专业体育院校还拥有一批经验丰富的教练员，在专业体育院校内的排球运动员能够得到高水平的专业培养，提高了我国校园排球竞技比赛的水平。体育院校与专业运动队的最大差异在于高校能够依托教育资源和教育优势，对运动员和学生进行系统的文化教育，极大地提升了运动员的综合素质，为运动员未来的专业发展和个人发展创造了更多的机会。高校是我国各种基础体育设施非常齐全的组织机构，高校开展排球运动、组建专业排球运动队能够充分利用学校的体育基础设施，促进校园排球运动的竞技水平。在高校开展排球运动，组建专业排球运动队也将得到广大排球爱好者欢迎，在高校一些具备排球基础的学生能够在大学期间充分挖掘自己的运动潜能，丰富自己的大学生生活，在不断的比赛和训练中磨炼意志，开阔视野，为今后他们走上工作岗位、做好本职工作打下良好的好基础。

二、影响学校排球运动队水平的因素分析

（一）技术能力

20 世纪 80 年代中后期，我国开始关注学生“体能”，并就此展开了一系列的讨论，虽然时至今日对于体能的界定仍然存在一些未能达成一致的地方，但是在体能研究理论的刺激下，我国运动员的体能训练方式越来越科学，体能训练的成效越来越显著。得益体能训练的进步，我国很多体育竞技项目的整体水平得到了提升，运动员的身体健康得到了保障。与其他体育运动一样，排球运动竞技水平的提升也离不开科学的体能训练，作为比赛取得优秀成绩的基础性保障之一，体能训练在体育运动中发挥的作用越来越大。

从技术能力层面来看，在校园运动队的建设过程中，教练员和教师应该从以下几个方面对自己的执教技术能力进行提升：

①在教学与训练中，必须清楚每个运动技能和训练技能的细节与运动原理，在教学和训练中将其中蕴含的意义准确地传递给学生或运动员。

②在日常的教学和训练中，要通过积极的实战模拟和教学情境再现，去提高学生或运动队员的实战能力，也提升自己对赛场局势的把控能力。

③一定要准确规范地掌握相关的技术动作，并定期对运动员的基础性训练进行测验，保证球员能够正确规范地完成基本技术动作。

④积极寻求分组对抗和实战模拟，帮助球员将平时训练的成果转化到比赛中，切实提高学生或运动员的实战能力。优秀的教练员，不仅能够在日常教学和训练中让运动员有所提高，还能够将运动员在训练和教学中所学到的知识和能力，转化为自己的实战能力，提高自己的运动水平。

（二）战术素养

对技术能力的熟练掌控和执行是排球运动员获得比赛胜利的基础性条件，但是球员必须对教练的战术意图进行准确的执行，才能够帮助自己在场上获得优势，更轻松地获得比赛的胜利，尤其是在竞技对抗面对实力相当的对手，在快节奏的比赛和攻防转换中如果战术执行不到位，会使运动员的技术优势难以得到发挥，情况严重时甚至会影响运动员的技术动作。对于一个想要成长为优秀排球运动员的队员来说，不仅要有扎实的技术功底，还必须增强自己的战术执行能力和战术理解能力，磨炼自己的意志品质，在困境中能够顶住压力，带领队友走出困境，迈向胜利。

教练员的战术能力是衡量一个教练综合执教水平的重要判别标准。虽然教练员的训练水平和训练方法对球队的影响很大，但从比赛过程来看，教练员对排球战术的理解和运用以及临场指挥对于获得比赛的胜利具有非常重要的影响。在排球比赛中对教练员的战术能力要求主要有以下三个方面：

①阅读比赛规则和战术布置的能力。排球教练员必须要对排球比赛的规则了如指掌，在国际排联对某些规则和细节进行改变时，要敏锐地觉察到这些规则修改对排球战术体系的影响。此外，在比赛过程中，排球教练要善于发现对手的战术布置和战术运用，从而做出针对性的调整，为比赛奠定胜利的基础。

②排球运动员必须具有丰富的排球知识和战术理论基础，在形成自己技术风格和执教风格的同时，要根据比赛对手进行针对性的战术安排和战术调整，保证自己的队伍能够在面对不同的对手时应对自如。

③排球比赛不是一成不变的，即使对手在开局采用某一种固定的战术体系进行攻防量化。随着比赛的进行，双方队员在比赛心态和场上状态的变化，教练员要及时针对这些要素做出调整，保证球队整体攻防转化的流畅性与平衡性，否则可能会由于某一环的薄弱，导致整个战术体系运转的滞涩，最终导致比赛陷入被动。

（三）运动智能

普通高校和体育专业院校在排球运动队伍建设的过程中不仅要对运动员专项运动技能给予重视，同时也要通过多种途径对运动员的专项运动智能进行培养。

提高运动员对排球运动和排球技战术的理解，使他们能够在排球运动和竞赛中发挥出更大的潜力。就目前来看，运动智能的培养并没有什么有效的方法，大多数运动员的运动智能似乎来自天生，我们平时所说的天才运动员就是在身体条件相似的情况下，具备更高的运动智能。高校作为社会的智力高地，在开发学生智能方面应该保持积极的态度，在建设高校排球队伍的时候，教练员应当对高校的知识优势加以充分利用，从而对队员进行各种形式的运动阵容训练与开发。

三、加强学校排球运动队建设水平的措施

（一）加大场馆建设，更新器材设备

就我国目前高校体育基础设置建设来说，虽然大部分高校都有自己的体育场和专业体育馆，但是进行职业训练和球队建设设施的数量和质量仍然处在较为一般的水平。在高校排球运动的发展中，优质的基础训练设施是稳定提升高校排球运动队竞技水平和比赛成绩的基础。

在排球运动管理中心的号召下，在各种社会组织和力量的支持下，我国校园排球联赛也如火如荼地开展起来。在高校排球运动的发展过程中，高校根据自身的发展特点，通过下面的途径加强校园排球队伍建设：

①根据学校排球队伍建设的目标和现状，对高校综合型的体育场馆进行新的使用规划，有条件的学校可以对其进行改造和翻新，为校园排球运动的发展提供更好的基础设施。

②在校园建设和规划过程中，要提高对排球运动发展和校园排球队伍建设的重视，尤其是在场馆的建设和使用上。

③校园排球队伍的领导者和管理者应该及时对老旧的体育器材进行上报，及时对高校的体育基础设施进行维护，为高校排球运动队的发展提供良好的训练基础设施。

高校体育场馆建设和体育器材的更新不仅可以推动学校排球队伍的发展，还可以提升学校的体育基础设施建设水平，提高学校的基础设施建设和综合办学水平。高校排球场馆和设施的更新不但完全满足了高校排球训练与排球教学的需求，而且也使得高校体育文化的建设获得了更加优秀的物质基础与平台，也能够更好

地推动校园体育文化的发展与形成。另外，有关部门也应当对高校体育设施的基础建设加以重视，并且，相关院校也需要积极采取各种措施，根据实际情况对排球场馆进行建设，对相关设施器材需要做到及时更新，以便能够满足日常教学、训练、比赛的需要，更好地丰富校园体育文化建设。

（二）实行优选优待，提高训练质量

从目前我国高校体育教育专业的设置来看，只有少数学校具有排球专业运动员招生资格，这些学校一般都会给排球专项运动员一定的高考政策倾斜，并且招生的范围限定在普通高中统一招生考试人群中。为了优化我国排球人才选拔机制，具有排球专业招生资格的院校可以与地方政府达成合作协议，形成“吸纳—培养—输送”的人才培养模式，为高校招收排球专业运动员建立提供优质的备选人才库，促进高校排球运动的综合水平。这种招生模式具有以下优点：

首先，高校能够为地方专业运动队提供优秀的人才储备，同时高校排球队伍建设水平的提升为高校在当地的招生建立了充足的优势。高校体育运动招生负责人可以通过调研对本地的排球体育专修生进行了解，对于基础好、天赋高的学生可以有针对性地进行招生政策宣传和填报志愿引导，为高校排球队招收一批高质量的球员。

其次，在排球队员大学毕业的时候，学校还要与当地政府进行积极的交流与沟通，推荐表现优异的队员到地方队或者用人单位，为大学生的就业搭好桥梁。这一举措的施行能够极大地提升学生参与排球运动的积极性，为高等院校开展排球运动、成立学校专业队伍打下坚实的基础。在校参与比赛以及训练期间，学校应该尽可能多地为队员们提供展示自己的平台，教练员要认真履行自己的岗位职责，在做好训练计划的同时，要注重对运动员综合能力的培养，为大学生未来的发展做好规划。

（三）广筹各种资金，充实办队经费

在我国高校排球队伍的建设过程中，稳定的经济来源和物质支持是制约高校排球队伍竞技能力和整体水平提升的主要影响要素。没有稳定资金来源和物质支持，球队的日常训练会受到影响，球队参与各种比赛和推广活动的机会就会变少，很多高校的排球队伍很难获得有效的锻炼机会，值得注意的是，伴随着近年来我

国市场经济改革的不断深入，体育经济体制改革也逐步向着市场化的方向进行发展，这为苦苦挣扎的高校排球队提供了新的契机，同时也带来了巨大的挑战。目前，普通高等院校的排球队大多数是依靠学校或者政府的补贴维持，由于资金有限，很多高校排球队难以维持日常训练的开销，在这种局面之下，高校管理层应该积极为排球队的发展拓展资金渠道，通过加大扶持力度获得好的比赛成绩，将球队推向市场。在高校排球队伍建设的过程，为了保证充足的资金供应，在拓展资金来源渠道的过程中，应该尝试以下几种方法：

①积极联系地方政府，争取地方财政资金的支持，为高校排球队的资金来源提供基础性保障。

②创新球队发展模式，在区域范围内将教育局、体育局以及学校三方的力量联合起来，共同注资发展排球队。

③提高球队的运动成绩和影响力，通过市场化的运作积极吸引社会企业的资金进入校园排球运动的发展。

④提高高校的办学优势，积极与地方企业展开合作，进行联合经营，为学校排球运动队的发展提供资金支持。

第十章　高校其他球类运动教学理论与实践

球类运动是以球作为基础的运动或游戏，是现代体育重要的组成部分。除了跑步之外，球类运动该是群众在日常生活之中参与体育最为广泛的方式。在高校也是如此，有很多的球类运动，本章将从棒球运动教学理论与实践；台球运动教学理论与实践；橄榄球运动教学理论与实践；高尔夫运动教学理论与实践这四个方面进行详细阐述。

第一节　棒球运动教学理论与实践

一、棒球运动概述

现代棒球运动的起源说法不一。调查研究之后发现，在希腊与印度的古代寺庙以及各种背式浮雕上，都有着持棒打球的雕刻图案。现代的棒球运动发源于美国，其原型为英国的板球运动。所谓板球（Cricket）有的叫图球（Rounder）有的叫垒球（Base Ball），有的叫镇球（Allentown），各种说法不一。[①]

1839 年，美国人窦布戴伊组织了在波士顿队和纽约队之间进行的第一场与现代棒球运动十分相仿的棒球比赛。同年，美国陆军军官道布尔戴在纽约州的库珀斯敦举办了首次棒球比赛。1845 年世界第一个棒球俱乐部在纽约成立，并由美国人卡特莱德为统一名称和打法制定了有史以来第一部棒球竞赛规则，并正式采用了棒球（Base ball）这一名称。1869 年在美国成立了世界上第一个职业棒球队。1871 年成立了全国职业棒球队。1992 年棒球被列为奥运会男子比赛项目。

19 世纪初，棒球运动就已传入欧洲，但开展的国家很少，就是已开展的国家也不普及。19 世纪 20 年代，第 1 届世界性棒球比赛在英国举行。第二次世界大

① 杨松 .19 世纪英国体育运动的发展及其在帝国传播研究 [D]. 西安：陕西师范大学，2019.

战后，由于美国驻军的影响，在意大利、荷兰、西班牙、法国、瑞典、捷克斯洛伐克、波兰等国都逐渐有所开展。其中意大利、荷兰等国开展较快，在欧洲棒球联盟举办的每年一度的欧洲棒球赛中都曾多次夺得冠军。近年来，由于棒球已列为奥运会正式比赛项目，俄罗斯也正在积极开展棒球运动。

1936 年，在库柏斯镇建立了“棒球荣誉厅”，以纪念那些对棒球运动的发展做出过杰出贡献的人。随着社会的发展和国际交往，棒球运动已传播到世界各地，并被列为 1992 年奥运会正式比赛项目。国际棒球联合会成立于 1936 年，设在美国印第安纳波利斯。1981 年，我国成为国际棒球联合会会员。

随着美国国力的增强，美国棒球的普及和水平，位居世界之首，并对外扩展，把棒球运动带到了世界各地；古巴棒球水平也很高，曾多次夺得世界棒球锦标赛冠军，号称世界棒球五强之一。水平较高的国家还有日本、朝鲜、菲律宾等。

迄今为止，棒球运动已在全世界五大洲的七八十个国家和地区开展。国际棒球联盟是世界业余棒球运动的最高领导机构，总部在美国，现如今的成员国已经有 63 个。

棒球运动拥有一定的特点以及丰富的健身价值。具体体现如下：棒球运动与其他球类运动的共同点就是可以锻炼身体，增强体质，是一项能够比较全面地进行身体锻炼的运动。积极参加棒球运动，不但能够提高身体素质，还能够有效改善中枢神经系统的功能，以便提升自身的判断能力与反应能力，除此之外，还能够增强自身循环，呼吸等器官的功能，有效加强新陈代谢等等。参加棒球运动既使人胸襟开阔，又可促进身心健康。由于棒球比赛规则复杂，战术变化多，需要快速的思考、分析和判断，加强配合和默契。

二、棒球运动基本技术教学

（一）传接球技术

防守队员用手和手臂把球送向既定的目标，以使击跑员或跑垒员出局的防守行为，就是传球。一般而言，我们可以将传球技术动作简单概括为三个字，分别为蹬、转、鞭。其中，“蹬”主要指的是轴心脚用力蹬地，从而使得身体重心朝传球方向移动。另外，“转”主要指的是身体在向传球方向转动的时候，髋关节带动上体和肩部沿身体纵轴依次用力。最后，“鞭”主要是指向传球方向挥臂的时候，肩、肘、腕、手依次发力的鞭打动作。在进行这三个动作的时候，应当做到快速、协调、连贯。

一般而言，我们可以根据传球时触球位置的不同，将传球的方法分为肩上传球、下手传球、正（反）手抛球、体侧传球等。下面详细介绍一下较为常用的体侧传球和肩上传球：

1. 体侧传球

两脚左右开立与肩同宽，膝关节微屈，双手持球置于体前，身体正对传球目标。两眼注视接球队员。接到球后，眼睛注意传球目标。重心起伏要小，上体稍向右倾。传球时，要先转髋，这样不易传偏。右手臂的轨迹在肩腰之间，能够与地面平行。

2. 肩上传球

两脚左右开立与肩同宽，膝关节微屈，双手持球置于体前，身体正对传球目标，两眼注视接球队员。在传球的时候，将右脚作为转动轴，膝、髋、肩关节依次用力向右转体，左肩对传球方向，两臂前后分开，右手持球，掌心向下，与此同时，左脚需要沿着地面向传球方向进行伸踏动作。在落地之后，重心需要伴随着髋关节的前移而转移至左脚，与此同时，左手要自然弯曲放置于胸前的位置，右手手臂经过体侧上摆至右后方并屈肘呈 90 度角，肘关节上提置于肩水平线以上。随后快速转肩向前顶肘，肩、肘、腕、手依次发力摔臂扣腕，最后在身体前上方鞭打传出。球出手后，传球臂顺势向身体右下方随摆，上体下压，重心落在伸踏腿上，两眼注视传球目标进入防守阶段。

（二）接球技术

防守队员用手套和传球手把击球员击出的球，或把同队队员传来的高速运动着的球停住并保持在手中的防守行为和技术。按球方法共有三种，分别为接平直球、接地滚球、接高飞球。

1. 接平直球

在进球之前，需要正对传球的方向，两脚呈自然开立状态，其宽度与肩等同，双膝微屈，将重心下降并稍微向前移动，肘关节微屈并保持自然下垂的状态，合手将手套置于胸前，手指向上，双眼牢牢注视来球，略提踵准备移动，准备用戴手套的掌心接高于腰部的来球。

接平直球时要注意，因来球速度快，所以接球员的反应和动作都要敏捷，接球时手指尖朝前，以免挫伤手指和打伤身体。若来球实在太快，来不及做出反应，可用手套背面挡球，随后再拾球传杀。

2. 接地滚球

在接球之前，需要面对来球方向，并且双脚自然分开，宽度要比肩略宽，前导脚在前，屈膝，上体前倾，将重心落在两脚的前脚掌上，两手臂放松，置于膝关节前，两眼正视来球。在接球的时候，需要根据来球的轨迹主动进行步伐的移动，确保正面迎球，双手的姿势为靠拢前伸。手套张开贴地，手指向下对准来球。地滚球刚弹跳离开地面的瞬时或者从最高点开始下降的瞬间，在两脚连线中心前30厘米处需要使用双手将球接住，之后迅速合套护球稍后引，与此同时，传球臂后摆，垫步，准备传球。

（三）击球技术

站在击球区域的进攻队员，用手持的球杆挥动或不挥动去撞击守方投手投球的进攻行为击球。对于进攻队员来说，要想取得进垒或者得分最为重要的手段就是击球技术，而且由此也能够更好地衡量一个团队的进攻能力。通常情况下，击球技术可以分为两种，分别是触击球技术、挥击球技术。

1. 触击球技术

在投手投出球之后，击球员需要观察来球的运动轨迹，及时调整自身站位以及身体的姿势，最终确保球棒的中部能够对准来球。之后，在来球接近身体的时候，双手轻轻将球棒推出或等球触棒。在球与棒接触的瞬时，双臂顺后收，缓冲来球力量，将其轻击到本垒板前并使其在界内区域滚动，随后向一垒方向起跑。

2. 挥击球技术

挥击是身体由下肢经躯干到上肢依次协调用力的完整过程，包括判断、引棒伸踏、挥棒击和随挥四个环节。

（1）判断

击球员在击球时要注意力集中，身体保持正直，两眼直视投手的投球动作，在球到达本垒程前做出好球或坏球和下棒或放过的判断。

（2）引棒伸踏

当投手准备投球时，击球员重心右移，用右脚支撑身体，同时腹部和腰部向右后转引棒，随左脚向右侧收一小步，左脚的膝关节和髋关节稍内扣，头部正直不见，两眼盯住投手，球体的指和位置保持原状态。当投手的投球手前送时，击球员身体稍后收，同时持棒手稍后引，随后左脚沿地面横向来球方向迈出，前脚掌内扣着地，脚尖与本垒呈直角，伸踏的幅度为 15 厘米左右，重心落在右脚上。

（3）挥棒击球

在投手出球瞬时或左脚伸踏落地瞬时起棒，随后右脚提踵，迅速用前脚掌内侧发力蹬住地面，膝关节内扣。面颊贴在左肩锁骨上，同时重心前移，整个身体迅速向来球方向转动并准备向下挥棒。

下棒时，腰部和肩部依次用力转动，做关节的转动领先于手臂的挥棒动作，同时左肩打开，右肩前移，接着左手拉棒，右手推棒，两腕用力前送棒，使棒头超越棒尾，球棒贴近身体，腋部不要张开，眼不离球，准备吃中球。

球棒击中球的瞬时，左手臂向前用力伸展，右手臂向击球方向推送面颊贴在右肩锁骨上，两眼把球盯到底，由此开始球棒沿水平方向运动，球中棒的最佳部位在离粗端 5～15 厘米处。

（4）随挥

击中球后手臂不要立即停止挥动，应主动用力让球棒沿水平方向继续运动一段距离，随之翻腕屈肘，右腕在左腕上翻过去，面向前方挥棒至左肩三角肌处，即右脚后跟抬起时止，然后分别松开右手、左手，将球棒丢放在身体的左后方起动跑垒。

（四）跑垒技术

跑垒指的是击球员在完成击球任务之后，成为击跑员或者跑垒员，而应当进行的进垒与得分任务的基本技术。值得注意的是，跑垒员不但能够利用跑垒技术对对手的防守部署进行牵制或者扰乱，以便使得同伴能够进垒或者得分，还能够直接跑向二垒、一垒、本垒得分。一般而言，在棒垒球比赛中，得分主要依靠进攻时的击球与跑垒。在比赛过程中，进攻队员需要先进行击球，获得上垒之后，通过队员之间的互相配合以及突破防守队的薄弱环节，最终经过场上各垒回到本垒，而以上这些进攻活动被称作跑垒。

依据比赛场上进攻队员的任务与位置，我们能够将跑垒技术分为以下四种：击跑员跑垒、垒跑垒员跑垒、二垒跑垒员跑垒、三垒跑垒员跑垒，另外，其中每种都是由三个部分组成的，分别为：起跑、垒间跑、踏垒。

1.击跑员跑垒

（1）击球后的起跑

击球员在完成随挥放棒之后，左脚蹬地，将重心向右偏移之后，右脚迅速向一垒的方向跨出半步，将上身前倾，并且沿着直线快速奔跑5步至6步，其特点是步幅较小，但步频较快，两臂应当有尽量大的摆动幅度，且不要看击出的球。

（2）垒间跑

击跑员将上体抬起，眼睛要始终盯住一垒包，之后用最快的速度沿着跑垒的限制道全力奔向一垒，在奔跑过程中不要看球，避免出现奔跑的方向与球的飞行方向存在偏差的问题，进而导致跑垒失误。

（3）冲刺踏垒

击跑员在距离以内4米左右的时候，身体要向前倾，之后不要有任何犹豫，全力冲刺跑过垒，并且尽量使用左脚的前脚掌踏触一垒包的外侧，若是还能够连续向二垒跑，就需要踏在垒包的内角，在这一阶段主要考验的是击跑员自身的奔跑速度，所以击跑员本人需要有较高的身体素质。

（4）减速返回或继续进垒

当击跑员跑过一垒之后，需要将上体抬起之后使用碎步的方式不断减速，在距离一垒3米至5米的位置停止之后，转身面向内场，对场上的攻守局面进行观察，进而判断是否进入二垒或者是直接返回一垒，而若是返回一垒，就需要沿着一垒边线的界外区域返回。

2.一垒跑垒员跑垒

在投手站在投手板上并持球的时候，跑垒员需要通过侧滑步动作向二垒方向移动3～4步离开一垒包，之后，面对投手，眼睛也要始终盯着投手的前臂与伸踏脚，将自身重心降低并维持在两脚之间，确保身体保持平衡，离垒的最佳距离需要保证能够安全返垒，在向着二垒奔跑的时候，左脚经体前交叉，与此同时，上体右转向二垒，并且根据球场上守场员接球的位置与动作，选择合适的方式进行上垒。

3. 二垒跑垒员跑垒

在投手持球踏触投手板的时候，二垒跑垒员能够离垒，并且离垒的动作基本姿势与一垒跑垒员相似，但是在距离上可以远一些，位置最好处于二垒或三垒的垒线上。二垒跑垒员的注意力需要始终集中在投手身上，而且还需要根据三垒跑垒指导员所提供的暗号以及比赛场上不断变化的局面，做好返回二垒或跑向三垒或踏触三垒的内角继续跑进的准备。

4. 三垒跑垒员跑垒

因为三垒距离本垒最近，所以三垒跑垒员有着更大的得分可能，在投手持球踏触投手板的时候，三垒跑垒员可以离垒 3 步至 4 步，在投手向击球员投球之后使用交叉步再离垒 3～5 步，并做好跑向本垒的准备，若接手能接住球，则返回三垒，离垒的路线与位置需要处于界外区域，最好是边线外一步的地方。

三、棒球运动基本战术教学

（一）击球战术

棒球运动的击球战术是指击球员根据场上的跑垒员位置局数、比分，投手投球防守等情况，为达到战术目的所采取的击球策略与行动。

击球战术主要有长挥、短挥、触击击球，往左或右半场方向打球，拉打、推打、砍打，打成地滚球，平直球、过顶球，打出多大的距离等。

（二）投手战术

棒球运动的投手战术是指投手根据双方队的水平以及场上具体情况，运用自己的技术和全队的配合，最大限度地遏制对方发挥水平而积极调动和运用本队专长，争取比赛胜利所采取的行动。

投手战术主要有对付击球员的有球战术（如使击球员摸不准投球的性质和规律，发挥不出击球水平进而迫使击球员把球打到便于击杀的场区），牵制、摘杀跑垒员的战术（如迫使跑垒员不敢离垒和偷垒、利用语言或行动造成跑垒员错觉而摘杀）等。

（三）偷垒战术

棒球运动的偷垒战术是指跑垒员依靠自己的判断和主动性，利用防守上疏漏和投手的动作，出其不意地迅速抢进下一垒位并获得成功的跑垒活动。偷垒能分散守队的注意力，成功的偷垒能影响守队的情绪，提高本队战斗信心，偷垒是主动进攻、避免造成双杀的有效办法。

偷垒战术主要由偷垒员与击球员配合，击球员掩护跑垒员，跑垒员与跑垒员配合，互相掩护，先后或同时达到偷垒目的等。

（四）触击球战术

棒球运动的触及球战术是指击球员不挥动球棒或用棒轻触来球，使球缓慢地滚入内场某一预定位置的击球。进攻队根据场上的攻守情况，借触击球以达到不同目的的进攻配合。

触及球战术主要有上垒触击，即击球员出其不意地利用触击，达到上垒的目的；或者牺牲触击，即击球员放弃自己上垒的权利，而使跑垒员进垒的触击；还有在两人出局前而三垒有跑垒员时，运用触击使三垒跑垒员抢进本垒得分的进攻配合等。

第二节　台球运动教学理论与实践

一、台球运动概述

台球运动被公认为是“绅士运动”。由此便能看出这项运动在创始之初主要是在宫廷或贵族之间开展的。对于台球起源的历史记载并不多，也没有一个明确的起源时间，但在记载中，15 世纪的法国就已经出现了“台球”这一名词，并且在英国，詹姆斯一世执政期间，宫廷中就已经出现了早期的台球。[①] 直到 18 世纪，台球运动已经逐渐发展完善，到了 19 世纪，擦杆头所使用的巧克粉被英国人克·卡（Jackcare）首创，由此正式开创了英式打法。

① 高岩松．英国现代政党的起源与发展 [D]. 南京：南京大学，2013.

自从台球运动被创造出来之后，人们不断对这项运动进行改进与完善。在最开始的时候，台球运动只在桌子中心开一个圆洞，在后来的发展过程中转变为在桌子四角开四个洞，伴随着洞的增加，人们的兴趣也在增加，直到近现代人们开始在桌子上开六个圆洞，由此才正式演变为如今的落袋式台球。值得注意的是，在球台的发展过程中，曾经出现过八角形的球桌，并且在球桌的每边都有开洞，一共有八个洞，伴随着洞的增加，一盘球就可以容纳更多的人参与其中。甚至于还有一些球台被设计成为不规则的形状，以期增加台球运动的乐趣，但这种类型的球台并没有成为台球运动主流的发展方向。在最开始的时候，台球球桌使用的是木质材质，但在使用过程中发现，木质容易受到气候因素的影响出现变形，很难保证台面的平整度，进而直接影响到台球运动体验，在 1827 年的时候，人们开始使用石板制作的球台，于是出现了光洁平整不会变形的高质台面。

英国是最早建立台球运动组织的国家，在 1885 年，业余球手与职业球手共同组建了台球协会，同时，制定出了第一套正式的比赛规则。1908 年的时候，又由对立的一方组成了台球管理俱乐部。在 1919 年的时候，台球协会与台球管理俱乐部正式达成合并协议，共同组建了台球联合会，这是英式台球与斯诺克台球的最高组织，其主要工作是主持两种台球的比赛和制定规则。世界台球联盟于 1940 年成立，是国际台球运动的组织机构，其总部位于比利时的首都布鲁塞尔，行政中心位于西班牙的巴塞罗那，其主要工作为负责世界性的台球比赛，并且在世界上许多国家开展台球运动，建立台球协会。

直到 20 世纪 80 年代，英式斯诺克与美式台球才开始在我国普及。1986 年，我国正式成立了中国台球协会，在各省市中，也陆续成立了地方上的台球协会，到目前为止，台球运动已经在我国相当普及，甚至在 20 世纪 90 年代的时候风靡一时。在竞技台球运动方面，我国在近年来已经出现了一大批优秀的选手，其中最为突出的一位就是丁俊晖，他在很多世界级的比赛中都获得了不错的成绩。

台球运动需要参与者在思索中实践，并且在实践中不断进行思索，由此才能够有效促进参与者的血液循环，增强自身的新陈代谢，最终提高体质。在打台球的过程中，因为击球的动作，人的身体会大幅度地反复进行收腹弯腰，而这就会使自身的神经在放松与紧张中不断变换，最终实现肢体与精神上的活动与调节。另外，参与台球运动的人还能够通过和谐的人际交往进行情操的陶冶与意志品质的锻炼，从而有效增强自身克服困难的信心与勇气。通过台球运动能够有效锻炼自身稳重的性格，使得自身的精神状态能够始终在安静舒适的环境中保持健康乐观，最终实现强健身心的目的，台球运动在强度上比较适中，能够有效开发参与者的智力，还能够有效增强参与者之间的交流，进一步提高人的社会活动性。

二、台球运动基本技术教学

（一）基本技术动作

1. 握杆位置

能对握杆的位置进行直接影响的因素，主要有以下三个：其一是球杆的重心位置，其二是击球的力量，其三是被击主球的位置。值得注意的是，这三种因素中最为关键的因素是球杆的重心，只要找到球杆的重心，就很容易确定握杆的最佳位置。通常情况下，最佳位置在距离重心向杆尾一端的6厘米至9厘米处。另外，在进行击球的过程中，对于握杆位置的选择，可以根据具体的情况偏前或者偏后。

2. 身体安势

正确的身体姿势应当是自然且重心平稳的。通过对正确的身体姿势进行掌握与维持，能够更好地完成正确的击球动作。身体姿势主要包含以下四部分：站立位置、脚的位置、上体姿势、面部位置。

①站立位置。握好球杆后，面向球台，向用主球击打目标球的方向直立，球杆指向主球，握杆手置于体侧的同时，需要明确击打目标球的下球点以及主球将要走的位置。

②脚的位置。在确定身体位置之后，握杆的手需要始终保持在体侧，不可移动，之后左脚向左侧前方迈出一小步，与右脚距离大约与肩同宽。稍微弯曲左腿，右腿始终保持自然的直立状态。

③上体姿势。站好位置之后，将上体向右侧转，与此同时向下弯身，使肩部拉起，上体前倾并与台面接近，头微微抬起，下颌的正中部位与手或球杆相贴，双眼需要顺球杆方向平视。

④面部位置。使球杆保持在额头中轴线上，双眼保持水平前视，使面部的中线与球杆和后臂保持在一个较为垂直的平面上。

3. 握杆方法

握杆方法的选择能够直接影响到触感的好坏，一般而言，正确的握杆方法是使用拇指与食指在虎口的位置用较轻的力度握住球杆之后，使用剩余的三个手指虚握球杆，在握杆时手腕要自然垂下，这种方法能够保证手指、手腕以及整个手臂适度放松，使得肌肉能够更加协调地进行工作，除此之外，还能够更好地帮助手指、手腕与整个手臂在运杆的过程中，更好地感觉到出杆触击球瞬间，杆头与球的撞击效果，从而更加准确地掌握相关技术动作，并且及时发现并纠正在训练过程中出现的各种动作错误。

（二）瞄准方法

1. 瞄准的基本方法

瞄准要眼睛、主球、目标球三点呈一线。球杆随着眼睛转，因此实际击球时，球杆、主球、目标球三点在同一直线上。瞄准点在进袋直线，距目标球后一个球半径长度的点位上。

2. 不同位置球的瞄准

①击边缘球。注意击球时的手架，以球台边框为球杆的支架，食指轻按住球杆，下巴贴在球杆上，两眼与球杆呈一条垂直线。

②击球台中央球的动作。可爬上球台击球，但不可触动其他球，且必须一条腿着地，否则算犯规。

③主球在边沿时击球。需要重点关注击球的时候左手的手架，四指应当按在球台边框上，之后使用平背式手架架起球杆，在进行击边沿球的时候只能轻击，因为球台的边框挡住主球，在击球的过程中，只能够击中主球的上部，甚至于过于用力击球会导致滑杆。

④使用杆架的击球。击球者的双手都支撑在球台上，右手持球杆的尾部，球杆需要正对鼻梁，从而更好地进行瞄准，注意击球的瞄准动作以及持杆手势。通常情况下，使用架杆击球都是轻击球。在击球过程中，需要始终保持球杆处于直线平稳状态，向前推动不可随意晃动。

（三）击球的技术动作

1. 架杆

（1）平背式

整个手掌放在台面上，将拇指以外的四指分开，手背稍微弓起，拇指和食指的根部相贴形成一个“V”形的夹角，球杆放在“V”形夹角内。手指的弯曲及手掌向上拍起，可以调节架杆的高度。

（2）风眼式

左手手指张开，指尖微向内弯曲，用拇指和食指扣成一个指环，并与球杆呈直角，手掌和中指、无名指、小指构成稳定支撑。平背式架杆方法常用于斯诺克台球，风眼式架杆方法多用于开伦台球和美式台球。根据击打主球击球点的不同，架杆的手背可以平直、稍弓起和弓起，去找击球点的下、中、上点。

（3）杆架的使用

主球停在球台中间或远离台边，用常规的击球姿势无法击打主球时，就必须使用杆架。杆架的长短和式样各异，运用时手持球杆的尾部，拇指在下，食指、中指在上夹住球杆，无名指、小拇指自然弯曲，另一手将杆架置于适当位置，整体放在台面上，用手按住以防运杆、出杆时杆架晃动。

2. 运杆

运杆的目的是获得准确的击球。在确定击打主球的部位后，最好是试着做几次往返进退杆的运杆动作。运杆要求身体保持稳定，持杆后摆的幅度大小取决于所需要的击球力量和杆头与主球间的距离，后摆动作要做到稳和慢，出杆前控制好杆的平稳。

3. 出杆击球

出杆触击球是台球击球动作结构中的关键环节，决定着击球的效果。出杆击球是在后摆，停顿后所完成的动作。将弯曲的肘关节作为轴，使前臂如同钟摆进行前后的摆动，之后，手指与手腕在拉杆与触感的时候进行调节动作，使得球杆能够在运行过程中始终保持水平的状态。肩部不可附加力量，并且大臂也应当固定不动。打触击球瞬间，根据击球的要求，注意手腕力量使用的控制，避免由于过分抖动手腕造成击球不准确。出杆时，肩部和身体不要用力出杆，动作要果断、清晰，即使是打个轻缓的球。

三、台球运动基本战术教学

（一）美式台球战术

1. 开球策略

美式台球开球的目的有两个：一是争取将 9 号球直接开球入袋获得该局胜利；二是争取尽量多的开杆进球和将球充分炸开，便于连续进攻取胜。

开球时，要使脚前后分开。在出杆击球时，不仅要充分发挥手臂的力量，也要充分发挥身体的力量，并注意出杆动作要充分。

2. 进攻战术运用

（1）基本击球方法

当台面上球势不清晰，有若干的球相贴或主球走位有难度，并且台面有明显的可吻击、双着及联合击法，能使 9 号球入袋时应创造机会。考虑用基本击球方法将 9 号球击入袋中。

（2）一杆清台

当有一个好的开球后，有 2～3 个球入袋，其他球又散开时，或当对方失误，台面上球势清晰。没有难度大的球时，可考虑采用一杆清台战术。

（3）合法推杆

美式台球比赛中开球后双方均有一次推杆的机会。当开球方开球后有进球。主球要打的台面上最小号码球被其他球阻挡，此时开球方可以要求一杆推杆球。或者是开球方合法开球后没有进球，此时主球因其他球阻挡无法击打 1 号球时，上场击球一方也可以要一个推杆球。打推杆球有如下两个目的：一是让对方能打到台面上最小号码的球；二是让对方没有进攻的机会或做好防守的机会。

（4）防守战术

防守有两个目的：一是使对方没有机会进球并为自己创造进攻机会；二是做障碍球，为进攻创造机会，以及迫使对方连续三次犯规，获取比赛胜利。

（二）斯诺克台球战术

1. 开球策略

斯诺克台球开球很难将红色目标球击入袋中。所以开球时常用主球薄击红色目标球，进而击中三角形中底部的某一个球，使主球碰台边后，返回到开球线后面，以限制对手进攻的机会。

2. 进攻点的建立

进攻点的建立是斯诺克台球比赛取胜的关键，无论比赛双方采用什么策略，都是为了创造，制造或者等待这种机会的出现。在比赛中常见的有红黑、红粉、红蓝以及红棕、红绿、红黄等进攻点的建立。

3. 走位与攻防战术

为获得进攻机会，在斯诺克台球比赛中，有时在进攻中需要冒一定风险。尤其是在球距比较远、球台上球势复杂的情况下，既要积极进攻，创造得分的机会，又要考虑到一旦失误不会给对方留下太好的得分机会，这时就必须考虑在进攻中如何运用攻防兼备的战术。比赛中双方为争夺高分，就必须使主球击完红色球后留在 7 分球的附近，以利于击 7 分球入袋。在主球远离红色目标球时击红球后主球停在 7 分球附近的打法，有两种结果：一是击红球击成功，主球留在有利于打 7 分球的位置上，获得红黑进攻点。二是击红色球失误。主球留在 7 分球附近，如果有其他红球在 7 分球附近，就留给对方进攻的机会。

4. 走位与防中战术

比赛中有进攻机会或没有进攻机会，但成功的可能性很小，需要做好两点：一是防守好主球，既不让对方有进攻的机会，又要使对方进行再防守时困难重重；二是力争做成障碍球。

第三节　橄榄球运动教学理论与实践

一、橄榄球运动概述

橄榄球在美国十分受到民众的欢迎，通过对橄榄球的起源进行研究，我们能够明显发现，与足球运动有着十分紧密的关联。在 19 世纪 20 年代，英国诞生了橄榄球，而且因为这种球的形状类似于橄榄，所以在中国，人们将其称作橄榄球，发展到如今已经有两千年左右的历史。

橄榄球运动的第一套规则诞生于1845年，而且在1863年，英格兰的几个主要橄榄球俱乐部决定脱离英格兰足球协会之后，又在1871年，正式成立了英国拉格比协会，新的比赛规则由当时参与协会的17个俱乐部共同商定。橄榄球向全世界传播的主要途径为英国海权势力的扩张，后来随即成为一项世界性运动。经过近两个世纪的不断发展，这项运动已经成为在世界各大洲开展都非常广泛的球类运动。这其中尤以欧洲、美洲及大洋洲最为普及。

1888年，橄榄球传入日本。国际橄榄球组织于1890年正式成立，法国在1906年举办的橄榄球国际比赛。现如今，世界上流行的橄榄球类型分为两种，分别为英式橄榄球与美式橄榄球，其中，英式橄榄球运动员普遍采用足球运动员的服装，不会穿戴防护具，所以也常被称作软式橄榄球。美式橄榄球运动员在比赛过程中必须穿戴符合规定的服装与护具，所以也被称为硬式橄榄球。英式橄榄球流行较广，约有70个国家和地区开展这一项目。

在我国，随着体育运动的普遍开展，橄榄球运动已逐渐为人们所了解，通过电视屏幕可以欣赏到一些精彩的、高水平的比赛。我国橄榄球运动的发展主要是在港澳、台地区，香港的橄榄球运动于1888年由英国人引进，中国人创立的球队，以台湾的淡江中学为最早。1990年底，中国农业大学也成立了英式橄榄球队。在1996年的10月7日，我国正式成立了中国橄榄球协会，而在1997年的3月18日，中国橄榄球协会也成了国际橄榄球理事会的正式会员。我国参加的第一场国际赛事是在1997年底与新加坡国家队进行的友谊比赛。到目前为止，我国的橄榄球运动主要集中在北京、上海、广州、青岛、沈阳、长春、西安、长沙等城市中的一些大专院校、部队院校及外国朋友组建的俱乐部中开展，并有逐渐普及各大高校的趋势。不过，就目前来看，橄榄球运动尚未被我国大众所关注，在我国仍旧属于冷门项目。

橄榄球运动在比赛中的身体接触远远超过其他所有球类项目，在许多球类项目中被视为犯规的抱摔、冲撞等动作，在橄榄球比赛中被视为合理、合法的技术。橄榄球是一项极富挑战性和刺激性的强者运动，集勇猛、力量、速度、智能和团队精神于一身。它所拥有的勇往直前、坚毅果断的意志品质以及团结协作、无私奉献的集体主义精神正是我们这个时代高校学子所需要的，橄榄球运动拥有其一定的特点以及丰富的健身价值。具体体现如下：

橄榄球是一项在足球场般大小的比赛场地上进行的运动，具有人数多、高强度对抗、高密度场次转换和赛事观赏性强的特点。

全部比赛一般会被安排在两三天内举行完，而且是风雨无阻，比赛从上午不间断地持续到晚上才结束。场上运动员不允许在后场"倒脚"，也不允许把球朝前直接长传了事。他们必须抱球勇往直前地冲向对手的阵地，可以向对手采取推拉、拌、扯、抢等"粗暴"拼抢动作，只要是在对方的肩部以下的攻击动作都是合法的，直到把球送到对方的底线为止。

因为橄榄球运动在速度、协调性与爆发力等方面都对运动员有着较高的要求，所以更能够培养运动员的坚毅勇敢与灵活机智的意志品质，勇往直前的气概以及密切协作、无私奉献的集体主义精神。因此，橄榄球运动具有较高的全面锻炼价值，是大学生们喜爱的运动之一。

二、橄榄球运动基本技术教学

（一）手处理球

1. 持球的方法

手指按在球的最凸部，手掌不触球，手指用力夹住球，手腕保持灵活。

2. 普通传球

向左边传球时，右肩自然向前，身体重心从右侧移向左侧，腰部用力带动双臂摆动，传球时手腕放松，球出手瞬间有个甩腕、手指推球的动作。

3. 快速传球

快速传球为三个以上队员之间进行的连续的快速传球。传球队员首先要向前伸手准确地接住球，其次再把球传到有利的位置上。在一般的跑动传球时，接球后会有瞬间的停顿。而在快速传球时，从接到传的动作一气呵成，中间没有停顿。

4. 接球

目光注视来球，双手伸出举到头的高度，手与手臂及上身形成口袋状，接住球的瞬间，双臂向后回收缓冲，两腋夹紧，防止掉球。雨天球滑时，为了安全可以把球抱在胸前。

5. 掩护传球

前锋队员持球前进时，遇到对手进行扑搂阻挡，要先吸引对手对自己进行扑搂防守，伺机把球传给后面或附近的同伴。这种传球的反复进行，可使前锋的突破具有很大威力。

（二）跑动

1. 持球的方法

采取能保持平衡的单手或是双手持球姿势。

2. 普通跑动方法

重心放低身体向前倾，采用普通跑动的方式移动。

3. 迂回跑

准备向左迂回跑时眼睛看右侧（如果脸也转向右侧更有效）。右脚内侧用力蹬地向左转身，右脚交叉到左脚前，呈弧线跑开，

4. 变向侧跑

做变向侧跑时身体要放低，保持下半身稳定，以小步幅快动作摆脱对手。如做向左的变向侧跑时，接近对手后，向右跨步，压低右肩，把对手吸引到右边。在这瞬间，右脚内侧用力横向蹬地，重心移到左边，迅速摆脱对手。为准备推开对手，用左手抱球把右手腾出，也可用双手持球来迷惑对手。

5. 推开对手

在马上就要被抱住时，推开对手是常用的手段。方法是张开手掌，伸手臂用力推开，摆脱对手，对高位扑搂者以胸或头为推开目标对低位扑搂者以肩或头为推开目标。推开目标时，用相反一侧的手牢牢地抱住球。

（三）冲撞

1. 正面的扑接

对正面跑过来的对手进行扑搂时，扑搂者停止移动，以半蹲姿势做好准备。用肩和手臂截住对手用双臂抱住对手的腰部利用对手跑动的惯性把对手摔倒。在摔倒时，自己的头和身体要翻到对手的身上。

2. 顶住扑搂

当受到对手扑搂时，先把球置于与冲撞方向相反的安全一侧，双脚用力蹬地，

以稳定的站立姿势顶住扑搂，将球拿稳或迅速传给同伴。

3. 后面扑搂

当要对持球的对手从后面进行扑搂时，以肩冲撞对手，双臂迅速有力地抱住对手大腿，要防止对手挣脱开。一次扑搂不成，可迅速调整再做第二次。

（四）踢球

1. 踢定位球

把球立在地上，球的缝合部分对向目标，确定踢球的方向，注视着踢球点开始助跑。助跑分三步或五步助跑，助跑最后一步，支撑脚要准确地跨入支撑位置，踢球脚采用脚尖踢球、脚背踢球和脚内侧踢球的方式将球踢出。

在特殊情况下（如大风等），踢定位球时需要有一个定球者来协助完成。定球者趴在踢球者踢球脚同侧方。与球的踢出方向呈直角的位置上，用距离踢球者较远一侧的手扶住球，在踢球者支撑脚落地的瞬间迅速把手收回。

2. 踢手抛球

踢球时双手持球，将球落下，在球触地前把球踢出。右脚踢球时，右手放在球上，左手托在球侧稍靠下处。将球对准要踢出的方向，踢球时球的缝合处朝上会容易控制些。踢球时支撑脚（右脚踢球时左脚为支撑脚）向前跨出一步。当球落下后，用伸直的脚背最高点踢球的最粗部分。踢球后，踢球脚顺势向上转动，支撑脚以脚尖站立，挥动双臂保持平衡，重心移到前方。

三、橄榄球运动基本战术教学

（一）正集团——司克兰

司克兰是在有轻微违规或比赛暂停后，使比赛迅速、安全、公平地重新开始由双方强壮且有足够体力的八位前锋相互夹杂，在场内抵肩顶架而成，按前排连锁球员，侧锋，8 号球员的顺序组成。球会从两队前排之间的隧道，由传锋投进，再由前排中央 2 号钩球员来钩球，以重新展开比赛。

（二）正集团争球后的进攻战术

从正集团争球后发起进攻，先要控制到本方的球，在正集团中争球时最重要的是顶推对方。通过有利线与扑搂线的关系可以看出，在组成正集团争球的地点上，防守方的防线可以一直推进到越位线的位置，而进攻方的进攻线则只能在较靠近进攻的一方，这就使进攻方处于不利的状态下。当正集团被推回时，进攻线也要相应地向后退，这就对进攻方更加不利。因此顶推正集团，使对方的防守线后退（即把扑搂线向对面推），再有效地把球传出是正集团争球后进攻的关键点。正集团争球后的后锋进攻即是要尽快地把球传给边锋，向防守薄弱的，远离前锋第二道、第三道防线的区域展开攻击。当进攻出现困难时，利用战术的变化给对方造成混乱，再加上前锋的正集团侧翼进攻，使对方无法组织起有效地防守。

（三）正集团争球后的防御战术

正集团争球后的防御战术也称作后方掩护，目的在于防止对方突破正集团的侧翼。特别是侧锋要在传锋或接锋的帮助下完成这个任务。在防守住正集团的侧翼后，针对对手向开阔地带展开进攻，协助后锋防守线组成第二道、第三道防线。8 号球员由于是在最早能脱离正集团的位置上，在警戒正集团的侧翼后对后锋线的第一道防线进行掩护。接着链锁球员组成第二道防线，最后由前排（两个支柱和钩球员）组成第三道防线。对方在球场中部附近发起进攻时，尽早地判断出对手的进攻方向是否为组织起防守的关键。此外，还要防备对方的手抛球进攻，特别是 8 号球员对此要有所准备。

第四节　高尔夫运动教学理论与实践

一、高尔夫球运动概述

高尔夫球运动起源于 15 世纪的苏格兰，迄今为止已有 500 多年的历史。早期的高尔夫球，因受场地、器材等因素的限制，多在王公贵族中进行。随着社会的进步和经济的发展，人们对精神生活的追求越来越高，高尔夫球运动的参与者越来越多。在 20 世纪高尔夫球运动获得了新的发展，伴随着比赛规则与制度的革新以及各种国际性赛事的开展，高尔夫球场在管理水平上也较之前有了明显提升，以上种种有效促进了高尔夫球运动在近现代的发展。

自从1457年开始，高尔夫球运动逐渐被欧洲人传播到世界各地，在17世纪传入美洲，18世纪传入英国，19世纪20年代传入亚洲，最后传入欧洲，逐渐发展成为人们熟悉且喜爱的体育休闲运动。值得注意的是，到目前为止，世界各地的高尔夫球竞赛种类多样，其中主要的赛事有以下几种：美国高尔夫球公开赛，美国职业高尔夫球锦标赛，美国职业高尔夫球名人赛，英国高尔夫球公开赛，英国业余高尔夫球锦标赛，世界杯高尔夫球赛。通过各种国际性的赛事，有效促进了高尔夫球运动的传播与普及，并且借助赛事也使得不同国家的球手能够拥有同场竞技的机会，最终使得这项地区性的体育运动成功走向国际化。

高尔夫球运动植根于大自然，又亲近、爱护大自然。既文明高雅、动作优美，又能强身健体。打高尔夫球时，每次击球前都要细心琢磨挥杆击球的幅度大小力量及其方法，凝神协调全身各部位的用力奋力打向心中的目标。高尔夫球运动不仅是一项单纯的体育活动，同时还是一项产业，更是一种文化、一种社会地位以及个人奋斗成功的象征。它既是人们现代生活中休闲交往的方式，促进身心健康的手段，又是提高思维能力、增长智慧的文明活动。通过参加高尔夫球运动的锻炼，人们不仅能提高身体素质，增进健康，还可以磨炼自己的毅力、培养良好的意志品质、修身养性、陶冶情操。

二、高尔夫球运动基本技术教学

一般而言，高尔夫球的基本技术中主要包含以下几部分：握杆击球、准备姿势瞄球、挥杆击球、推杆。我们在学习高尔夫球的过程中，应当对各种击球技术进行全面且准确地掌握，并且所有的基础技术都需要有着正确的技术动作。

（一）握杆

球员双手握住球杆的位置与方法，被称作握杆，这是基本的动作，其中，若想要做到正确的握杆动作，首先要学会正确的握杆方法，一般而言，握杆方法有以下几种：

1. 重叠式

重叠式的握法使用得最为普遍，需要球员将自己的左手掌放置于球杆握柄的位置，手背需要正对目标，使得球杆握柄从食指的第二关节开始斜着通向手心。

小指、无名指、中指将球杆握在小鱼际和小拇指指根的位置，与此同时，食指需要自然收拢，握住球杆。拇指则需要沿着球杆的握柄进行纵长的自然伸出，并且压按在握柄正中稍偏右侧的位置，在此期间，拇指与食指指根应当形成“V”的形状，并且，尖端应当指向球员颈部右侧与右肩中间的位置，将右手掌张开，使得掌心正面朝向目标的方向，时刻紧贴在球杆握柄的右侧方，使得握杆的纵长以食指的第二关节为开始，之后经过中指与无名指的指根，将小指放置在左手食指与中指之间，收拢手指，握住球杆，使得食指呈现钩状弯曲，大鱼际包在左手拇指上，拇指与食指指根形成“V”形其尖端指向颈部右侧，

2. 互锁式

互锁式的握法比较适合手掌比较小或者力量比较小的女球手，在进行这一动作的时候，左手手型与重叠式相同。握杆的时候需要将右手的小拇指插入到左手的食指与中指之间，并与左手的食指钩锁在一起。通过将两只手连锁在一起的方式更能够产生一体感，有利于发挥出自身右手的力量，但是需要注意的是，若是对这种方法掌握得不够彻底，就会使左手的食指翘起，从而对双手的整体感产生不利影响。

3. 十指法

十指法的握法比较适合手掌比较小且力量比较差的高龄球手或女球手，在进行相关动作的时候，两只手的手掌要相向放置，但不需要重叠，右手的小指需要有左手的食指贴在一起，从而使得球手能够更好地使用右手手臂的力量，但是需要注意的是，因为左手与右手之间并没有任何的交叉与勾搭，所以很难保证双手的一体性，很容易使得手腕被过度使用，很难保证球的方向性。

（二）击球准备姿势

击球的准备姿势主要是指球员在握好球杆之后进行准备的过程中，身体的各个部位的正确位置。简单来说，就是需要球员做好站位，其中需要一个击球的方向，确定球员两脚所处的位置，并且需要将球杆的杆面对准球等等动作，一般而言，我们认为，准备击球主要包含以下三个方面，分别为脚位、球位、身体姿势。

1. 脚位

脚位主要是指球员在进行击球准备的时候，两脚所处的战略位置，其中主要有三种类型，分别为正脚位、开脚位、闭脚位。

（1）正脚位

正脚位这种站位方式需要球手将自己两脚尖的连线与准备击球的路线保持平行，在进行全力击球的过程中，不管使用什么球杆，都可以选择正脚位。

（2）开脚位

开脚位这种站位方式主要是指球手的左脚放在右脚的稍后方，通常情况下，这种站位方式比较适合短铁杆击高球或有意打右曲球。

（3）闭脚位

闭脚位这种站位方式需要球手的右脚放置于左脚的稍后方。通常用于木杆开球的情况。在球道上击远球或有意打左曲球。在使用这种站位的时候，两脚脚尖的连线应当朝向目标的右侧，在引杆的时候，尽管左肩可以充分地向内回旋，但是需要注意的是，很容易造成由外向内的挥杆轨迹，产生左曲球。与此同时，对下挥杆击球时也会不利于身体的回旋。

2. 球位

在球手做好准备击球的姿势的时候，高尔夫球被击出之前所处的位置，被称作球位。值得注意的是，脚位与球杆、球位的关系为：球手站在击球位置上的时候，需要握好球杆，并且左脚不可移动，之后将球位放置在与左脚位置接近的地方。双脚之间距离的宽窄以及离球的远近与球杆的长短有直接关系。

3. 身体姿势

球手在握好球杆之后，双手应当自然地向前伸。与此同时，球杆的底部要轻轻与地面接触，球手的两脚分开宽度与肩宽等同，将自身的重心放在两脚上。身体前倾，背部挺直，头部略向下，保持俯视的状态，膝关节稍微进行弯曲，稍屈髋，身体的左侧要朝向目标方向。一般情况下，可以选用正脚位作为初学者练习击球准备姿势时的开始，毕竟正脚位更容易掌握，使得初学者的动作既协调又规范。值得注意的是，在能力不足的情况下不要轻易尝试开脚位与闭脚位。除此之外，还需要确保脚位与球的飞行路线是平行的，而在练习的过程中，需要时刻对自身各部位进行重点关注，比如双脚趾端、两膝以及两肩之间的连线，应当努力与球的飞行路线处于平行状态，并始终保持身体的基本姿势处于稳定状态。

（三）瞄球

在进行瞄球的过程中，需要始终确保杆面正对目标，之后需要根据杆面的位置对身体的站位以及其他部分的位置进行调整。在瞄球中，正确的姿势是球手两脚尖的连线，应当与球和目标的连线始终保持平行。球手则需要站在球的后面，平行地伸出双臂，而右臂与球要在一条直线上求和目标，又要在一条直线上，这就是目标方向线。之后还需要在地上使用一支球杆标出目标线的方向，并且将手中球杆的击球面对准球。

（四）挥杆击球

挥杆击球动作主要是指需要球手的整个身体根据一个固定的中心点所完成一种协调且平衡的动作。在对这一动作进行正确使用时，需要将球杆上抬，旋转并下挥，从而使得球杆获得加速度进行击球。通过对挥杆的轨迹进行观察，可以发现是一个较为均匀的圆弧。高尔夫球的击球动作可分解为引杆下挥、挥杆击球、顺势摆动和结束动作等几个步骤。

1. 引杆

引杆主要指的是将杆头基于击球准备时的状态，逐渐向身体的后上方进行摆动的动作。一般而言，一个正确的引杆动作应当始终确保在进行挥杆的时候，身体的纵轴是稳定的，而且身体需要像卷线轴一样能够平稳地进行扭转，手臂的动作需要始终保持舒展且缓慢。引杆动作的最后有一个制动，而“制动点”也正是引杆结束进入下挥杆的分界线。引杆的存在是为了使得球手拥有最有力的肌肉工作状态，其中主要包含两个动作部分，分别为后引和上挥。

（1）后引

使用杆面对球的后方进行瞄准，在此过程中，左臂与球杆是一个整体，始终保持两臂与肩构成的三角形，向球正后方引杆 30 厘米左右。自然后引的时候，头与肩都不可随意乱动。体重由左向右移动，与此同时，上体需要向后进行充分的转动，从而使得身体保持扭转拉紧的状态。在后引动作结束的时候，因为不同的球手有着不同的特点，所以有的球手右腿会比较直，身体的重心也会比较高，而有的球手右腿在呈弯曲状态，身体的重心比较低。

（2）上挥

通过对引杆动作的整体进行观察，我们能够明显发现，后引与上挥之间并不存在停顿。后引是上挥的开始，上挥是后引的延续。

在上挥的时候，需要始终保持肩与两臂所构成的三角形，左肩向右转动，使用杆头带动两臂。左臂伸直，但是右上臂需要保持固定，右腋夹住。头颈部与脊柱保持一体，两眼注视球，下颌抬起并稍向右倾，左肩最终旋转至下颌的下方。胸部几乎对着目标的相反方向，左肘关节微屈，右肘屈曲到最大限度。重心逐渐从两脚之间转移到右脚外侧，右膝伸直，左膝向右屈，直到左脚跟稍微离开地面，手腕弯曲握牢球杆。球杆的杆身基本与地面平行。上挥球杆达到最高点时，背部朝向目标，上身较髋部侧转更大。

2. 下挥杆

下挥杆主要是指在球杆的挥杆角度到达顶点的时候，进行稍微地制动，就开始进行下挥杆的动作。在进行下挥的过程中，将自身的重心逐渐转移到左脚上，左膝需要在整个动作过程中保持伸直状态。左腿用力支撑，为右腿的蹬地送髋创造条件。在手臂向下挥杆的同时，臀部应当迅速转变为上挥前，准备击球时的姿势，并且通过臀部旋转的力量，有效带动手臂增加击球的力量。腰部做向击球准备时的状态复原的扭转。左肩因为下肢与腰部的影响，自然地向左转动，带动在引杆上挥时，被拉伸的左臂作为杠杆向下拉引球杆，在身体重心转移到左脚的同时，右肘应到达右髋处，杆头被留在后面。

3. 击球

作为下挥杆的重要组成部分，击球动作主要是指借助杆头的重量以及相应的运行速度下挥杆，最终使得球能够向前运行的技术。

需要注意的是，挥杆击球是使用球杆杆头通过球而不是打向球。在进行下挥的过程中，球手需要始终保持手腕呈弯曲状态，直到距离球 30 厘米处的位置才开始突然的甩腕。在两臂位置正好到达击球的准备姿势的时候，球杆的杆头需要使用最快的速度到达挥杆轨迹的最低点，也就是球的位置，最终，使得杆头面触球的瞬间产生极大的冲击力将球击出。击球时，必须击在球背的正中部位，球才能向正前方飞去。如果击球顶部，球将被击到地下，出现滚球；而击到球背侧面，球将飞向球道两侧某一方。

击球力量大小的掌握是高尔夫球中非常重要的技术。击球力量主要体现在球运行的速度上。实际上球的飞行距离主要由击球的瞬间球杆杆头对球的冲击速度决定。在击球的过程中，杆头的运动速度越快，越会对球造成较大的冲击力，球也能够飞得更远。一般情况下，在进行挥杆球的时候，我们会通过以下几种方法增加击球的力量：

①球位脚位与挥杆的弧线需要合适。

②提高球手的力量素质。重点提高手指、手臂、肩、腰的转动，以及下肢的蹬、转等力量。其中最为重要的是提高爆发力。

③击球前身体各部位要放松。身体各部位肌群尤其是主动肌要放松，并拉长至最适当长度。右臂和右肩膀在击球后顺势摆动，这样才能把全身力量转化为击球力量。

4. 顺摆动作

顺摆动作属于触球动作的延续，由于受到惯性的影响，在触球之后，球杆必须顺势挥动，并且需要注意的是，在触球之后，球手身体的重心会逐渐由左腿完全支撑，之后右踵提起，右膝逐渐向左膝靠拢，而在此过程中，腰部也会逐步向左转动，身体依旧围绕轴心进行转动，并且在杆头的带动之下，球手的右臂会逐步伸直，并且右肩会逐步对准其出球的方向，最终杆头向目标方向大幅度地挥出。在这一过程中，球手的头部需要始终保持不动，两眼牢牢注视前方。

5. 结束动作

结束动作属于一整个挥杆击球的过程的终点，需要注意的是，这一动作并不是刻意完成的，是正确、有节奏地进行挥杆之后所产生的自然的结果。在有着充分的顺摆动作的时候，球手需要通过自己的右臂带动，右肩向下颌的下方转动，与此同时，杆头应当向左后上方运动，之后右臂要保持伸直的状态，左肢夹住。在右臂进行向上运动的时候，左臂的肘部也应随之向上弯曲，之后腰与肩要同时向左转动，将自身的全部重量压在左腿上，左腿不动，而左足支撑体重的部位逐渐由足内侧向足跟部的外侧进行转移。在臂处于与右肩平直的高度时，头部才需要伴随着转动轴逐渐转向目标方向，并且，在此过程中两眼需要牢牢注视飞行中的球。

高尔夫球的击球技术中，各个部分之间需要紧密配合，缺一不可，而且需要注意的是，要打好高尔夫球，就必然要建立起正确的技术定型，而且未掌握正确的挥杆技术，就需要进行多次重复练习。

（五）推杆

在高尔夫球的比赛中，推杆属于非常重要的一部分。握住推杆，并且始终保持两脚分开的姿势，确保身体的重量能够平均分布，之后将两腿微曲，使得两个膝盖轻微向前突出，然后弯腰确，保肩、手臂与双手能作为一个整体运动，还需要努力保持球手的头部不会乱动，与此同时也不要抬高自己的身体，在追球的过程当中，推击的弧线需要确保与击球后的杆头离地面同样的距离，而且匀速推杆。

三、高尔夫球运动基本战术教学

第一，制订合理的战术计划。在正规的高尔夫球比赛中，赛前都需要双方选手对比赛场地进行熟悉，并且还需要通过赛前练习，充分了解开球区、球道、沙坑等各种障碍物。在练习的过程中，需要对基础球的方向、弹道、跳跃程度以及滚动距离等信息进行详细的记录，并且，根据相关资料以及自身对于打球的体会，制定出科学合理的战术计划。

第二，选择最佳的发球球位和球座高度。在一场正式的高尔夫球比赛中，需要有 18 杆球在发球台进行发球，而这就需要球手本人选择最佳的球位。另外，在规定的发球区域中进行发球位置选择时，需要考虑到自身的技术水平以及比赛当时的风力、风向等各种因素。而且还需要重点关注，发球位置的高低是否便于进行击球。

第三，保证第一杆球的质量。在一场比赛中，需要确保打 18 个洞，并且其中第一个洞的成绩会在很大程度上影响到全场的比赛成绩。想要打好第一洞，就要打好第一杆球。在进行击球的过程中，首先要确保准，并于此基础上追求远，之所以要特别重视第一杆球，是因为最终要击球入洞，所以在击球的过程中，不但需要用力，还需要尽力瞄准目标点。

第四，注意调整情绪，坚持特长打法。在打高尔夫球的过程中，需要确保自身不会受到外界环境的影响，且始终保持平常心，这样才能够确保每一杆球都能够获得理想的效果。应当始终保持清醒的头脑，对自己的技术进行正确且客观的认识，对周围环境的影响进行深入分析。

参考文献

[1] 黄煌 . 多球训练在乒乓球教学训练中的应用研究 [J]. 普洱学院学报，2022，38（03）：52-54.

[2] 郭肖 . 游戏方法在体育球类运动教学中的应用 [J]. 吉林省教育学院学报，2022，38（03）：137-140.

[3] 谷梦云，应力 . 高校大学生课余体育锻炼行为及影响因素 [J]. 山西大同大学学报（自然科学版），2021，37（05）：121-124.

[4] 万技 . 高校公共体育教学中多球教学法的应用研究 [J]. 品位经典，2021（09）：150-152.

[5] 柯亮 . 大学生体育锻炼参与行为与身体自我概念的相关性 [J]. 宁德师范学院学报（自然科学版），2020，32（04）：409-414.

[6] 蒋诗卉 . 身体功能训练在高校高尔夫球教学的应用研究 [D]. 哈尔滨：哈尔滨体育学院，2020.

[7] 杨丽娜 . 高职院校球类教学中体育游戏的应用探讨 [J]. 运动精品，2020，39（03）：14-15.

[8] 薛庆云 . 高校学生球类裁判在校园文化建设中的重要性 [J]. 湖北体育科技，2020，39（02）：172-174.

[9] 钟茂庭 . 小组合作教学在高校公共体育球类教学中的应用研究 [J]. 休闲，2019（07）：297.

[10] 温彬 . 领会教学法在高校羽毛球教学中的应用 [J]. 内江科技，2018，39（10）：47-48.

[11] 周玉立 . 球类运动比赛节奏研究 [D]. 兰州：西北师范大学，2018.

[12] 包长春，姜立嘉 . 青少年业余羽毛球训练教学中的战术问题探究——评《青少年球类运动技巧：羽毛球》[J]. 中国教育学刊，2018（01）：115.

[13] 万技 . 多球训练在高校网球教学中的实用研究 [J]. 科技风，2017（17）：41.

[14] 李新萌 . 多球训练在高校网球教学中的应用探讨 [J]. 山西青年，2017（17）：103-104.

[15] 刘金增 . 核心力量训练在乒乓球教学中的应用 [D]. 成都：成都体育学院，2016.
[16] 张宇 . “领会教学法”在高校乒乓球选项课中的实验研究 [D]. 牡丹江市：牡丹江师范学院，2015.
[17] 周祖旭，刘志国 . 黑龙江省高校大学生球类项目运动损伤现状研究 [J]. 高师理科学刊，2013，33（04）：53-55.
[18] 欧阳吉华 . 论领会教学法在高校排球教学中的应用 [J]. 郑州航空工业管理学院学报（社会科学版），2012，31（04）：188-190.
[19] 兰翔 . 基于领会教学法的高校排球教学 [J]. 黎明职业大学学报，2011（03）：52-54.
[20] 宋颖达，王浩然 . 大连市高校网球运动的发展现状 [J]. 辽宁师范大学学报（自然科学版），2011，34（02）：250-252.
[21] 陈志远 . 高校公共体育课球类教学方法探析 [J]. 开封大学学报，2011，25（01）：89-91.
[22] 董少霞 . 球类运动项目“软式化”趋势及其成因分析 [D]. 沈阳：沈阳体育学院，2011.
[23] 宋颖达 . 大连市高校网球运动的开展现状及发展对策研究 [D]. 大连：辽宁师范大学，2010.
[24] 周晓鹏 . 领会教学法在高校羽毛球教学中的应用 [J]. 长江大学学报（自然科学版）理工卷，2008，5（03）：318-319.
[25] 刘文波，李亮，张惠聪 . 球类运动干预对大学生心理健康影响的研究 [J]. 北京体育大学学报，2008（07）：951-953.
[26] 朱五一 . 普通高校篮球选项课运用领会教学法的实验研究 [D]. 苏州：苏州大学，2008.
[27] 任振坤 . 领会教学法在普通高校篮球选项课中的应用研究 [D]. 长春：东北师范大学，2007.
[28] 球类运动 [J]. 体育科技文献通报，1998（04）：33.
[29] 球类运动总论 [J]. 体育科技文献通报，1997（06）：34.
[30] 马鹏涛 . 高校体育教学改革创新与科学化训练研究 [M]. 北京：新华出版社，2018.